Études de politique fiscale de l'OCDE

La fiscalité et la philanthropie

N° 27

OCDE
DES POLITIQUES MEILLEURES
POUR UNE VIE MEILLEURE

Ce document, ainsi que les données et cartes qu'il peut comprendre, sont sans préjudice du statut de tout territoire, de la souveraineté s'exerçant sur ce dernier, du tracé des frontières et limites internationales, et du nom de tout territoire, ville ou région.

Les données statistiques concernant Israël sont fournies par et sous la responsabilité des autorités israéliennes compétentes. L'utilisation de ces données par l'OCDE est sans préjudice du statut des hauteurs du Golan, de Jérusalem-Est et des colonies de peuplement israéliennes en Cisjordanie aux termes du droit international.

Merci de citer cet ouvrage comme suit :
OCDE (2020), *La fiscalité et la philanthropie*, Études de politique fiscale de l'OCDE, N° 27, Éditions OCDE, Paris, *https://doi.org/10.1787/9f265518-fr*.

ISBN 978-92-64-46356-1 (imprimé)
ISBN 978-92-64-44960-2 (pdf)

Études de politique fiscale de l'OCDE
ISSN 1680-0419 (imprimé)
ISSN 1990-0554 (en ligne)

Crédits photo : Couverture © selensergen/Thinkstock.

Les corrigenda des publications sont disponibles sur : *www.oecd.org/about/publishing/corrigenda.htm*.

Avant-propos

La philanthropie revêt un caractère important dans la plupart des pays, en concourant, par l'apport de financements privés, à la réalisation d'activités d'intérêt général. Elle se distingue en cela des initiatives du secteur public (action publique au service de l'intérêt général) et de celles à but lucratif (action privée au service d'intérêts privés). La quasi-totalité des pays de l'OCDE appliquent, sous une forme ou une autre, un traitement fiscal préférentiel à la philanthropie. Les organismes à vocation philanthropique se voient accorder directement des allégements fiscaux au titre de leurs activités tandis que leurs bienfaiteurs, qu'il s'agisse d'entreprises ou de particuliers, bénéficient généralement de mesures d'incitation fiscale qui permettent d'abaisser le coût de leurs dons. Ce rapport est l'aboutissement d'un des projets les plus ambitieux menés à ce jour pour tenter de recenser les régimes fiscaux applicables aux organismes et aux dons à caractère philanthropique dans 40 pays membres et Participants de l'OCDE.

Dans de nombreux pays, ces régimes préférentiels, mis en place depuis de nombreuses années, restent inchangés en dépit de l'évolution de la société. Ainsi, lorsque de nombreux pays ont commencé, au début du vingtième siècle, à exonérer d'impôt sur le revenu les organismes philanthropiques, les entités qui pouvaient prétendre à de tels avantages étaient relativement peu nombreuses et les dons représentaient l'essentiel de leurs ressources. Mais le secteur philanthropique s'est développé au fil du temps et de nombreux organismes du secteur dépendent aujourd'hui en grande partie de ressources propres, et notamment de revenus commerciaux et de placement. Les grandes fondations philanthropiques ont également pris une importance croissante, ce qui ce accentue l'influence exercée par les grands donneurs sur l'utilisation des deniers publics. Par ailleurs, la dimension de plus en plus mondiale de nombreux enjeux de politique publique – comme les préoccupations environnementales et les problèmes de santé publique (y compris la pandémie de COVID-19) – amène à s'interroger sur le traitement fiscal à appliquer aux dons transfrontaliés. Au vu de ces évolutions, un réexamen des règles fiscales en vigueur dans de nombreux pays pourrait s'avérer nécessaire.

Ce rapport présente un état des lieux détaillé de la fiscalité des organismes et des dons à caractère philanthropiques dans 40 pays membres et Participants de l'OCDE. Ses auteurs examinent dans un premier temps les différents arguments pour et contre l'application d'un traitement fiscal préférentiel à la philanthropie. Ils passent ensuite en revue les régimes fiscaux applicables aux organismes et aux dons à caractère philanthropiques dans les 40 pays étudiés, dans un contexte national et international. Enfin, ils s'appuient sur cette analyse pour mettre en lumière un éventail de mesures fiscales envisageables par les pays.

Fruit d'un projet de collaboration entre l'OCDE et le Centre en philanthropie de l'Université de Genève (Geneva Centre for Philanthropy, GCP), ce rapport se fonde pour une large part sur les réponses à un questionnaire sur la *Fiscalité et la philanthropie* fournies par les délégués du Groupe de travail N° 2 sur l'analyse des politiques et les statistiques fiscales du Comité des affaires fiscales de l'OCDE.

Remerciements

Cette étude a été menée par la Division des politiques fiscales et statistiques du Centre de politique et d'administration fiscales de l'OCDE (CTPA), en collaboration avec le Centre en philanthropie de l'Université de Genève (Geneva Centre for Philanthropy, GCP).

Les travaux ont été conduits par Alastair Thomas, sous la supervision de David Bradbury et de Bert Brys. Les principaux auteurs sont Daniel Fichmann et Alastair Thomas du CTPA. Les chapitres 1, 2 et 5 ont été co-rédigés par Professeur Ann O'Connell de l'Université de Melbourne. Le chapitre 5 a été co-écrit par Alexandre Jutand du CTPA. L'étude s'appuie dans une large mesure sur les informations recueillies dans un questionnaire diffusé auprès des pays membres et Participants de l'OCDE en décembre 2019. Ce questionnaire a été élaboré par Daniel Fichmann et Alexandre Jutand, qui en ont également compilé les réponses.

L'étude repose sur les réponses au questionnaire, ainsi que sur les observations complémentaires reçues des délégués du Groupe de travail n° 2 sur l'analyse des politiques et les statistiques fiscales du Comité des affaires fiscales de l'OCDE. Elle a également largement bénéficié des éclairages et des conseils donnés par Pascal Saint-Amans, Directeur du CTPA, ainsi que par Dr Giedre Lideikyte-Huber et par Professeur Henry Peter, Directeur du GCP. Karena Garnier et Carrie Tyler ont apporté leur aide pour la publication. Violet Sochay a fourni une assistance administrative.

Table des matières

Tableaux

Graphiques

Encadrés

Résumé

La plupart des pays appliquent, sous une forme ou une autre, un traitement fiscal préférentiel à la philanthropie. Les organismes à vocation philanthropique se voient accorder directement des allégements fiscaux au titre de leurs activités tandis que leurs bienfaiteurs, qu'il s'agisse d'entreprises ou de particuliers, bénéficient généralement de mesures d'incitation fiscale qui permettent d'abaisser le coût de leurs dons. Ce rapport présente un examen détaillé de la fiscalité des organismes et des dons à caractère philanthropique dans 38 pays membres et participants de l'OCDE, et à partir de cette analyse, met en lumière un éventail de mesures envisageables par les pouvoirs publics.

Les auteurs passent en revue dans un premier temps les différents arguments pour et contre ces allégements fiscaux, en soulignant qu'aucun principe généralement admis ne justifie à lui seul l'application d'un traitement fiscal préférentiel à la philanthropie. La théorie économique par exemple propose dans une certaine mesure une légitimation d'un traitement fiscal préférentiel lorsque l'offre d'un bien public est insuffisante ou lorsque des externalités positives sont associées à l'activité philanthropique. On peut en outre arguer que l'excédent dégagé par un organisme philanthropique est par nature différent d'un bénéfice (et en conséquence hors du champ d'application de l'assiette de l'impôt sur le revenu), et que les dons à caractère philanthropique renforcent la société civile et doivent pour cette raison être encouragés. A contrario, ceux qui plaident contre les allégements fiscaux mettent notamment en avant leur coût budgétaire ainsi que les craintes qu'ils soulèvent sur le plan de la redistribution et de la démocratie. Les contribuables les plus riches, en particulier, bénéficient souvent d'incitations fiscales plus généreuses que les plus pauvres. Parallèlement, dans la mesure où les incitations fiscales se traduisent dans les faits par un redéploiement des recettes fiscales au bénéfice de l'entité philanthropique ainsi favorisée, les contribuables les plus riches qui versent les dons les plus généreux peuvent exercer une influence disproportionnée sur l'affectation des ressources publiques.

Les auteurs du rapport se penchent ensuite sur le traitement fiscal des organismes philanthropiques et des dons dont ils sont bénéficiaires, avant de s'intéresser aux problèmes qui se posent dans un contexte transfrontalier. Pour qu'un organisme soit qualifié de philanthropique et que les avantages fiscaux associés à cette qualification soient accordés, il doit généralement répondre à certains critères, comme exercer une activité « à but non lucratif », servir « une noble cause » et être reconnue « d'intérêt général » ; il doit également être soumis à d'autres obligations administratives et exigences en matière de surveillance. Les obligations inhérentes à l'exercice d'une activité à but non lucratif visent à éviter toute forme de distribution de bénéfices. Le critère de la défense d'une noble cause permet de préciser les catégories d'activités ouvrant droit à un soutien : protection sociale, éducation, recherche scientifique et santé. Enfin, le critère de la mission d'intérêt général fait généralement référence au fait que l'avantage doit être accessible à un cercle suffisamment étendu de bénéficiaires.

La plupart des pays étudiés accordent, dans la cadre de leur régime d'imposition des revenus, un traitement de faveur aux organismes philanthropiques reconnus. Le rapport décrit deux approches couramment adoptées : la première consiste à exonérer tous les revenus (ou certains revenus spécifiques), et la seconde à prendre en compte toutes les catégories de revenus imposables, mais en autorisant toutefois les organismes à réduire leur assiette en réinvestissant (immédiatement ou ultérieurement) ces revenus dans l'objectif de servir la cause qu'ils défendent. Les pays qui suivent la première approche excluent généralement de la base d'imposition les revenus non commerciaux (dons ou subventions reçus). Les modalités de traitement des activités commerciales et des revenus provenant de ces activités divergent toutefois. Il est fréquent que les revenus commerciaux liés à la noble cause poursuivie par l'organisme soient exonérés, et que les revenus commerciaux sans rapport avec cette cause soient imposés. Un certain nombre de pays accordent également aux organismes philanthropiques un traitement préférentiel en matière de TVA ainsi que des allégements au titre d'autres impôts (impôts sur le patrimoine, par exemple).

Tous les pays objet du présent rapport mettent également en place, sous une forme ou une autre, des incitations fiscales destinées à encourager les dons à caractère philanthropique au profit d'entités éligibles, même si la générosité et la conception de ces mesures varient. Dans la grande majorité des pays étudiés, les dons sont déductibles du revenu imposable des particuliers. D'autres pays préfèrent opter pour des crédits d'impôt et, dans certains cas, les dons des particuliers sont abondés par l'État. De plus, la plupart des pays considèrent les sommes versées à des organismes philanthropiques dans le cadre d'un mécénat d'entreprise comme des charges déductibles dès lors qu'un lien suffisant peut être établi avec les activités ayant généré les recettes. En outre, la plupart de ceux qui prélèvent des droits de mutation ou de succession prévoient généralement un dispositif d'allégement fiscal préférentiel pour les legs à caractère philanthropique. Il est courant que des restrictions limitent le montant des incitations fiscales accordées au titre des dons et celles-ci varient d'un pays à l'autre. Certains d'entre eux plafonnent les incitations à un montant fixe tandis que d'autres adoptent un plafond exprimé en pourcentage du revenu du donateur ou de l'impôt dont il est redevable, et que d'autres encore combinent les deux systèmes. Afin de limiter le coût des systèmes d'abondement, les pays concernés fixent le taux de l'allégement fiscal auquel peut prétendre l'entité philanthropique bénéficiaire. Enfin, la majorité des pays qui favorisent les dons en espèces de la part de particuliers encouragent également les dons non monétaires.

En ce qui concerne la philanthropie transfrontalière, le rapport révèle qu'en dehors de l'Union européenne, les aides fiscales octroyées au titre de dons transfrontaliers sont rares. Hors des frontières de l'Union européenne, la plupart des pays n'accordent pas d'allégements fiscaux aux organismes philanthropiques étrangers qui exercent leur activité sur leur territoire. Cependant, de nombreux pays autorisent les organismes nationaux à exercer leur activité à l'étranger sans perdre le bénéfice des avantages fiscaux que leur confère leur statut, bien qu'ils puissent être soumis à des restrictions ou à des obligations déclaratives supplémentaires.

En prenant appui sur l'analyse exposée précédemment, les auteurs du rapport mettent en lumière un certain nombre de problématiques clés auxquelles sont confrontés les pays lorsqu'ils conçoivent les règles fiscales applicables à la philanthropie. Premièrement, ils soulignent que les pays doivent veiller à ce que la conception des incitations fiscales en faveur des dons à caractère philanthropique soit cohérente avec les objectifs de politique publique sous-jacents. Par exemple, les pays qui souhaitent tout particulièrement restreindre leur soutien aux seuls domaines jugés prioritaires par les pouvoirs publics peuvent envisager de resserrer les critères d'éligibilité. Ceux qui sont particulièrement attachés aux effets redistributifs des incitations fiscales peuvent envisager d'accorder un crédit d'impôt, qui permettra de garantir que tous les contribuables bénéficient proportionnellement des mêmes avantages fiscaux, indépendamment de leur niveau de revenu. À l'inverse, les pays dont le régime d'imposition du revenu des personnes physiques est progressif et qui souhaitent renforcer les incitations en faveur des donateurs les plus riches afin de maximiser le montant total des dons peuvent mettre en place une déduction d'impôt.

Deuxièmement, il est précisé dans le rapport que les pays doivent reconsidérer l'intérêt d'accorder des exonérations fiscales au titre des revenus commerciaux des organismes philanthropiques, tout au moins dans la mesure où ces revenus ne sont pas liés à la cause défendue par l'organisme concerné. Il y a lieu de tenir compte alors des difficultés supplémentaires liées à la nécessité d'opérer une distinction entre les revenus imposables (c'est-à-dire sans lien avec la mission de l'organisme) et les revenus exonérés, et de mettre en balance les coûts de conformité et la charge administrative supplémentaires avec la recherche de la neutralité concurrentielle. En outre, les pays qui accordent actuellement une exonération devraient envisager d'assujettir pleinement à la TVA les organismes philanthropiques.

Troisièmement, ce rapport recense un certain nombre de solutions qui permettraient aux pays de réduire la complexité tout en améliorant la surveillance des régimes fiscaux en faveur de la philanthropie. Celles-ci pourraient notamment consister à : appliquer les mêmes critères d'éligibilité aux organismes philanthropiques et aux dons à caractère philanthropique ; fixer un seuil de valeur minimum en-deçà duquel les dons non monétaires n'ouvriraient pas droit aux incitations fiscales ; constituer et mettre à la disposition du public un registre d'organismes reconnus ; introduire une obligation déclarative annuelle ; mettre en œuvre une stratégie de surveillance conjointe (administration fiscale et commission indépendante, par exemple) ; établir une distinction claire entre les dons et le mécénat d'entreprise ; améliorer le recueil de données et l'information sur les dépenses fiscales ; mettre en place des plafonds de dépenses pour la collecte de fonds ; définir des règles limitant certaines catégories de dépenses de fonctionnement pour les organismes philanthropiques ; et plafonner la rémunération du personnel, des responsables et des membres du conseil d'administration des organismes philanthropiques.

Enfin, la dimension de plus en plus mondiale de nombreux enjeux de politique publique – comme les préoccupations environnementales et les problèmes de santé publique (y compris la pandémie de COVID-19) – pourrait nécessiter une coopération internationale entre pays et institutions. Dans ce contexte, les pays auraient intérêt à s'interroger sur l'éventuelle nécessité d'appliquer un traitement fiscal équivalent à la philanthropie nationale et internationale. Afin de répondre aux inquiétudes en matière de surveillance, les pays pourraient imposer des obligations équivalentes à celles en vigueur sur leur territoire, ou exiger des vérifications supplémentaires avant d'accorder un traitement fiscal avantageux.

1 Introduction

Ce premier chapitre livre des informations contextuelles sur le secteur de la philanthropie afin d'étayer l'analyse subséquente de son traitement fiscal, et précise ensuite la structure générale du rapport.

Dans la plupart des pays, la philanthropie joue un rôle important en concourant à un large éventail d'activités et d'initiatives privées à l'appui de l'intérêt public. Elle se distingue en cela des initiatives du secteur public (action publique au service de l'intérêt général) et de celles à but lucratif (action privée au service d'intérêts privés). L'utilisation de la fiscalité pour soutenir la philanthropie est largement répandue. Outre les subventions publiques et la passation de marchés auprès d'organismes philanthropiques (« soutien direct »), les États contribuent (« indirectement ») à la philanthropie de deux façons : en encourageant les dons par des incitations fiscales, et en accordant des exemptions (totales ou partielles) d'impôts divers aux organismes philanthropiques.

Dans de nombreux cas, ces régimes préférentiels, mis en place depuis de nombreuses années, restent inchangés en dépit de l'évolution de la société. Ainsi, lorsque de nombreux pays ont commencé, au début du vingtième siècle, à exempter de l'impôt sur le revenu les organismes philanthropiques, ceux qui pouvaient prétendre à de tels avantages étaient relativement peu nombreux et les dons représentaient l'essentiel de leurs ressources. Mais au fil du temps, ce secteur a pris de l'ampleur, souvent à mesure que l'État se déchargeait des aspects de protection sociale et d'autres services, et de nombreux organismes philanthropiques s'appuient désormais très largement sur les revenus qu'ils génèrent par le biais d'activités commerciales et de placements. La recherche s'est également beaucoup intéressée à la conception optimale des incitations fiscales aux dons, ce qui a permis de mettre au jour un ensemble de préoccupations tenant, notamment, à leur efficacité et à leur aspect redistributif. De plus, l'importance croissante qu'ont prise les grandes fondations philanthropiques a mis en exergue l'influence que peuvent exercer les généreux donateurs sur l'utilisation de l'argent des contribuables. Enfin, la dimension de plus en plus mondiale de nombreux enjeux de politique publique, tels que les préoccupations environnementales et les problèmes de santé publique (y compris la pandémie de COVID-19), amène à s'interroger sur le traitement fiscal à appliquer à la philanthropie transfrontalière.

Au vu de ces évolutions, un réexamen des règles fiscales en vigueur dans de nombreux pays pourrait se révéler nécessaire. Dans cette optique, ce rapport dresse un état des lieux détaillé de la fiscalité des organismes et des dons philanthropiques dans 40 pays membres et partenaires de l'OCDE et présente un éventail de réformes qui pourraient être envisagées par les pays. Le rapport s'appuie dans une large mesure sur les réponses fournies par les pays au questionnaire *Fiscalité et philanthropie* (« le questionnaire ») des délégués du Groupe de travail n° 2 sur l'analyse des politiques et les statistiques fiscales du Comité des affaires fiscales de l'OCDE.

Ce chapitre introductif livre des informations contextuelles sur le secteur de la philanthropie afin d'étayer l'analyse présentée par la suite. Après avoir précisé la définition de la philanthropie retenue aux fins du rapport, il s'intéresse à plusieurs aspects déterminants du secteur philanthropique puis à sa taille, c'est-à-dire au nombre d'organismes philanthropiques et au montant total des dons en sa faveur. Enfin, ce chapitre se clôture sur une présentation des grandes lignes du rapport.

1.1. Définir la philanthropie

Le terme « philanthropie » ne connaît pas de définition universelle. Issu du grec *philanthropia*, qui signifie « amour de l'humain » ou « amour des dieux pour l'humanité », il a cependant fait l'objet de plusieurs tentatives de définitions. Dans les dictionnaires, la philanthropie est parfois définie comme la « transmission de fonds ou de biens à titre gratuit dans un objectif altruiste ».[1]

Des spécialistes de différentes disciplines ont tenté de définir le terme en faisant appel à des concepts variés comme l'aspect « volontaire » de la philanthropie, la notion de « générosité » ou de souci d'autrui, ou l'affectation de ressources privées à des fins publiques. La philanthropie a ainsi été définie comme :

- le fait de donner volontairement, et de s'associer volontairement, principalement au profit d'autrui (Robert Payton, 1988[1]) ; ou
- le fait de donner volontairement de son temps et de son argent, et d'en recevoir, afin de pourvoir (même imparfaitement) à des besoins d'ordre caritatif ainsi qu'à l'intérêt de chacun à jouir d'une meilleure qualité de vie (Van Til, 1990[2]) ; ou
- l'utilisation de richesses et de compétences personnelles pour servir des causes publiques spécifiques (Anheier, 2005[3]).

Si toutes ces définitions intègrent la notion de don, le terme de philanthropie est également utilisé dans d'autres contextes. La philanthropie a par exemple été définie comme « une forme de revenu des organismes à but non lucratif » (Salamon et H. Anheier, 1992[3]), assimilant ainsi la philanthropie aux dons tout en mettant l'accent non plus sur le fait de donner mais sur les organismes bénéficiaires. Il arrive également que ce terme soit utilisé pour désigner les organismes eux-mêmes, un chercheur ayant relevé qu'il « s'applique en général à des fondations philanthropiques et autres institutions similaires » (Anheier, 2005[4]).

Autre définition rencontrée : « L'acte d'offrir, de manière planifiée et structurée, de l'argent, du temps, des informations, des biens et des services, ou d'user de son influence ou de sa voix, afin d'améliorer le bien-être de l'être humain et de la communauté » (Philanthropy Australia[5]). Cette définition est plus étroite en ce qu'elle met l'accent sur un acte planifié et structuré, mais également parce qu'elle cite différents types de dons et introduit la notion de communauté. Enfin, selon certains, « être philanthrope renvoie aux largesses de riches donateurs particuliers » (Anheier et Leat, 2006[6]). Ceci étant, ce terme est généralement appréhendé dans un sens suffisamment large pour englober tous les types de dons.

Si les acceptions de la notion divergent, quelques dénominateurs communs s'en dégagent : la philanthropie a trait au « don », à des causes « nobles », et « publiques » plutôt que « privées ». Plusieurs définitions évoquent le don à la fois de temps et d'argent. D'autres font référence à l'« altruisme » ou au souci d'autrui, mais cet aspect n'est généralement pas retenu dans les définitions qui déterminent les organismes ou activités éligibles à des allégements fiscaux. De fait, certains organismes, les groupes de soutien aux handicapés par exemple, sont créés au profit de leurs membres plutôt que d'un public plus large. L'accent est alors mis sur le « don », à savoir le fait d'apporter volontairement une contribution sans rien demander en retour, ainsi que sur l'identification des causes ou des buts nobles. Variable suivant les pays, cette détermination des « causes nobles » constitue un paramètre important du cadre fiscal dans ce domaine.

Dans certains pays de *common law*, le terme *charity* (« charité ») est souvent utilisé pour désigner tour à tour l'acte de donner et les organismes qui soit permettent de mener les activités correspondantes, soit les réalisent eux-mêmes. Mais si *charity* et *philanthropy* y sont parfois employés indifféremment, ils n'ont pas nécessairement la même signification. Alors que les notions visent le même résultat, subvenir à des besoins et améliorer le monde, la méthode appliquée par les organismes philanthropiques et les organismes caritatifs pour atteindre ce résultat est différente. Tandis que le domaine caritatif a pour objectif d'atténuer directement des souffrances et des problèmes sociaux, la philanthropie cherche à identifier les causes profondes de ces problèmes et à y remédier (Anheier et Toepler, 2010[7]). Cette distinction a joué un rôle majeur dans l'émergence des fondations philanthropiques modernes, en particulier aux États-Unis.

Dans ce rapport, les termes « don philanthropique » et « organismes philanthropiques » sont employés pour désigner, respectivement :

- le fait, pour des particuliers ou des entreprises, de donner à des organismes philanthropiques afin de servir des causes nobles, et
- les organismes exerçant les activités qui défendent ces causes, y compris en octroyant des fonds à d'autres organismes.

1.2. Le secteur philanthropique

Si la philanthropie est en elle-même ancienne, l'idée d'un secteur philanthropique ou « tiers secteur » hors de la sphère de l'État et du marché a une origine plutôt récente, que l'on peut situer après la seconde Guerre mondiale. Le caractère relativement nouveau de cette reconnaissance du secteur comme composante économique et politique peut expliquer le peu de travaux de recherche qui y ont été consacrés, avec une exception notable : les États-Unis.[2] Depuis peu, il fait également l'objet de recherches dans d'autres pays, et plusieurs études comparatives menées à l'échelle mondiale[3] ont permis de dégager des caractéristiques communes et de contribuer à informer les décideurs. Aujourd'hui encore, cette idée d'un secteur distinct reste déroutante pour le discours politique et social moderne parce qu'il recouvre une immense diversité d'institutions et de comportements.

Procéder à une comparaison des secteurs philanthropiques par pays n'est pas chose aisée, et ce pour plusieurs raisons. La première tient au fait que chaque pays dispose d'un bagage historique, économique et politique qui lui est propre et qui influe sur la taille et le champ d'action du secteur, ainsi que l'a décrit la théorie des « origines sociales ». Cette théorie, qui cherche à expliquer comment et pourquoi l'État providence a pris différentes formes suivant les pays (Anheier et Salamon, 1996[8]), suggère une proportionnalité inverse entre les dépenses de protection sociale engagées par l'État et la taille du secteur à but non lucratif. Selon cette théorie, les pays suivraient l'un des quatre modèles suivants :

- **le modèle « libéral »**, dans lequel la démocratie a précédé l'État providence. L'État providence peut y être limité, mais il est présent pour les « pauvres méritants ». Les pays de ce modèle sont susceptibles d'avoir un secteur philanthropique plus important ;

- **le modèle « social-démocrate »**, où la classe ouvrière a pris du pouvoir et fait pression pour obtenir la mise en place d'un État providence à visée universelle. Le niveau élevé de protection sociale de ces pays fait qu'ils ont tendance à avoir un secteur philanthropique moins important ;
- **le modèle « corporatiste »**, dans lequel l'État providence s'est développé sous un régime non démocratique et où le pays n'a accédé que par la suite à la démocratie. Ces pays ont généralement une faible protection sociale et un secteur philanthropique d'envergure ;
- **le modèle « statique »**, dans lequel les élites contrôlent l'offre de biens publics, avec deux corolaires : des dépenses de protection sociale peu élevées de la part de l'État et un secteur philanthropique peu développé.[4]

Toujours d'après cette théorie, l'évolution historique et les rapports de classes ont également conduit à des différences entre les pays pour ce qui est des types prédominants d'activités à but non lucratif. Elle relève en outre d'autres facteurs spécifiques, comme le rôle qu'a pu jouer la religion dans le développement du pays et dans l'instauration d'une culture philanthropique. Le développement économique peut également avoir son importance en ce qu'il influe à la fois sur les bénéficiaires nécessiteux, sur l'accumulation de moyens financiers disponibles pour le bien-être social, et sur la capacité des citoyens à y contribuer par le biais de la philanthropie.

Certains éléments peuvent rendre la comparaison difficile, comme la notion des « familles de droit », suivant que le pays s'appuie sur un droit de *common law* ou sur une tradition de droit civil. Pour identifier les causes et les activités honorables, les pays de *common law* ont ainsi tendance à se baser sur la notion de *charity* qui date du préambule de la loi élisabéthaine de 1601[5]. Les pays de droit civil ne s'enferment généralement pas dans des notions de ce type, mais ont parfois des traditions bien ancrées de liberté d'association et d'organisation pour la défense des droits des travailleurs. En Allemagne, le secteur à but non lucratif a ainsi été influencé par le principe de « subsidiarité » qui fait primer l'action privée sur l'action publique dans de nombreux domaines, comme la santé et les services sociaux, et par celui d'auto-administration, qui accorde de l'indépendance à de nombreuses institutions publiques. Ces deux principes ne facilitent pas l'identification du secteur à but non lucratif ou philanthropique comme tel (Salamon et Anheier, 1992[3]).

Compte tenu de cette diversité, l'identification du secteur philanthropique au sein d'un pays à des fins de comparaison nécessite de dégager certaines caractéristiques essentielles. Le projet d'étude comparative du secteur non lucratif de l'université Johns Hopkins (le « projet JHU ») (Johns Hopkins University, 2003[9]) distingue un certain nombre d'éléments qui permettraient, selon ses auteurs, d'identifier les organismes à but non lucratif dans les différents pays afin d'effectuer des comparaisons du « secteur non lucratif » :

- **volontaire** : le caractère volontaire de l'action des participants et de l'organisme est l'une des caractéristiques qui distinguent ces activités de celles de l'État ;
- **auto-administré** : non dirigé par l'État ou une entité extérieure ;
- **privé** : c'est-à-dire qui ne fait pas partie de l'État. Le projet relève que dans certains pays, la frontière entre l'activité privée et publique peut être floue ;
- **distribution à but non lucratif** : bien que ces organismes puissent réaliser des bénéfices ou générer un excédent, ils n'ont pas été fondés dans un but lucratif. Le critère de non-distribution distingue ces organismes des entités à but lucratif ;
- **organisé** : les organismes sont institutionnalisés dans une certaine mesure, ce qui tend à exclure les actes de philanthropie individuels ou l'assistance à un autre individu.[6]

1.2.1. Activité philanthropique

Ce rapport distingue trois dimensions de **l'activité philanthropique** : les dons, les fonds, et les organismes d'intérêt général (OIG), chacune d'elles ayant des implications fiscales différentes.

Dons

Les dons constituent une part importante des ressources des organismes philanthropiques. Le don philanthropique consiste, pour une personne physique ou morale, à faire un don directement à un fonds ou à un organisme d'intérêt général ; dans le cas des personnes physiques, le don peut prendre la forme d'un legs. Les individus peuvent également contribuer en donnant de leur temps ou en offrant des services par le biais du bénévolat ou du volontariat. Les entreprises peuvent également fournir des services à titre gracieux.

Les fonds

Les fonds désignent les fondations qui octroient des subventions ainsi que les trusts qui utilisent les actifs qu'ils détiennent pour financer des OIG et soutenir leur noble cause. Ce rapport emploie le terme de « fonds » pour désigner ces intermédiaires qui apportent un soutien à des OIG.

Organismes d'intérêt général (OIG)

L'expression « organisme d'intérêt général » (OIG) est employée dans ce rapport pour désigner les organismes qui mènent des activités afin de servir leur noble cause. Cela dit, la distinction entre les fonds et les OIG n'est pas toujours claire ; dans certains pays par exemple, les OIG ne travaillent pas exclusivement en direct avec les bénéficiaires. De nombreux pays utilisent le terme *charity* (« œuvre caritative ») pour désigner ce type d'organismes. Les OIG se distinguent des fonds en ce qu'ils travaillent directement avec les bénéficiaires. Deux caractéristiques sont spécifiques aux OIG. La première est qu'ils servent leur cause au moyen de financements issus de la philanthropie, à la fois directement et par le biais des fonds qui leur accordent des subventions, de financements provenant de l'État, et de sources auto-financées, comme des activités commerciales. La seconde est que les OIG peuvent prendre différentes formes juridiques, ce qui peut avoir des incidences en matière fiscale, notamment lorsque l'éligibilité à un traitement fiscal préférentiel est subordonnée à une forme juridique particulière.

De manière générale, les organismes philanthropiques peuvent adopter, ou être considérés comme ayant, différentes formes juridiques. Certains pays excluent du bénéfice des allégements certaines formes comme les partenariats, les partis politiques ou les entités publiques. Parmi les formes susceptibles d'être adoptées, citons :

- les associations non constituées en sociétés : plusieurs personnes se regroupent pour défendre une cause commune. Généralement, ces associations ne sont pas dotées de la personnalité morale même si, dans certains pays, des procédures d'enregistrement spécifiques peuvent leur conférer un statut juridique. Dans les pays de droit civil, le droit de former une association est consacré par la Constitution ;
- les organismes constitués en sociétés : l'organisme adopte une forme juridique distincte, celle de la société. Certains pays prévoient également une forme de société spécifique pour les organismes philanthropiques ou caritatifs, ou une forme modifiée de société respectant le critère de non-distribution ;
- les fondations : parmi elles, on distingue les fondations qui octroient des subventions et les fondations d'exploitation. Dans ce rapport, le terme « fonds » désigne les fondations qui octroient des subventions. Les fondations peuvent prendre plusieurs formes juridiques ;
- les trusts : ce dispositif juridique utilisé dans les pays de *common law* marque une séparation entre les droits sur les actifs (du *trust*) et la jouissance de ces actifs. Le détenteur des actifs du trust (le *trustee*) est soumis à des obligations strictement encadrées quant à la gestion de ces actifs. Le trust est souvent utilisé pour constituer des fondations ou des fonds et se traduit par la réunion de ressources et leur affectation à un but philanthropique ;
- la coopérative ou entité mutualiste : il s'agit d'un regroupement de personnes pour un projet commun, avec parfois la possibilité d'opter pour une certaine forme de société. Dans certains pays, une coopérative à but non lucratif constituée par des parents pour diriger un centre de garde

d'enfants et ne distribuant pas de bénéfices (donc, une coopérative non distributive) peut être considérée comme appartenant au secteur philanthropique. A contrario, certains pays estiment que ces coopératives ou entités mutualistes offrent plus qu'une contrepartie non substantielle à des intérêts privés (dans l'exemple cité, aux parents des enfants qui sont gardés) et ne les considèrent donc pas comme des organismes philanthropiques. Les coopératives qui distribuent des bénéfices à leurs membres (coopératives distributives) sont généralement soumises à un régime spécial d'imposition. Tandis que les coopératives non distributives ne sont en principe pas imposées selon des règles spécifiques aux coopératives ;

- autre : il peut exister d'autres formes d'entités, à l'instar des ordres religieux qui n'entrent dans aucune de ces catégories.

Quelle que soit la forme juridique adoptée, la plupart des pays assimilent ces organismes à des sociétés sur le plan fiscal. La forme juridique peut toutefois avoir des incidences dans des domaines comme la réglementation et d'autres obligations juridiques.

1.2.2. Taille du secteur philanthropique

Les réponses au questionnaire *Fiscalité et philanthropie* mettent en lumière d'importantes disparités en ce qui concerne la taille et le champ d'action du secteur philanthropique. Le tableau 1.1 présente le nombre approximatif d'organismes philanthropiques éligibles à une forme de traitement fiscal préférentiel en 2018 (pour les 27 pays ayant communiqué des données).[7] Il indique également la population de chaque pays, exprimée en millions. Ces données indiquent qu'un nombre significatif d'organismes sont éligibles à des allégements fiscaux, mais qu'il varie fortement suivant les pays.

Toutefois, le nombre d'organismes philanthropiques au sein d'un pays n'est qu'un indicateur parmi d'autres de la taille et de l'importance du secteur dans ce pays. D'autres éléments comme la contribution économique, la taille des effectifs et, uniquement pour ce secteur, le nombre de bénévoles, entrent en jeu. Le manque de données fiables pour ces indicateurs rend l'évaluation particulièrement difficile pour les différents pays. Malgré les limites de cet exercice, le projet JHU, qui a étudié 35 pays de 1995 à 2002 et a mesuré la contribution économique du secteur philanthropique en se fondant sur les dépenses, a estimé que le secteur pesait 1300 milliards USD, soit 5.1 % du produit intérieur brut combiné (PIB). Le projet s'est également penché sur la taille des effectifs, qu'il a évalués à 39.5 millions de travailleurs en équivalent taux plein (ETP), parmi lesquels 21.8 millions de travailleurs rémunérés et 12.6 millions de bénévoles en ETP, soit 4.4 % de la population économiquement active. Toujours selon les conclusions de ce projet, les 35 pays étudiés compteraient 190 millions de bénévoles. Plus récemment, en 2013, le projet JHU a estimé pour un échantillon plus restreint de 15 pays (à partir des données de 2002-2009) que la contribution économique du secteur était de 4,5% du PIB. (Salamon et al., 2013[12]).

Tableau 1.1. Nombre d'organismes philanthropiques par pays

Pays	Nombre approximatif d'organismes	Population en 2018 (en millions)
Argentine	17 756	44.5
Australie	188 000[1]	25.0
Autriche	1 230	8.8
Belgique	2241[2]	11.4
Canada	86 000	37.1
Chili	311 319[3]	18.8
Colombie	44 000	49.8
République tchèque	130 000[4]	10.6
Estonie	2 474	1.3
France	4 188[12]	66.9
Allemagne	600 000	82.9
Irlande	9 781[5]	4.9
Israël	40 000[6]	8.9
Italie	98 231[13]	60.4
Lettonie	2 000	1.9
Lituanie	11 400	2.8
Mexique	8 763[7]	125.3
Pays-Bas	43 000[8]	17.2
Nouvelle-Zélande	27 000	4.9
Portugal	8 148	10.3
Roumanie	144	19.5
Singapour	2 277[9]	4.0
République slovaque	8 687	5.4
Slovénie	28 524	2.1
Suède	99 300[10]	10.2
Suisse	10 000	8.5
États-Unis	1 682 091[11]	327.2

Note :

1. Inclut les donataires exemptés d'impôt sur les revenus et les bénéficiaires de dons déductibles.
2. Enregistrés depuis 2018.
3. Il s'agit du nombre total d'entités enregistrées en tant qu'organisme à but non lucratif. Il peut toutefois inclure des entités inactives ou qui ne rentrent pas dans la définition des OIG.
4. Nombre total d'organismes à but non lucratif.
5. Organismes exemptés d'impôt.
6. Organismes à but non lucratif, mais pas nécessairement éligibles à des allégements fiscaux.
7. Donataires agréés.
8. OIG , nombre de fonds non disponible.
9. À Singapour, les organismes caritatifs enregistrés sont exemptés de l'impôt sur les revenus. Parmi ces organismes enregistrés, 666 sont des Institutions à caractère public (*Institutions of A Public Character*, IPC) ; les dons à un IPC peuvent donner droit à une déduction d'impôt de 250 %.
10. Enregistrés en tant qu'organismes à but non lucratif, mais pas nécessairement éligibles à tous les avantages.
11. Organismes reconnus en vertu de l'article 501(c) de l'*Internal Revenue Code*. N'inclut pas les églises.
12. 2 537 fondations et 1 651 fonds de dotation actifs (pas de données sur le nombre total d'OIG).
13. Les données se réfèrent au concept d'ONLUS (organisation à but non lucratif d'utilité sociale) et sont tirées des déclarations fiscales et d'autres renseignements administratifs qui ont trait à la fiscalité.

Source : questionnaire de l'OCDE sur la fiscalité et la philanthropie et Statistiques de l'OCDE de la population active 2020

1.2.3. Montant total des dons à des fonds et OIG

Le poids du secteur philanthropique peut également se mesurer à l'aune des dons effectués aux organismes philanthropiques, qui font l'objet du tableau 1.2. Toutefois, la disponibilité des données et leur comparabilité ne sont pas optimales, tous les pays n'ayant pas été en mesure de fournir le montant annuel total des dons aux OIG et aux fonds pour 2018 ; de plus, dans certains pays, seul le montant des dons ouvrant droit un traitement fiscal préférentiel est disponible. Néanmoins, les réponses au questionnaire montrent que le montant des dons philanthropiques varie fortement d'un pays à l'autre, et qu'une part significative de ces dons bénéficie d'un traitement fiscal préférentiel.

Bien sûr, les données fournies ne révèlent pas le montant total des dons par pays. Pour commencer, elles ne tiennent pas compte des dons aux organismes qui ne sont pas des bénéficiaires éligibles. En Australie par exemple, les dons aux organismes religieux ne sont pas déductibles ; ils représentent pourtant environ 30 % des dons annuels (Charities Aid Foundation, 2019[10]). Ensuite, les données n'incluent pas non plus les dons pour lesquels le donateur n'a pas réclamé son allégement fiscal, soit par oubli, soit parce que le don était inférieur au seuil applicable, soit encore parce que le donateur n'a pas souhaité bénéficier d'un traitement fiscal préférentiel pour garder le contrôle de ses dépenses.[8]

Tableau 1.2. Montant total des dons à des fonds et OIG

Pays	Montant total des dons à des fonds et OIG	en millions USD
Argentine	5 019 millions ARS (2018)	72.0
Autriche	630 millions EUR (2017)	704.0
Belgique	263.2 millions EUR (dons déductibles) (2017)	294.0
Canada	9.6 milliards CAD (particuliers) (2017) environ 3.8 milliards CAD (entreprises) (2017)	7 100.0 2 790.0
Chili	Dons : 276 479 millions CLP (2018) Legs : 10 052 millions CLP (2018)	358.1 13.0
République tchèque	5.9 milliards CZK (2017)	249.0
Estonie	9.4 millions EUR (2018)	10.5
France	2 545 millions EUR (dons déductibles) (2018) 112 millions EUR de dons déclarés au titre de l'impôt sur la fortune immobilière (2018) Entre 2.3 milliards et 2.5 milliards EUR de dons effectués par des sociétés (2015)	2 968.9 130.6 2 683.0 – 2 916.1
Allemagne	5.3 milliards EUR (2018)	5 920.0
Irlande	83.7 millions EUR (2018)	93.5
Italie	705.5 millions EUR (2017)	788.4
Lettonie	28 millions EUR (2017)	32.1
Lituanie	12.2 millions EUR (particuliers) (2018) 68 millions EUR (entreprises) (2018)	13.6 76.0
Mexique	47 659 millions MXN (2018)	2 477.0
Pays-Bas	845 millions EUR (dont 20 millions EUR provenant d'entreprises) (moyenne annuelle de 2008 à 2014)	944.5
Nouvelle-Zélande	Env. 900 millions NZD (2018)	577.0
Portugal	372 millions EUR, dont 59 millions de dons en nature	415.0
Roumanie	115.5 millions RON de 2014 à 2017	26.0
Singapour	1 milliard SGD (2018)	715.0
République slovaque	14 millions EUR (2018)	15.6
Slovénie	29.6 millions EUR (2018)	33.0
États-Unis	180.5 milliards USD de dons monétaires, 88.1 milliards USD de dons non monétaires, et 35.4 milliards USD de report de périodes précédentes (particuliers) (2017), sociétés 18.6 milliards USD (2017), legs philanthropiques 22.0 milliards USD (2018)	345 400.0

Source : questionnaire de l'OCDE sur la fiscalité et la philanthropie

En 2016, la Charities Aid Foundation a entrepris de comparer les dons, exprimés en pourcentage du PIB, de 24 pays en s'appuyant sur des enquêtes et des données publiques. Le tableau 1.3 présente les résultats pour les pays qui ont répondu au questionnaire. Il faut toutefois noter que ces résultats ne se limitent pas nécessairement aux dons qui ont bénéficié de subventions et d'un traitement fiscal préférentiel.

Tableau 1.3. Dons en pourcentage du PIB

Pays	Dons en pourcentage du PIB
Australie	0.23
Autriche	0.14
Canada	0.77
République tchèque	0.04
Finlande	0.13
France	0.11
Allemagne	0.17
Inde	0.37
Irlande	0.22
Italie	0.30
Japon	0.12
Corée	0.50
Pays-Bas	0.30
Nouvelle-Zélande	0.79
Norvège	0.11
Singapour	0.39
Suède	0.16
Suisse	0.09
Royaume-Uni	0.54
États-Unis	1.40

Source : issu de *Charities Aid Foundation, Gross Domestic Philanthropy: An international analysis of GDP, tax and giving,* janvier 2016, https://www.cafonline.org/docs/default-source/about-us-policy-and-campaigns/gross-domestic-philanthropy-feb-2016.pdf

1.2.4. Sources de revenus des organismes philanthropiques

Le projet JHU a également constaté que les dons à caractère philanthropique, bien que conséquents, ne constituaient pas la principale source de revenus des organismes philanthropiques. La répartition de leurs sources de revenus, c'est-à-dire la part des revenus provenant de la philanthropie, de recettes propres et de l'État, est également très variable. La classification retenue par le projet JHU distingue les *dons à caractère philanthropique*, à savoir les dons effectués par les particuliers, les entreprises et les fondations (subventions) ; les *recettes propres*, qui recouvrent des paiements au titre de la fourniture de biens et de services, des cotisations de membres et des revenus de placements ; et les *aides publiques*, qui incluent les subventions, les contrats et les paiements provenant de tous les niveaux de l'État. Le tableau 1.4 présente les résultats de notre enquête par pays.

D'après les données disponibles, les dons à caractère philanthropique ne constituent pas la principale source de financement des organismes, dans quelque pays que ce soit. Toutefois, rien ne permet de savoir si les revenus sont majoritairement issus de l'auto-financement ou d'aides publiques, les résultats étant très variables selon le type d'organisme et le pays. De plus, les moyennes peuvent se révéler trompeuses. Ainsi, aux États-Unis, les écoles, les collèges et les hôpitaux à but non lucratif tirent des revenus substantiels des frais de scolarité, des recettes propres et des aides publiques, ce qui réduit en conséquence la part moyenne en pourcentage des dons. À l'inverse, certains types d'organismes philanthropiques comme les banques alimentaires et d'autres organisations dédiées au bien-être social sont plus largement dépendantes des dons. Il n'est pas non plus possible de conclure à un quelconque lien de cause à effet et de savoir si les organismes se tournent vers l'auto-financement suite à une baisse des autres sources de revenus, ou si le fait de bénéficier d'aides publiques réduit le besoin pour l'organisme de générer des revenus propres ou de procéder à des levées de fonds. La question d'un éventuel effet d'éviction des subventions publiques, selon lequel l'octroi de subventions publiques découragerait les dons à caractère philanthrope, a été largement débattue par la doctrine et sera abordée au chapitre 2.

Tableau 1.4. Sources de revenus des organismes non lucratifs par pays

Pays	Dons philanthropiques en %	Recettes propres en %	Aides publiques en %
Argentine	7	73	19
Australie	6	63	31
Autriche	6	44	50
Belgique	5	19	77
Colombie	15	70	15
République tchèque	14	47	39
Allemagne	3	32	64
Finlande	7	58	58
Hongrie	18	55	27
Japon	3	52	45
Corée	4	71	24
Irlande	7	16	77
Israël	10	26	64
Italie	3	61	37
Mexique	6	85	9
Pays-Bas	2	39	59
Norvège	7	58	35
Roumanie	27	29	45
République slovaque	23	55	22
Suède	9	62	29
Royaume-Uni	9	45	47
États-Unis	13	57	31
Afrique du Sud	24	31	44

Source : issu de *Global Civil Society: An Overview* (2003), figure 11, p. 32 et *Social Origins of Civil Society: An Overview* (1995), figure 3, p. 6, Projet d'étude comparative du secteur non lucratif de l'université Johns Hopkins.

1.3. Structure générale du rapport

La suite du rapport s'articule de la façon suivante. Le chapitre 2 passe en revue les arguments pour et contre l'octroi d'allégements fiscaux aux organismes philanthropiques et les incitations fiscales en faveur des dons.

Le chapitre 3 examine le traitement fiscal des organismes philanthropiques appliqué par les pays membres de l'OCDE et les pays qui ont participé à l'enquête, à commencer par la procédure que doivent suivre les organismes pour être reconnus OIG ou fonds et les critères à remplir (notamment de noble cause, d'intérêt général et de but non lucratif), suivie d'une présentation des obligations administratives et des stratégies de surveillance. Le chapitre analyse ensuite les différentes formes d'avantages fiscaux accordés aux organismes philanthropiques. Enfin, il met en évidence le risque potentiel de fraude et d'évasion fiscales impliquant des organismes philanthropiques et les mesures mises en place par les pays pour lutter contre ces abus.

Le chapitre 4 aborde le traitement fiscal des donateurs et des dons aux organismes philanthropiques dans les pays membres de l'OCDE et les pays participants. Il examine dans un premier temps la conception des incitations fiscales en faveur des dons des particuliers, puis des entreprises. Il met ensuite en évidence le risque potentiel de fraude et d'évasion fiscale et les mesures mises en place par les pays pour lutter contre les abus.

Le chapitre 5 s'intéresse à la fiscalité de la philanthropie transfrontalière. Après une analyse des incitations fiscales en faveur des dons et des legs, il examine tour à tour l'imposition des dons, des successions, et des plus-values en cas de don non monétaire. Il aborde ensuite le traitement fiscal des organismes philanthropiques aux activités transfrontalières, en s'interrogeant sur l'éventuelle extension des avantages fiscaux aux organismes étrangers exerçant leur activité sur le territoire national, avant d'étudier le traitement fiscal des OIG nationaux opérant à l'étranger. En dernier lieu, il se penche sur le traitement fiscal des subventions accordées par des fonds à des organismes étrangers.

Le chapitre 6 fait la synthèse des principaux enseignements des chapitres précédents et examine leurs implications en matière de politique fiscale. Il souligne que les pays doivent veiller à ce que la conception des incitations fiscales en faveur des dons à caractère philanthropique soit cohérente avec les objectifs de politique publique sous-jacents. Il suggère également que les pays reconsidèrent l'intérêt d'accorder des exonérations fiscales au titre des revenus commerciaux des organismes philanthropiques, au moins dans la mesure où ces revenus ne sont pas liés à la cause défendue par l'organisme concerné. De façon plus générale, il traite de la marge de manœuvre dont disposent les pays pour réduire la complexité tout en améliorant la surveillance des régimes fiscaux favorables aux organismes et aux dons philanthropiques. Enfin, à la lumière de la dimension de plus en plus mondiale de nombreux enjeux de politique publique, comme les préoccupations environnementales et les questions de santé publique (notamment la pandémie de COVID-19), il suggère que les pays s'interrogent sur les restrictions généralement appliquées aux incitations fiscales à la philanthropie transfrontalière.

Références

Anheier, H. et al. (2020), *The Non-Profit Sector: A Research Handbook*, Yale University Press, London. [11]

Anheier, H. (2005), *A Dictionary of Civil Society, Philanthropy and the Non-profit Sector*, Routledge, London. [4]

Anheier, H. et D. Leat (2006), *Creative Philanthropy: Toward a New Philanthropy for the Twenty-First Century*, Routledge, London. [6]

Anheier, H. et L. Salamon (1996), "The Social Origin of Civil Society: Explaining the Non-profit Sector Cross-Nationally", *International Journal of Voluntary and Nonprofit Organizations*, vol. 9, pp. 213–248. [8]

Anheier, H. et S. Toepler (2010), *International Encyclopedia of Civil Society*, Springer Publishing, New York. [7]

Charities Aid Foundation (2019), *Australia Giving 2019*, https://www.cafonline.org/docs/default-source/about-us-publications/caf-australia-giving-report-2019-16master.pdf?sfvrsn=65e49940_2. [10]

Philanthropy Australia (n.d.), "Glossary", https://www.philanthropy.org.au/tools-resources/glossary/#P. [5]

Payton, R. (1988), *Philanthropy: Voluntary action for the public good*, Macmillan Publishing, London. [1]

Salamon, L. and H. Anheier (1992), "In search of the non-profit sector I: The question of definitions", *International Journal of Voluntary and Non-profit Organisations*, Vol. 3, pp. 125–151. [3]

Salamon, L., S. Sokolowski and H. Anheiner (2000), *Social Origins of Civil Society: An Overview*, Johns Hopkins Comparative Nonprofit Sector Project, Johns Hopkins University, Baltimore. [13]

Salamon, L., S. Sokolowski and R. List (2003), *Global Civil Society: An Overview*, Johns Hopkins Comparative Nonprofit Sector Project, Johns Hopkins University, Baltimore. [9]

Salamon, L. S. Sokolowski, M. Haddock and H.Tice (2013), "The State of Global Civil Society and Volunteering: Latest findings from the implementation of the UN Nonprofit Handbook", Comparative Nonprofit Sector Working Papers, No. 49, Johns Hopkins University. [12]

Van Til, J. (1990), *Defining Philanthropy*, Jossey Bass, San Francisco. [2]

Notes

[1] Merriam-Webster Dictionary (en ligne).

[2] Citons à cet égard les travaux du projet d'étude comparative du secteur non lucratif de l'université Johns Hopkins et l'école de philanthropie de la famille Lilly de l'université de l'Indiana.

[3] Voir par exemple le projet d'étude comparative du secteur non lucratif de l'université Johns Hopkins : http://ccss.jhu.edu/research-projects/comparative-nonprofit-sector-project/

[4] Notons toutefois que l'un des auteurs de ces travaux de recherche a récemment mis en doute la pertinence de cette théorie (Anheier, H. et al., 2020[74]).

[5] La loi stipulait dans son préambule un ensemble de buts séculiers (pour la plupart) qui pouvaient être soutenus. La répartition des œuvres caritatives en quatre catégories remonte quant à elle à l'affaire Commissioners for Special Purposes of Income Tax v Pemsel (1891), AC 531.

[6] Ibid.

[7] Ces dernières années, le secteur philanthropique italien a fait l'objet d'une réforme d'envergure destinée à simplifier les activités philanthropiques et à encourager les dons du public. Adoptée par le Parlement italien en 2017 (décret-loi n° 117/2017), cette réforme n'est pas encore totalement entrée en vigueur, certains décrets techniques ministériels n'ayant pour l'heure pas été pris. En particulier, s'agissant des dispositions fiscales de la réforme, la mise en œuvre du régime préférentiel est subordonnée à l'autorisation de la Commission européenne conformément aux règles de l'Union européenne en matière d'aides d'État.

[8] Voir par exemple la Chan Zuckerberg Initiative, qui est constituée en LLC (*Limited Liability Company*) et non en fondation traditionnelle : https://chanzuckerberg.com

2 Arguments en faveur d'un traitement fiscal préférentiel de la philanthropie

Ce chapitre examine les différents arguments qui plaident pour l'octroi d'aides fiscales à la philanthropie aux niveaux national et international, ainsi que quelques arguments contraires. Il fournit d'abord un bref aperçu des différents arguments en faveur d'un traitement fiscal préférentiel des organismes philanthropiques et des dons à ces organismes, et résume ensuite les arguments contre les avantages fiscaux. Enfin, il présente les arguments prônant un traitement de faveur des dons transfrontaliers.

2.1. Introduction

L'importance du rôle de la philanthropie dans la plupart des pays ne justifie pas nécessairement son soutien par le biais du système fiscal.[1] Ce chapitre présente les arguments pour et contre les allégements fiscaux en faveur de la philanthropie[2] aux niveaux national et international. Il s'intéresse d'une part aux allégements fiscaux dont bénéficient les organismes philanthropiques, d'autre part aux incitations fiscales dont sont assortis les dons à ces organismes. Les auteurs de ce rapport soulignent qu'aucun principe généralement admis ne justifie à lui seul l'application d'un traitement fiscal préférentiel aux organismes philanthropiques. La théorie économique légitime dans une certaine mesure le traitement fiscal préférentiel tant des organismes que des dons lorsque l'offre d'un bien public est insuffisante ou que des externalités positives sont associées à l'activité philanthropique. Les allégements fiscaux sont alors justifiés s'ils se traduisent par une amélioration du bien-être social plus nette que celle qui aurait pu être obtenue par les pouvoirs publics grâce à des dépenses directes. C'est la théorie des aides mise en avant par la doctrine juridique.

Parmi les arguments en faveur de l'exemption des organismes philanthropiques de l'impôt sur les bénéfices figure celui de la « détermination de l'assiette » : l'excédent dégagé par ces organismes étant par nature différent d'un bénéfice, il ne saurait être inclus dans l'assiette de l'impôt sur les bénéfices. Enfin, certains arguent que les dons philanthropiques, ainsi que les institutions qu'ils soutiennent, méritent d'être encouragés parce qu'ils contribuent au renforcement de la société civile et à la décentralisation des processus décisionnels, deux marqueurs fondamentaux des nations démocratiques.

D'autres arguments plaident en revanche contre un traitement fiscal préférentiel des organismes et/ou des dons à caractère philanthropique, à commencer par celui du coût. Parce qu'ils amputent les recettes publiques, les allégements fiscaux en faveur de la philanthropie amènent à accroître la charge fiscale pesant sur les autres contribuables (ou à réduire les dépenses publiques consacrées à d'autres priorités gouvernementales). Ensuite, l'exonération des revenus commerciaux des organismes philanthropiques comporte le risque de leur conférer un avantage compétitif déloyal vis-à-vis des entreprises à but lucratif.

Les incitations fiscales en faveur des dons soulèvent quant à elles deux questions interdépendantes tenant à leur caractère potentiellement régressif et antidémocratique. Leur caractère régressif peut résulter du fait que les contribuables à haut revenu bénéficient d'incitations fiscales plus importantes que les contribuables à faible revenu. Ce constat vaut tout autant si l'on considère cet avantage en valeur absolue qu'en valeur relative, étant donné qu'une déduction fiscale se traduira par un avantage plus grand pour les contribuables à haut revenu, assujettis à des taux d'imposition marginaux plus élevés, que pour les contribuables à faible revenu. L'argument démocratique repose sur la crainte que, parce qu'une incitation fiscale a pour effet de redéployer des recettes fiscales au bénéfice de l'organisme philanthropique favorisé, les contribuables à haut revenu puissent exercer une influence disproportionnée sur l'affectation de ces recettes. Une éventualité particulièrement inquiétante lorsque les priorités des donateurs ne coïncident pas avec celles de la société en général.

Nonobstant ces arguments pour et contre les allégements fiscaux, la plupart des pays ont effectivement recours à des incitations fiscales en faveur des dons et exonèrent généralement les organismes philanthropiques de certains impôts. La conception de ces allégements sera examinée en détail dans les chapitres suivants de ce rapport.

Le présent chapitre s'articule de la façon suivante : les points 2.2 et 2.3 présentent respectivement les arguments pour et contre l'octroi d'allégements fiscaux à la philanthropie dans un contexte national. Le point 2.4 s'intéresse ensuite aux arguments pour et contre les allégements fiscaux octroyés à la philanthropie transfrontalière.

2.2. Arguments en faveur de l'octroi d'allégements fiscaux à la philanthropie nationale

Plusieurs arguments plaident pour l'octroi d'allégements fiscaux aux organismes philanthropiques et d'incitations fiscales pour soutenir les dons à ces organismes. Cette section s'intéresse pour commencer aux arguments tirés de la théorie économique et qui s'appuient sur une éventuelle incapacité du marché à subventionner tant les organismes que les dons philanthropiques. Il présente ensuite un certain nombre d'arguments plus généraux tirés de perspectives juridiques, fiscales et philosophiques.

2.2.1. Théorie économique

Cette section examine dans un premier temps deux arguments tirés de la théorie économique qui plaident pour l'octroi d'aides à la philanthropie : l'offre insuffisante d'un bien public et la présence d'externalités positives. Elle se demande ensuite si ces aides, lorsqu'elles sont accordées, devraient plutôt prendre la forme de subventions directes ou d'allégements fiscaux (en faveur des organismes philanthropiques et/ou des dons). Enfin, elle s'intéresse aux divers arbitrages qui s'imposent pour déterminer le niveau optimal des incitations fiscales en faveur des dons à caractère philanthropique.

Offre insuffisante de biens publics

L'argument de l'offre insuffisante de biens publics suppose que trois « défaillances » soient réunies pour justifier l'octroi de subventions publiques à la philanthropie : celle du marché, celle de l'État, et celle de la philanthropie (Hansmann (1987[1]), Weisbrod (1975[2]) et Salamon (1987[3]) (2016[4]). Il y a défaillance du marché légitimant l'intervention de l'État lorsque le marché ne fournit pas les biens publics qui amélioreraient le bien-être social en raison de leur nature non rivale et non exclusive. Mais il peut également y avoir défaillance de l'État s'il ne fournit pas ou s'il se trouve dans l'incapacité de fournir (ou de fournir à un niveau suffisant pour optimiser le bien-être social) le bien public. Dans ces hypothèses, les organismes philanthropiques peuvent jouer un rôle important en contribuant à l'offre de ces biens publics. Mais la philanthropie peut être elle-même défaillante si ces organismes ne fournissent pas les biens publics à un niveau suffisant, par exemple parce que leurs ressources sont trop faibles.

La réunion de ces trois défaillances peut alors fonder l'État à subventionner l'activité philanthropique afin de porter l'offre à un niveau optimal pour la société. Cet appui peut prendre la forme d'incitations fiscales en faveur des dons, d'allégements fiscaux pour les organismes philanthropiques, ou d'octroi de subventions à ces mêmes organismes.

Externalités positives

Sans pour autant offrir un bien public au sens technique d'un bien non rival et non exclusif, un organisme philanthropique peut fournir des biens et des services créant des externalités positives qui ne sont pas totalement captées par l'organisme lui-même ou par ceux qui apportent une contribution à l'organisme. La présence d'externalités peut justifier l'intervention de l'État pour pallier la défaillance du marché. En cas d'externalités négatives, l'intervention de l'État se traduira le plus souvent par un impôt. En revanche, lorsqu'elles sont positives, cette intervention peut prendre la forme d'aides, par exemple d'une incitation fiscale en faveur des dons, d'un allégement fiscal pour l'organisme, ou d'une subvention publique.

On considère souvent que l'action philanthropique comporte des externalités de consommation. Si le bénéfice marginal privé du don à un organisme philanthropique (comme le *warm glow* ou « sentiment de satisfaction » du donateur, cf. encadré 2.1) est inférieur au bénéfice marginal social de ce don, le don philanthropique présente des externalités positives de consommation et peut être « sous-consommé ». Dans la doctrine, les avis divergent quant à la mesure dans laquelle cet argument peut légitimer l'octroi d'aides fiscales aux dons philanthropiques (notamment parce que ce même argument pourrait justifier un soutien aux dons, par exemple, à des membres de la famille, ce que le système fiscal ne prévoit pas).

Par conséquent, l'État pourrait intervenir pour internaliser cette externalité et pallier la défaillance du marché, en accordant par exemple des allégements fiscaux ou des subventions directes à l'organisme philanthropique. S'il opte pour l'octroi d'allégements fiscaux aux organismes philanthropiques, la baisse de l'impôt exigible aura pour effet (direct ou indirect) de diminuer le coût marginal privé de la production des biens et des services, ce qui peut en augmenter l'offre et la faire tendre vers un niveau optimal pour la société. Tandis que des incitations fiscales en faveur des dons réduiront le coût du don, de sorte que le bénéfice marginal privé du donateur augmentera et tendra vers le bénéfice marginal social, ce qui aura pour effet de porter le niveau des dons vers un niveau optimal pour la société.

Encadré 2.1. Les leviers du don philanthropique

Vue d'ensemble

L'importance des dons philanthropiques a conduit des chercheurs de plusieurs disciplines et du secteur lui-même à s'intéresser aux leviers de la philanthropie. Cette analyse a son importance ici puisqu'elle peut aider à déterminer si la politique fiscale constitue elle-même un levier efficace de la philanthropie. Bekkers et Wiepking (2011[5]) ont identifié huit mécanismes qui, selon eux, sont des facteurs déterminants de la philanthropie. Il s'agit de (i) la conscience d'un besoin ; (ii) la sollicitation ; (iii) les coûts et les bénéfices ; (iv) l'altruisme ; (v) l'image ; (vi) les bénéfices psychologiques ; (vii) les valeurs ; et (viii) l'efficacité. D'après une enquête de 2012 sur les donateurs réalisé par la fondation Charities Aid (2014[6]), les cinq premières motivations du donateur seraient : (i) les valeurs personnelles ; (ii) le sens moral/éthique ; (iii) l'adhésion particulière à une cause ; (iv) la foi et (v) l'expérience personnelle. D'autres paramètres, notamment le facteur sociétal, peuvent également entrer en ligne de compte. Les classifications de ce type sont complexes et rarement tranchées. Les travaux de recherche sur les leviers de la philanthropie les répartissent en trois catégories : les facteurs personnels, les facteurs sociétaux et les « autres facteurs ».

Facteurs personnels

Les travaux de divers chercheurs ont révélé que les valeurs personnelles, l'expérience propre, l'adhésion particulière à une cause ainsi que la foi et la religion étaient susceptibles d'influer sur la décision de donner. La notion d'« altruisme », ce désir d'aider autrui, est susceptible de faire partie des valeurs personnelles d'un individu. Les individus et les organismes sociaux sont considérés comme altruistes s'ils attachent une valeur positive à ce qui est bon pour les autres. Cet altruisme amènera à faire un don si le donateur potentiel estime que la valeur du don est supérieure à son coût. C'est pour cette raison qu'un certain nombre d'incitations fiscales visent soit à abaisser le coût du don (c'est le cas des déductions et des crédits d'impôt), soit à augmenter sa valeur (comme avec les systèmes d'abondement tels que le mécanisme *Gift Aid* au Royaume-Uni). Bien sûr, l'altruisme n'est pas l'unique levier du don. D'autres motivations ont été identifiées, comme l'estime de soi, les normes sociales ou encore le statut social.

Les modèles économiques du don philanthropique ont également mis au jour un sentiment de satisfaction qu'ils appellent *warm glow* (ou « plaisir de donner ») comme ressort important des dons philanthropiques privés. Les modèles fondés sur ce sentiment de satisfaction suggèrent que les donateurs retirent une utilité du don philanthropique. Andreoni (1990[7]) base ainsi son modèle de don philanthropique sur des motivations qu'il regroupe sous la notion d'« altruisme impur ». Dans ce modèle, les individus possèdent une richesse qu'ils peuvent dépenser en consommant un bien privé et en effectuant un don pour le bien public. Dans un modèle purement altruiste, le philanthrope ne retire aucune utilité du don lui-même ; son bénéfice réside dans le niveau d'offre du bien public et sa consommation du bien privé. À l'inverse, dans un modèle purement basé sur le *warm glow*, le philanthrope retire une utilité à la fois de son don et de sa consommation du bien privé. Enfin, dans un modèle impurement altruiste, les individus retirent un bénéfice tant du niveau de l'offre du bien public que du don lui même.

L'expérience personnelle, comme le fait de connaître un bénéficiaire de l'aide offerte par un organisme philanthropique, ou d'être lié d'une autre façon à l'organisme ou à la cause qu'il sert, peut également accroître la probabilité de donner. La foi religieuse peut quant à elle renforcer le sentiment d'obligation morale. D'autres facteurs personnels peuvent entrer en jeu, comme l'estime de soi ou la volonté de faire la démonstration de sa grandeur d'âme. Cette volonté peut être couplée à un besoin de reconnaissance, notamment pour les généreux bienfaiteurs, mais la visibilité ainsi donnée peut également motiver d'autres individus à effectuer un don à leur tour. Bien que ces facteurs personnels soient généralement liés au don individuel, ils peuvent être transposés à la philanthropie d'entreprise, même s'il n'est pas toujours possible de déterminer si une entreprise donne par bienveillance ou parce qu'elle espère que son don sera bénéfique pour son activité. La richesse personnelle a également son importance en ce qu'elle conditionne la capacité à donner pour diverses causes. De fait, nombre de travaux se sont penchés sur les types d'organismes ou de causes susceptibles d'attirer les donateurs fortunés. Plusieurs études ont ainsi démontré que les riches philanthropes étaient davantage attirés par les causes artistiques et culturelles, tandis que les moins aisés privilégiaient la religion et le bien-être social.

Facteurs sociétaux

Certains pays ont une culture du don plus forte que d'autres. Cet état de fait peut être influencé par des facteurs aussi bien historiques que culturels. Les travaux du projet d'étude comparative du secteur non lucratif de l'université Johns Hopkins (le « projet JHU ») se sont abondamment intéressés aux « origines sociales » de la philanthropie (université Johns Hopkins, 2020). Cette théorie part du postulat que l'histoire politique et économique d'un pays est un déterminant important de la taille et du champ d'action du secteur non lucratif. La théorie a été abordée au chapitre 1. D'autres facteurs culturels et politiques peuvent également entrer en jeu ; ainsi, la réglementation du secteur peut influer sur la perception de la transparence et de la fiabilité du secteur et sur la confiance que l'on peut accorder aux organismes. Les solutions retenues par les États pour soutenir le secteur, par exemple en lui accordant des subventions, peut aussi avoir une incidence ; toutefois, les chercheurs sont divisés quant à l'effet d'éviction que pourrait produire le soutien de l'État sur les dons privés ou, au contraire, son effet d'attraction car il indiquerait aux donateurs privés que l'organisme philanthropique et/ou la cause défendue méritent d'être soutenus.

Subventions publiques ou allégements fiscaux

Les arguments du bien public et des externalités positives tendent à légitimer le soutien de l'État aux organismes et aux dons philanthropiques. Toutefois, ainsi que nous venons de l'évoquer, il existe une alternative aux allégements fiscaux pour appuyer les activités philanthropiques, qui est l'octroi direct de subventions publiques aux organismes philanthropiques. Le recours aux subventions peut être préférable aux allégements fiscaux si l'État souhaite contrôler la façon dont son aide est utilisée, ou lorsque l'effet d'éviction sur les contributions privées est faible, ou encore lorsque l'allégement n'est pas « rémunérateur », au sens où le surcroît de financement de l'organisme philanthropique qui en résulte est inférieur à la perte de recettes fiscales subie. Inversement, si les subventions publiques produisent un effet d'éviction significatif sur les dons philanthropiques, les allégements fiscaux peuvent être préférables aux subventions, même lorsque les incitations fiscales aux dons ne sont pas rémunératrices. De manière plus générale, une incitation fiscale non rémunératrice peut tout de même accroître le bien-être social dès lors que le bénéfice que retire la société de l'activité soutenue est suffisamment important.

La doctrine économique s'est concentrée sur deux grands facteurs susceptibles d'influencer cet arbitrage entre subventions publiques et allégements fiscaux : l'effet d'éviction sur les contributions privées, et le caractère rémunérateur de l'incitation fiscale. L'effet d'éviction part du principe que les subventions publiques étant financées par les impôts, les contribuables seront moins enclins à donner à un organisme qui a déjà bénéficié de leurs deniers (Andreoni et Payne, 2003[8]). Les travaux menés sur ce point suggèrent que, bien que le soutien public à un organisme non lucratif puisse influencer les dons privés, il est peu probable qu'il ait un effet d'éviction total sur ces derniers (références). Mais on peut tout aussi bien soutenir l'inverse, à savoir que le soutien public à un organisme attesterait de la qualité de l'organisme et produirait donc un effet d'attraction. Une variante de la notion d'effet d'éviction voudrait que les subventions publiques décourageraient les organismes de lever des fonds, avec pour conséquence potentielle de réduire les contributions privées (Andreoni et Payne, 2003[8]).

Le caractère rémunérateur des incitations fiscales aux dons philanthropiques se mesure généralement en procédant à une estimation empirique de l'élasticité-prix du don, une élasticité supérieure à 1 en valeur absolue indiquant que l'incitation fiscale est effectivement rémunératrice.[3] La question de savoir si les donateurs philanthropiques sont sensibles aux incitations fiscales qui permettent d'abaisser le prix du don a été largement débattue dans la doctrine économique, d'abord sur la base de données provenant des États-Unis puis, plus récemment, de données européennes.

Une étude de grande ampleur menée par Clotfelter en 1985 a fait état d'une constance remarquable des résultats, le consensus étant que l'élasticité-prix pour l'ensemble des contribuables était probablement inférieure à -1 et comprise dans une plage de -0.9 à -1.4. Il a également été observé que l'élasticité-prix semblait augmenter avec les revenus, que le temps de réaction des donateurs était important, et que les aides publiques n'avaient qu'un effet d'éviction minime sur les contributions individuelles (Clotfelter, 1985[9]). Si l'étude a mis en évidence un impact de la fiscalité sur les dons des entreprises, celui-ci semble moins important que pour les contributions des particuliers ; enfin, l'étude a constaté que les sociétés décalaient le moment de leurs dons (Clotfelter, 1985[9]).

La doctrine s'est intéressée tant aux effets de prix (y compris des taux d'imposition), qui influent sur le coût du don, qu'aux effets de revenu, comme l'inflation ou la croissance économique, qui affectent le revenu disponible pour les dons philanthropiques (Clotfelter et Salamon, 1986[10]). Des études qui avaient adopté des méthodologies différentes ont conclu à des élasticités-prix bien inférieures (voir Steinberg (1990[11]) et Randolph (1995[12])). Néanmoins, une analyse de 2005 portant sur 40 ans de recherche dans ce domaine a établi que les déductions fiscales étaient rémunératrices et que, fait étonnant, l'élasticité prix n'était pas beaucoup plus élevée pour les hauts revenus (Peloza et Steel, 2005[13]).

Plus récemment, des travaux de Backus et Grant (Backus et Grant, 2019[14]) ont révélé que les résultats variaient suivant que les études se basaient sur les données des déclarations d'impôt des particuliers détaillant leurs déductions (une catégorie substantiellement plus aisée que le contribuable moyen) ou sur les données d'enquêtes auprès de l'ensemble de la population. Backus et Grant sont parvenus à la conclusion que, pour les 10 % les plus riches, l'élasticité-prix s'établissait à -1 au moins, tandis que les contribuables aux revenus moyens étaient moins sensibles (voir également Fack et Landais (2010[15]), Bönke et. al. (2013[16]), et Bönke et Werdt (2015[17])).[4]

Déterminer le niveau de l'allégement fiscal

Si l'intervention de l'État, sous la forme d'un allégement fiscal en faveur des organismes philanthropiques ou d'une incitation fiscale en faveur des dons à ces organismes, peut être justifiée, la détermination du niveau optimal de l'aide est complexe. Elle implique en effet différents arbitrages entre, d'une part, les bénéfices pour le bien-être social induits par l'augmentation de l'offre du bien public ou de l'activité générant l'externalité et, d'autre part, le coût d'opportunité des mesures, au sens de l'utilisation qui aurait pu être faite des recettes fiscales perdues (et en tenant compte de l'effet de distorsion de la fiscalité). Il convient également de s'intéresser à l'effet redistributif de l'allégement fiscal. En particulier, si l'avantage (l'augmentation du sentiment de satisfaction tiré du don, ou le fait de provoquer ce sentiment à un coût moindre) de l'allégement fiscal est essentiellement retiré par les individus qui profitent le plus de la redistribution des revenus, cela pourrait aller à l'encontre des choix de redistribution sous-jacents de l'État. En revanche, si la hausse de l'activité philanthropique qui en résulte profite principalement aux ménages à faibles revenus, cela servira les objectifs de redistribution. Ajoutons à cela que les allégements fiscaux ne peuvent profiter qu'aux personnes qui consacrent une partie de leurs revenus ou de leur fortune à la philanthropie et que le simple fait que les plus riches effectuent des dons réduit les inégalités de revenus et de richesse, indépendamment de la conception de l'allégement fiscal.

La littérature sur l'imposition optimale a cherché à intégrer ces arbitrages pour élaborer un modèle unique d'optimisation du bien-être social (voir encadré 2.2 pour plus de précisions sur la fiscalité optimale du don philanthropique). Sur ce point, Saez (2004[18]) a élaboré son modèle pour déterminer le taux d'imposition optimal des contributions privées à un bien public à partir du sentiment de satisfaction, des externalités, de l'effet d'éviction et des choix de redistribution de l'État. Son modèle, qui repose sur plusieurs hypothèses tranchées, suggère que l'aide fiscale optimale accordée aux dons philanthropiques :

- augmente avec l'effet d'externalité d'une hausse marginale du niveau des contributions ;
- augmente avec la sensibilité du donateur à l'allégement ;
- augmente avec le niveau de l'effet d'éviction des contributions publiques sur les contributions privées ;
- et diminue avec la proportion de dons effectués par les individus à hauts revenus (en partant du principe que l'État est attaché à la redistribution).

L'avantage fiscal optimal dépend de l'interaction de l'ensemble de ces facteurs. Dans ce modèle, le niveau optimal de l'aide fiscale décroît avec la proportion de dons effectués par les individus à hauts revenus parce que l'État accorde moins d'importance à l'utilité que retirent ces derniers de la contribution qu'à celle qu'en retirent les individus à plus faibles revenus. Le modèle suggère également que le niveau optimal de l'aide fiscale offerte à l'activité philanthropique n'est pas nécessairement lié au taux d'imposition des revenus des particuliers, alors que ce lien se vérifie dans les pays où les dons sont déductibles de la base d'imposition.

Encadré 2.2. Fiscalité optimale en présence d'externalités

Saez (2004[18]) intègre quant à lui les dépenses fiscales au modèle standard de Diamond et Mirrlees (1971[19]). De précédents travaux tenaient compte de la présence d'externalités (Sandmo, 1975[20]) ou de biens publics (Atkinson et Stern, (1974[21]) ; Boadway et Keen, (1993[22])).

Le modèle de Saez (2004[18]) repose sur trois éléments : la consommation personnelle *c*, le revenu *z* et un bien de contribution *g*. Un paiement forfaitaire, *R*, est effectué à tous les individus pour réaliser les objectifs de redistribution de l'État. La nature de bien public des contributions ou des dépenses fiscales à visée philanthropique est reflétée dans le montant des contributions par individu G. Le modèle part du postulat que les individus retirent une utilité de leur don, le fameux *warm glow* ou « sentiment de satisfaction » (expliqué plus en détail à l'encadré 2.2). Par conséquent, la fonction d'utilité de chaque individu, $u(c, z, g, G)$, est non décroissante dans c, g, et G et décroissante dans z. L'objectif de l'État est de déterminer :

- le taux d'imposition forfaitaire des revenus (τ),
- le taux de réduction appliqué aux contributions (t),
- le montant du paiement forfaitaire effectué à tous les individus (R),
- et, le cas échéant, le montant G^0 du bien de contribution financé directement par l'État (c.-à-d. les subventions publiques),

de manière à optimiser le bien-être social, sous réserve de collecter suffisamment de recettes fiscales pour financer R, G^0, et la consommation de l'État E. La mesure du bien-être résulte de la somme pondérée des utilités individuelles, les poids β^h reflétant le degré d'attachement de l'État à la redistribution. Par exemple, si l'État y est attaché, β^h sera plus élevé pour les individus à faibles revenus que pour ceux à revenus élevés.

Moyennant quelques hypothèses de simplification[5], le modèle produit deux séries d'expression du taux d'aide fiscale optimal t à appliquer aux contributions, selon deux cas de figure : lorsque l'État ne peut pas contribuer au bien public, et lorsqu'il le peut. Dans le premier cas de figure, le taux de réduction optimal t appliqué aux contributions résulte de la formule :

$$t = -e + \frac{1}{\rho}[1 - \beta(G)], \quad [1]$$

dans laquelle e représente l'effet d'externalité d'une hausse marginale du montant du bien de contribution, ρ est une mesure de la sensibilité au prix des contributions privées, et $\beta(G)$ représente le poids moyen du bien-être social pondéré par les niveaux de contribution. L'équation [1] montre que le taux de subvention optimal des contributions augmente avec l'effet d'externalité d'une hausse marginale du montant du bien de contribution. Le taux de subvention optimal diminue si la sensibilité au prix des contributions est faible. Si, au contraire, les contributions montrent une élasticité parfaite, le taux de subvention optimal sera égal à l'effet d'externalité. Enfin, si les individus à hauts revenus contribuent de manière disproportionnée par rapport au reste de la population, $\beta(G)$ sera supposé faible (ce qui signifie que l'utilité, par exemple, du sentiment de satisfaction est moins pondéré parce qu'elle est retirée de manière disproportionnée par les individus à hauts revenus) ; par conséquent, le taux de subvention optimal des contributions baissera.

Dans le cas de figure où l'État peut contribuer directement au bien public (et donc quand il peut se produire un effet d'éviction), le taux de subvention optimal des contributions résulte de la formule :

$$t = -1 + \frac{1}{\rho}(1 + \bar{G}_{G^0})[1 - \beta(G)], \quad [2]$$

dans laquelle les contributions publiques ont un effet d'éviction sur les contributions privées quand $\bar{G}_{G^0} < 0$. L'équation [2] indique que le taux de subvention optimal augmente dans $\beta(G)$, la sensibilité au prix, et dans la valeur absolue de l'effet d'éviction.

L'une des faiblesses du modèle est qu'il part du principe que les contributions privées sont aussi efficaces que les contributions publiques directes, ce que semble contredire la fréquence avec laquelle les organismes philanthropiques doivent réaliser des opérations de collecte de fonds afin de recevoir des contributions privées. D'un autre côté, la collecte d'impôts n'est pas sans présenter quelques inconvénients sur le plan de l'efficacité.

2.2.2. Théorie des aides

La « théorie des aides » avancée par la doctrine juridique est étroitement liée à celle de l'offre insuffisante de biens publics exposée ci-dessus. Cette théorie repose sur une appréhension particulière du rôle des organismes philanthropiques dans une société démocratique selon laquelle ces organismes offrent deux types d'avantages publics (Atkinson, 1997[23]). Premièrement, les bénéfices publics « primaires », qui correspondent soit à la fourniture de biens ou de services qui sont considérés comme intrinsèquement bons pour tous, soit à la fourniture de biens ou de services ordinaires aux individus particulièrement nécessiteux. La santé et l'éducation sont l'exemple même de produits considérés comme intrinsèquement bons ; on estime donc que leur fourniture, indépendamment du bénéficiaire et de ses besoins, procure un bénéfice public. La fourniture d'aliments et d'un hébergement aux pauvres ou aux personnes défavorisées procure quant à elle un bénéfice à une catégorie particulièrement nécessiteuse, peu importe que les biens fournis soient en eux-mêmes ordinaires. Au-delà de ces bénéfices publics primaires, les organismes philanthropiques procureraient ce que l'on appelle des « bénéfices secondaires », qui tiennent non au produit fourni ou aux individus auxquels il est fourni, mais à la façon dont il est fourni ou distribué (Atkinson, 1997[23]). Atkinson explique que les organismes philanthropiques procurent ces avantages de deux façons. Premièrement, ils sont réputés fournir les biens et services de manière plus efficace et plus innovante ou, pour faire simple, mieux que les autres fournisseurs. Deuxièmement, leur existence même est supposée promouvoir le pluralisme et la diversité, qui sont considérés comme intrinsèquement souhaitables (Atkinson, 1997[23]).

2.2.3. *Argument de la détermination de l'assiette fiscale*

Les théories de la détermination de l'assiette fiscale s'attachent à identifier ce qui est imposable en tant que revenu ou bénéfice. Elles partent du principe qu'il n'est pas forcément pertinent d'inclure certains revenus des organismes philanthropiques dans la base d'imposition. Il serait donc logique de ne lever l'impôt sur les bénéfices que pour les activités entreprises dans un but lucratif (voir par exemple, Bittker et Rahdert (1976[24])). De fait, pour de nombreux organismes philanthropiques, une part significative des recettes comprend des contributions ou des cotisations de membres qui peuvent ne pas correspondre à la notion de « revenu ». De même, de nombreuses dépenses engagées pour l'exploitation de l'organisme philanthropique, par exemple lorsque la Croix Rouge offre son aide après une catastrophe, peuvent ne pas correspondre à la notion de frais déductibles, qui recouvre les dépenses professionnelles courantes et nécessaires. Bien sûr, certains organismes philanthropiques tirent la majeure partie de leurs revenus d'activités « commerciales », comme les hôpitaux ou les universités, et il serait relativement aisé de calculer ce revenu imposable.

Brody (1999[25]) propose une variante de la théorie de la détermination de l'assiette basée sur un « principe de souveraineté ». Selon elle, les œuvres caritatives ne sont pas imposées parce que « César ne saurait taxer Dieu » (ou un équivalent plus moderne). Brody admet que, bien que cet adage renvoie au rôle de la religion aux prémices de la bienfaisance, sa persistance peut se justifier par l'indépendance du secteur. Elle soutient également que ce principe de souveraineté justifierait également que l'aide prenne la forme d'une exonération d'impôt plutôt que d'une subvention directe ; même si elle n'est pas sans présenter des imperfections, l'exonération tient l'État à l'écart des activités courantes des œuvres de bienfaisance qui, de leur côté, n'ont pas à quémander de subventions à l'État.

La théorie de l'assiette fiscale connaît une autre variante qui voit dans l'imposition des sociétés un moyen détourné de taxer ses actionnaires ; or, un organisme philanthropique n'a pas, en principe, d'actionnaires (Rushton, 2007[26]) (Buckles, 2005[27]). Bien au contraire, les bénéficiaires des activités de ce type d'organisme ne constitueraient pas des sujets d'imposition appropriés.

2.2.4. *Théorie de la justice distributive*

Fleischer (2018[28]) a quant à elle adopté une position qui se démarque des théories traditionnelles. Selon elle, le soutien à la philanthropie se justifierait par « deux principes intangibles des démocraties libérales occidentales » qui sont la limitation de l'État et l'égalité des chances. Le traitement fiscal préférentiel de la philanthropie serait la traduction de ces principes tels que définis dans les deux théories de justice distributive qui leur sont traditionnellement associées, à savoir le libertarianisme et l'égalitarisme des ressources. Elle admet toutefois certains écueils qui peuvent nécessiter des atténuations. En effet, les aides fiscales sont susceptibles de saper le principe de limitation de l'État en imposant aux contribuables de subventionner des activités qui ne relèvent pas de ses prérogatives légitimes. Le rapport entre le subventionnement et l'égalitarisme de la fortune est plus complexe. Fleischer avance que les aides fiscales saperaient le principe de base de l'égalité des chances en subventionnant des activités qui renforcent l'avantage dont bénéficient déjà les plus riches, tout en leur conférant un pouvoir d'influence supérieur à celui des contribuables moins aisés quant à l'affectation des ressources publiques.

2.3. Arguments contre l'octroi d'allègements fiscaux à la philanthropie nationale

Si le principe des aides fiscales faisait l'objet de critiques auparavant,[6] c'est dans les années 1960 et 1970 qu'il fut le plus décrié par des chercheurs américains, en particulier Kahn (1960[29]), et Rabin (1966[30]), suite à l'octroi de déductions fiscales pour les dons à des œuvres caritatives. Parmi les arguments avancés qui sont présentés ci-dessous, certains valent pour l'ensemble des concessions fiscales accordées aux organismes philanthropiques.

2.3.1. Analyse du coût des aides et des dépenses fiscales

Le postulat selon lequel les allégements fiscaux ont un coût en ce qu'ils amputent les recettes de l'État et transfèrent par conséquent la charge fiscale à d'autres contribuables est assez largement admis. Son corollaire en revanche, qui assimile la perte de recettes à une dépense fiscale, fait davantage débat. L'analyse des dépenses fiscales établit une distinction entre les mesures fiscales qui visent à atteindre l'objectif premier de l'impôt sur les revenus et celles (les « dépenses fiscales ») qui réduisent l'assujettissement à l'impôt dans le but de soutenir des objectifs sociaux ou économiques. Cette analyse assimile les exonérations et les allégements fiscaux à des subventions publiques et leur réserve le même traitement qu'aux dépenses directes. Elle trouve son origine moderne dans une étude du département du Trésor américain de 1968 (1968[31]) et la présentation de ses implications par son Secrétaire adjoint, Stanley Surrey (1970[32]).

Reste à savoir si les allégements fiscaux octroyés à la philanthropie s'analysent, effectivement, en des dépenses fiscales. C'est probablement le cas des exonérations de l'impôt foncier. Cette assimilation est également assez largement admise s'agissant des déductions ou des crédits d'impôt dont sont assortis les dons à la philanthropie, étant donné que les recettes perdues ne correspondent ni à des dépenses engagées pour générer des revenus, ni à des dépenses nécessaires ou involontaires au sens juridique ou intellectuel du terme. En revanche, la question de savoir si l'exemption de l'impôt sur le revenu (ou tout autre allégement) constitue une dépense fiscale ou pourrait être justifiée par les principes de la fiscalité des revenus (cf. les « théories de détermination de l'assiette ») (Brody, 1999[25]) exposés ci-dessus est plus controversée.

Rapportée au secteur philanthropique, la notion d'analyse des dépenses fiscales soulève un certain nombre de difficultés :

- L'analyse des dépenses fiscales compare le traitement fiscal actuel ou futur des contribuables bénéficiant de l'allégement à un régime « standard ». (Andrews, 1972[33]) Par exemple, pour les incitations aux dons, elle part du principe que le contribuable donnera le même montant, avec ou sans l'allégement. Or, en présumant que le contribuable ne modifiera pas son comportement, cette analyse ne reflète peut-être pas exactement la perte de recettes.
- La question de savoir si les exonérations fiscales accordées au secteur non lucratif sont assimilables à des dépenses fiscales fait également débat. De fait, une grande partie des revenus des organismes philanthropiques ne sont pas considérés comme des revenus dans la plupart des pays, notamment ceux qui proviennent de donations et de subventions publiques. Par conséquent, l'exemption ne peut pas s'analyser en un allégement pour ce qui est de ces ressources (Krever, 1991[34]). Un autre argument, déjà exposé plus haut, consiste à dire que les organismes philanthropiques sont « hors » du champ d'application de la fiscalité des sociétés.
- La fiabilité et l'exhaustivité des déclarations de dépenses fiscales sont également source de questionnements. Par exemple, les estimations des dépenses fiscales se limitent aux dispositions réglementaires et ne reflètent pas les situations dans lesquelles les revenus échappent à l'impôt pour un tout autre motif, comme l'application du principe de « mutualité » dans les pays de *common law*, ou l'exercice par l'administration d'un pouvoir discrétionnaire (Burton et Sadiq, 2013[35]).
- Mais surtout, on ne dispose pas de données pays suffisantes pour quantifier les dépenses fiscales liées au secteur philanthropique, et ce pour plusieurs raisons, la première étant que de nombreux pays ne calculent pas ces dépenses fiscales. Ainsi, parmi ceux qui ont répondu à l'enquête, moins de la moitié ont pu fournir une estimation du manque à gagner lié aux exonérations ou aux

allégements fiscaux dont bénéficie la philanthropie. Ensuite, les informations qui permettraient d'estimer le montant des recettes fiscales non collectées ne sont que rarement disponibles ; si, par exemple, l'organisme philanthropique n'est pas tenu d'établir une déclaration fiscale, il sera impossible de quantifier ce manque à gagner. Parmi les pays qui ont effectivement répondu aux questions portant sur le coût des allégements fiscaux, certains n'ont été en mesure de fournir que des chiffres approximatifs, ce qui suggère soit qu'il était trop tôt pour fournir les données, soit que les données ne pouvaient être clairement identifiées.

Il ressort toutefois des réponses apportées à notre enquête que le manque à gagner est bien réel, et que par conséquent le traitement fiscal de la philanthropie est une question qui mérite d'être approfondie afin de garantir que les allégements sont justifiés et correctement conçus.

2.3.2. Inégalités et caractère régressif des incitations fiscales aux dons

L'argument du pluralisme inhérent à la théorie des aides a pour corolaire l'importance d'un ensemble conséquent et hétérogène de donateurs. Pourtant, les allégements fiscaux peuvent être conçus de manière à encourager les dons importants provenant d'un petit nombre de riches bienfaiteurs plutôt que les dons plus faibles issus d'un grand nombre de donateurs.

À cet égard, l'une des principales objections aux allégements fiscaux attachés aux dons philanthropiques repose sur l'inégalité qui résulte de leur caractère régressif (Rabin, 1966[30]), parce que la déduction est liée à des tranches d'imposition progressives. Cette progressivité de l'impôt sur le revenu fait que toute déduction profitera dans une plus large mesure aux contribuables les plus riches ; celles qui sont octroyées au titre des dons philanthropiques produisent un effet analogue en réduisant davantage le « prix du don » pour les hauts revenus. Cette conséquence irait à l'encontre du principe de base de cet impôt, qui est la progressivité. D'aucuns font également valoir le caractère peu équitable d'un tel système, sachant que les contribuables les plus riches privilégient certains domaines de la philanthropie, à savoir les études supérieures, les arts et la culture, tandis que les moins aisés ont tendance à soutenir les œuvres religieuses et la protection sociale (Rabin, 1966[30]) (Atkinson, 1997[23]). Cet état de fait peut avoir une incidence sur le caractère démocratique des allégements fiscaux en faveur des dons (voir ci-dessous). L'octroi d'avantages fiscaux plus importants aux riches bienfaiteurs peut conduire à accroître le caractère rémunérateur des aides fiscales ; ceci à condition que les hauts revenus soient plus sensibles aux incitations en faveur des dons, auquel cas la subvention sera plus efficace si elle est spécialement conçue pour les donateurs les plus généreux[7].

Certains auteurs ont relevé que cet effet se vérifiait pour toutes les déductions fiscales, pas seulement pour celles appliquées aux contributions caritatives (Bittker, 1972[36]). De fait, la plupart des propositions de réforme des allégements fiscaux cherchent à minimiser ce caractère régressif en optant pour des mécanismes de crédits d'impôt ou d'abondement (Duff, 2014[37]).

2.3.3. Neutralité concurrentielle

Il est souvent avancé que les activités commerciales menées par les organismes à but non lucratif bénéficient d'un avantage déloyal par rapport à leurs concurrents à but lucratif qui fournissent le même type de biens et de services (Brody et Cordes (2001[38]) ; Sharpe (1996[39])). Cet avantage concurrentiel peut résulter de l'application d'allégements fiscaux aux revenus, aux intrants ou aux extrants des organismes philanthropiques, y compris lorsqu'ils mènent des activités commerciales. Vu sous cet angle, les organismes philanthropiques pourraient saper la concurrence. Dans les années 1950, cet argument de la concurrence déloyale a motivé l'adoption par les États-Unis de la taxe UBIT (*Unrelated Business Income Tax*) sur les revenus issus d'activités non liées. Auparavant, le système fiscal s'appuyait sur le principe de la « destination des revenus » qui voulait qu'un revenu, quelle qu'en soit la source, puisse être exonéré d'impôt si les bénéfices étaient affectés à un but caritatif ou philanthropique. L'instauration de la taxe UBIT aurait eu deux déclencheurs supplémentaires : la volonté de préserver la base de l'impôt sur les revenus des sociétés, et le scandale lié à la Mueller Macaroni, une fabrique de pâtes qui appartenait à la New York University Law School (Brody et Cordes, 2001[38]). Le fonctionnement de la taxe UBIT est le suivant : si l'activité est « liée de manière substantielle » à la cause noble qui ouvre droit à l'exonération d'impôt, les revenus qu'elle génère ne sont pas imposables (tandis que les dépenses associées ne sont, pour l'essentiel, pas déductibles). A contrario, les revenus nets tirés des « activités commerciales non liées » sont soumis à la taxe, qui ponctionne alors les revenus au taux d'imposition habituellement applicable aux sociétés (ou trusts). Le Congrès a toutefois décidé d'exonérer de la taxe UBIT les dividendes, les intérêts, les loyers ainsi que les redevances.

Certains estiment au contraire que l'exemption des organismes philanthropiques de l'impôt sur les revenus (qu'il s'agisse de l'ensemble des revenus ou seulement de ceux issus d'activités liées) ne leur confère pas d'avantage concurrentiel déloyal (Henry et al. (2009[40]) ; Steuerle (1998[41])). En effet, l'exonération d'impôt n'étant pas une aide appliquée au coût des intrants, elle ne réduit pas le coût des biens achetés par l'organisme caritatif. Selon un observateur :

> *Le taux zéro des œuvres caritatives n'est pas plus déloyal vis-à-vis d'un concurrent imposé (à taux plein) que ne le sont les taux d'imposition progressifs des personnes physiques qui exercent une activité commerciale en qualité de propriétaires uniques, ou par le biais d'un partenariat, [ou d'une société]... Il est également peu probable qu'un organisme à but non lucratif décide de baisser son prix par rapport à un concurrent à but lucratif (ce qui caractériserait la nature 'déloyale' de la concurrence), ou qu'il accepte un rendement plus faible sur un investissement passif (non imposé) (Weisbrod, 1988[42]).*

La taxe UBIT américaine et les dispositifs similaires mis en place dans d'autres pays pour imposer les bénéfices commerciaux « non liés » pâtissent toutefois de la difficulté d'identifier les activités liées ou non. Il a également été observé qu'aux États-Unis, la taxe UBIT générait en fait peu de recettes fiscales. Cela dit, les allégements en matière d'impôt sur le revenu accordés aux organismes philanthropiques peuvent leur procurer certains avantages par rapport aux entités à but lucratif, notamment sur le plan de la trésorerie.

Tirant argument de ces préoccupations, de nombreux pays imposent effectivement les revenus ou les bénéfices issus d'activités commerciales. Différents termes peuvent être employés pour préciser le type de revenus concernés, comme revenus commerciaux, ou revenus provenant d'une activité commerciale. Ensuite, une distinction est souvent opérée entre les activités commerciales qui font partie intégrante de l'activité philanthropique de l'OIG, comme la gestion d'une école ou d'un hôpital (souvent désigné par l'expression « revenu commercial lié ») et celles qui n'en font pas partie et ne font que générer des revenus utilisés pour mener à bien ces activités philanthropiques (les « revenus commerciaux non liés »). Mais ces distinctions sont souvent difficiles à faire et complexes à mettre en œuvre. Certains pays interdisent ou taxent les activités commerciales qui sont également exercées par des concurrents à but lucratif (voir chapitre 3).

Il a également été soutenu que les allégements affectant le coût des intrants, comme ceux en matière d'emploi, avantageaient les activités commerciales des organismes philanthropiques par rapport à leurs concurrents à but lucratif, et qu'ils pourraient fausser la concurrence en incitant les organismes à but non lucratif à privilégier l'utilisation du type d'intrants qui bénéficient d'un traitement fiscal préférentiel.

Les distorsions causées par les allégements dont bénéficient les organismes philanthropiques en matière de TVA se traduisent généralement par une exonération de la TVA sur les extrants. Pour l'organisme philanthropique, la distorsion peut s'analyser soit en un avantage concurrentiel soit, au contraire, en un désavantage concurrentiel, suivant le bénéficiaire de la subvention et l'utilisation qui en est faite par ce dernier.

L'exonération de TVA peut constituer un avantage concurrentiel pour le fournisseur philanthropique si le bénéficiaire est un consommateur, ou une entité qui l'utilise comme intrant pour la production de ses propres produits ou services exonérés. En effet, le prix total payé par le bénéficiaire sera inférieur au prix avec TVA dont il aurait à s'acquitter s'il était fourni par une organisation à but lucratif.

Mais l'exonération de TVA peut placer le fournisseur philanthropique dans une situation concurrentielle défavorable si le bénéficiaire est une entité, par exemple une société à but lucratif, qui utilise le bien ou le service comme intrant pour la production d'une fourniture taxée. Dans ce cas, les crédits d'impôt sur les intrants permettent en effet à l'acheteur de récupérer la totalité de la TVA payée sur ses intrants taxés (achetés par exemple auprès d'une autre société à but lucratif), et les fournisseurs de ces intrants sont éligibles à des crédits d'impôt sur leurs propres intrants. A contrario, le fournisseur philanthropique de biens et services exonérés ne peut pas récupérer la TVA qu'il acquitte sur ses intrants. Cette TVA est intégrée dans le coût des biens ou des services et ne peut pas être récupérée par l'acheteur.

Lorsque l'exonération des extrants de l'organisme le place dans une situation concurrentielle moins favorable, un allégement fiscal sur les intrants peut atténuer cette distorsion. Quoi qu'il en soit, les organismes philanthropiques qui fournissent des biens ou services exonérés de la TVA auront tendance à privilégier l'utilisation d'intrants bénéficiant d'un régime de TVA préférentiel. Le traitement des organismes philanthropiques en matière de TVA dans les différents pays sera abordé plus en détail au chapitre 3.

2.3.4. Inflexibilité (difficulté à réformer un système établi)

Autre argument, celui selon lequel les aides fiscales, contrairement aux programmes de dépenses, ne donnent pas lieu à des réexamens réguliers. Une fois qu'elles ont été accordées, les bénéficiaires n'ont pas à justifier de leur droit au traitement de faveur. En outre, elles peuvent avoir des conséquences budgétaires imprévues. Les incitations fiscales sont généralement « ouvertes », ce qui signifie que les avantages fiscaux dont le contribuable peut bénéficier ne sont soumis à aucun plafond. Dans le cas des dépenses directes, si le législateur estime que des coûts programmés une année donnée sont trop élevés, il peut les plafonner en amont. Ce qui est rarement possible pour les incitations fiscales déjà mises en place car elles ne requièrent pas l'approbation annuelle du législateur et restent en vigueur tant que la législation fiscale n'est pas modifiée (Lideikyte-Huber, 2020[43]).

Étrangement, il a été suggéré que l'analyse des dépenses fiscales, dont l'objet était de mettre en exergue le « coût » de diverses concessions, avait eu pour conséquence d'ajouter des « dépenses » dans la législation fiscale, et ce dans de nombreux pays. Un observateur relevait ainsi que la production de déclarations des dépenses fiscales avait eu pour effet de légitimer et d'étendre ces dépenses, ce que n'avaient pas prévu les partisans de l'analyse de ces dépenses (Zelinsky, 2012[44]).

2.3.5. Caractère non démocratique (le pouvoir des grands bienfaiteurs)

Reich (2019[45]) reproche quant à lui à la philanthropie d'être souvent non démocratique et de ne pas avoir de comptes à rendre. Ses arguments s'appuient essentiellement sur la « grande philanthropie » et les grosses fondations privées, et se concentrent sur les États-Unis.

Selon Reich, l'un des fondements d'une nation démocratique est de garantir aux individus un pouvoir d'influence égal sur la sphère politique ou les politiques publiques. Ce fondement trouve sa traduction dans le principe constitutionnel « un homme, une voix ». Mais la possibilité d'intervenir par le biais de fondations privées offre aux plus riches un moyen incomparable d'influencer les politiques publiques. Autrement dit, leur capacité financière se double d'un pouvoir politique notable. Ce pouvoir n'est pas limité aux organismes philanthropiques qui bénéficient d'un traitement fiscal de faveur ; ainsi, pour mener leurs activités philanthropiques, Mark Zuckerberg et Priscilla Chan ont préféré créer une société à responsabilité limitée plutôt qu'une fondation privée. Ils se soustraient ainsi tant aux règles de l'IRS (*Internal Revenue Service*) en matière de dépenses qu'aux obligations déclaratives. Qui plus est, rien ne permet de garantir que la grande philanthropie soulagera la pauvreté ou utilisera ses ressources pour réduire les inégalités.

Reich (2019[45]) note également que les grandes fondations n'ont que peu de comptes à rendre, notamment à leurs concurrents ou aux consommateurs et que, contrairement à la classe politique, ils ne peuvent pas être désavoués par les urnes. Reich explique que ces questions ont nourri la controverse sur les premières fondations privées, apparues dans les années 1880, et rappelle à ce sujet que Rockefeller eut toutes les difficultés du monde à créer la sienne, alors même qu'aucun traitement fiscal préférentiel n'existait à l'époque. Il ajoute que, loin de modérer les élans de la grande philanthropie, les États l'ont encouragée à l'aide de concessions fiscales ; d'autant qu'aux États-Unis, les déductions d'impôts accordés à la philanthropie procurent des avantages qui accentuent les inégalités. Sans pour autant prôner la suppression de ces aides, Reich estime qu'un crédit d'impôt serait préférable à une déduction pour que la valeur de l'aide ne favorise pas davantage les riches donateurs.

Si les fondations n'ont pas de comptes à rendre aux « consommateurs », elles sont tenues vis-à-vis de l'administration fiscale de respecter certaines obligations, notamment celles de ne pas utiliser les fonds pour des intérêts personnels et de réaffecter les dons dans un délai imparti. Pour reprendre l'exemple des États-Unis, les contrôles de l'IRS peuvent se solder par des pénalités, des procès, voire des dissolutions de fondations.

2.4. Les arguments en faveur de la philanthropie transfrontalière sont différents de ceux qui soutiennent la philanthropie nationale

La discussion ci-dessus partait du principe que le donateur et l'organisme bénéficiaire étaient établis dans le même pays, et que l'organisme poursuivait ses objectifs sur le territoire national. La notion de philanthropie transfrontalière soulève des questions distinctes pour les différentes parties prenantes. La philanthropie transfrontalière a été définie comme « la contribution volontaire de donateurs privés d'un pays à un bénéficiaire établi dans un autre pays » (Moore et Rutzen, 2011[46]).

Le peu de données complètes ou comparables dont on dispose sur l'étendue de la philanthropie transfrontalière suggèrent que ces contributions évoluent à la hausse. Dans bien des cas, le débat sur ce type de philanthropie se focalise sur l'aide aux pays en développement ou en situation de conflit. Pourtant, elle est susceptible de défendre chacune des causes nobles abordées précédemment. Un représentant de la philanthropie en Europe rapportait ainsi que, de 2010 à 2016, 42 % des apports avaient été consacrés à l'éducation, 18 % au domaine social, 14 % au patrimoine et à la culture, 11 % à la santé, 11 % au développement international, 3 % à l'environnement, et 1 % à la religion (European Foundation Centre, 2017[47]). On dispose toutefois de quelques données sur la philanthropie liée au développement. Une enquête de l'OCDE sur le soutien de la philanthropie privée au développement a ainsi établi que les 143 fondations étudiées avaient consacré environ 7.96 milliards USD par an aux pays en développement entre 2013 et 2015, avec une hausse annuelle moyenne de 19 % (OCDE, 2018[48]). Cette enquête relevait également que les sources des apports philanthropiques en faveur du développement étaient fortement concentrées. Sur les 143 fondations couvertes par l'enquête, la Fondation Bill et Melinda Gates était de loin le donneur philanthropique le plus important. En outre, au cours de la période 2013-2015, 81 % des apports philanthropiques provenaient de 20 fondations seulement.

L'augmentation de la philanthropie transfrontalière a suscité des préoccupations tant dans les pays donateurs que dans les pays bénéficiaires. Les pays donateurs craignent que les fonds ne soient détournés pour financer des activités terroristes ou à des fins de blanchiment de capitaux. Ce fut d'ailleurs la position adoptée par le Groupe d'action financière (GAFI), un organisme intergouvernemental qui œuvre pour la mise en place de mesures contre le blanchiment de capitaux et le financement du terrorisme en formulant des recommandations et en réalisant des évaluations des pays, dans sa première étude sur les vulnérabilités et les menaces en matière de financement du terrorisme auxquelles est exposé le secteur à but non lucratif (GAFI, 2012[49]). Depuis 2012, la Recommandation 8 du GAFI s'est imposée comme la norme internationale pour l'établissement par les pays de la réglementation de la philanthropie transfrontalière. Le GAFI a toutefois reconnu par la suite que la vulnérabilité du secteur non lucratif face à une exploitation à des fins de financement du terrorisme avait peut-être été exagérée dans sa Recommandation 8 étant donné que « toutes les organisations à but non lucratif ne sont pas intrinsèquement exposées à un risque élevé (et certaines sont exposées à un risque faible voire inexistant) » (GAFI, 2016[50]).

Dans de nombreux pays, la position initiale du GAFI sur la vulnérabilité du secteur à but non lucratif a entraîné l'adoption d'obligations administratives et de vigilance supplémentaires à l'intention des donateurs et des organismes philanthropiques souhaitant œuvrer à l'étranger. C'est également l'une des raisons qui ont motivé l'adoption de restrictions concernant la déductibilité fiscale des dons, les autorités fiscales se fondant à cet égard sur le manque de contrôle de l'organisme bénéficiaire (Charities Aid Foundation, 2016[51]).

Certains pays bénéficiaires, voyant dans les activités et le financement étrangers une menace pour la souveraineté nationale, ont instauré l'obligation de faire transiter ou approuver tout financement par l'État, tandis que d'autres ont interdit purement et simplement ce type de financement (Indiana University Lilly Family School of Philanthropy, 2018[52]). La philanthropie transfrontalière soulève en outre certaines des interrogations qui se posent au sujet des programmes d'aide officiels bien que, comme dit précédemment, elle ne soit pas nécessairement axée sur l'action humanitaire ou l'aide au développement.

La philanthropie transfrontalière recouvre plusieurs situations :

- un donateur d'un pays qui fait une contribution directe à un organisme philanthropique établi dans un autre pays (philanthropie transfrontalière directe) ; ou
- un don effectué à un organisme philanthropique national qui mène ses activités à l'étranger ; ou un don à un organisme philanthropique national qui reverse les fonds à un organisme étranger (philanthropie transfrontalière indirecte).

2.4.1. La philanthropie transfrontalière directe

La plupart des pays ne prévoient pas de traitement fiscal préférentiel pour les dons aux organismes philanthropiques étrangers (philanthropie transfrontalière directe), hormis quelques exceptions dans lesquelles ces allégements sont réservés à une région définie.

La position de l'Union européenne (UE) se base sur les libertés fondamentales consacrées par le Traité sur le fonctionnement de l'Union européenne (TFUE), qui interdit toute discrimination à l'égard des organismes philanthropiques et de leurs donateurs. Ce principe a été confirmé par une jurisprudence de la Cour de justice de l'Union européenne (CJUE) selon laquelle l'autonomie fiscale des États membres doit s'exercer dans le respect des libertés fondamentales reconnues par le TFUE. Dans son arrêt fondateur *Stauffer* (affaire C-386/04), la CJUE a ainsi statué que les organismes philanthropiques non-résidents ne pouvaient être soumis à un traitement fiscal différent au seul motif qu'ils avaient leur siège dans un autre État membre. Par conséquent, si un État membre exempte les organismes philanthropiques nationaux de l'impôt sur les bénéfices, ce traitement de faveur doit être étendu aux organismes des autres États membres qui remplissent les conditions applicables aux organismes nationaux. Plus tard, dans son arrêt *Persche* (affaire C-318/07), qui vient préciser l'arrêt *Stauffer* en s'intéressant cette fois au traitement fiscal des donateurs à la philanthropie transfrontalière, la CJUE a jugé que le fait de réserver le traitement fiscal préférentiel aux dons en faveur d'organismes philanthropiques nationaux et d'en exclure les dons aux organismes étrangers comparables était contraire au principe de libre circulation des capitaux garanti par le TFUE. L'avantage fiscal doit donc être accordé aux organismes caritatifs qui ont leur siège dans un autre État membre s'ils se trouvent dans une situation « comparable » à celle des organismes nationaux éligibles. La démonstration du caractère comparable se heurte toutefois à des difficultés pratiques. De plus, le processus d'identification des incitations fiscales étant à la fois complexe et fastidieux (European

Foundation Centre, 2017[47]), les donateurs seront probablement plus enclins à utiliser des canaux indirects (voir ci-dessous).

Aux États-Unis, des regroupements régionaux permettent à certains dons à des organismes étrangers de bénéficier d'allégements fiscaux. En effet, les États-Unis, aux termes de conventions de double imposition (CDI) conclues avec le Canada (CDI USA-Canada, article XXI), le Mexique (CDI USA-Mexique, article 22) et Israël (CDI USA-Israël, article 15A), accordent des déductions aux dons philanthropiques dans ces pays. Comme dans l'UE, le droit à l'allégement est fondé sur la « comparabilité » avec les organismes nationaux éligibles. Ces dispositions des traités conclus avec le Canada et le Mexique se justifient par la proximité géographique et les liens économiques étroits de ces deux pays avec les États-Unis. Pour Israël, l'octroi du traitement de faveur repose davantage sur l'importance des relations politiques entre les deux pays et du financement d'activités philanthropiques en Israël par les ressortissants américains. En revanche, la convention de double imposition conclue entre le Canada et le Mexique ne contient pas de disposition équivalente.

2.4.2. La philanthropie transfrontalière indirecte

Certains pays autorisent les organismes philanthropiques nationaux à transférer des fonds ou à exercer des activités à l'étranger, et recourent à différents mécanismes pour faciliter ces opérations. De nombreuses organisations internationales non gouvernementales (ONG) comme la Croix Rouge, Amnesty International, Greenpeace et World Vision établissent des entités nationales sur le territoire de nombreux pays mais mènent principalement leurs activités à l'étranger. Des procédures d'autorisation sont parfois prévues pour certains organismes philanthropiques nationaux désireux d'opérer à l'extérieur du pays. Souvent onéreuses, ces procédures peuvent être limitées aux organismes qui mènent des actions humanitaires et/ou d'aide au développement. Outre ces formalités, un code de conduite est parfois imposé pour s'assurer que les organismes exerçant à l'étranger et éligibles au traitement fiscal préférentiel respectent un certain nombre de critères. Quelques pays prévoient également une procédure d'approbation pour une catégorie plus large d'organismes nationaux. C'est ainsi qu'ont proliféré les organismes précédés du préfixe *friends of* (« amis de ») afin de bénéficier d'un traitement préférentiel pour les dons destinés à être utilisés à l'étranger. L'obligation de passer par une procédure d'approbation onéreuse tend à pénaliser les petits organismes. Un certain nombre de pays leur offrent donc la possibilité de « contourner » cette contrainte en demandant à un organisme déjà approuvé de servir de relais et de transmettre leurs dons aux bénéficiaires situés à l'étranger. L'organisme relais facture généralement des frais de 5 à 10 % et prend en charge les vérifications préalables associées à la transmission des fonds.

En Europe, où les dons transfrontaliers restent compliqués malgré les décisions de la CJUE, un dispositif spécifique a été mis en place : le réseau Transnational Giving Europe ('TGE'), dont la création résulte d'une initiative privée. Ce partenariat entre les grandes fondations et associations européennes a pour objet de faciliter la défiscalisation des dons transfrontaliers au sein de l'Europe (Transnational Giving Europe[53]). Le réseau TGE, qui couvre 19 pays, permet ainsi aux entreprises comme aux particuliers d'apporter un soutien financier à des organismes à but non lucratif établis dans d'autres États membres tout en bénéficiant directement des avantages fiscaux prévus par la législation de leur pays de résidence (Transnational Giving Europe[53]).

2.4.3. Arguments en faveur d'un traitement fiscal préférentiel de la philanthropie transfrontalière

Au vu de l'internationalisation croissante des relations, il devient de plus en plus difficile d'ignorer les arguments prônant un traitement de la philanthropie transfrontalière similaire à celui appliqué par les différents pays à la philanthropie nationale. Si les États considèrent que la philanthropie nationale mérite d'être subventionnée, plusieurs arguments plaident en faveur d'un soutien à la philanthropie transfrontalière. Ces arguments peuvent être classés en deux catégories : ceux qui relèvent de ce que l'on pourrait appeler un « impératif moral », celui d'aider autrui, notamment les moins bien lotis, et ceux qui se fondent sur l'« intérêt propre » du pays qui accorde l'aide.

Impératif moral

La dimension mondiale de nombreux enjeux de politique publique requiert des réponses qui soient également mondiales. Si la lutte contre la pauvreté, l'amélioration de la santé et de l'éducation et la préservation du patrimoine sont considérées comme des causes nobles au sein du pays, elles méritent également de l'être à l'échelle mondiale, ce qui justifie d'encourager les contributions privées à ces fins (Buijze, 2016[54]). De nombreux enjeux ne connaissent pas de frontières, comme ceux de l'environnement, de la recherche médicale ou de la santé publique, ce qui inclut la lutte contre les pandémies, et ne peuvent être affrontés que par une coopération entre les pays. Cette coopération est déjà considérable dans les domaines de l'aide au développement et de l'action humanitaire, ainsi que dans celui des catastrophes internationales. L'intérêt général servi par ces causes peut fonder les gouvernements à stimuler les contributions privées en leur faveur par des aides fiscales.

Intérêt propre des pays

L'octroi d'allégements fiscaux à la philanthropie à visée étrangère peut également se justifier par la théorie des aides, moyennant un remaniement de la notion d'intérêt général. Un pays peut tirer plusieurs avantages d'un engagement en faveur de causes mondiales par le biais d'un soutien aux dons transfrontaliers. De la même manière que les programmes d'aide, le soutien à la philanthropie peut procurer à un pays un « pouvoir doux » (*soft power*) en lui permettant d'exercer une influence à la fois culturelle et économique (Jenkins, 2007[55]). Cet argument semble être admis par de nombreux pays si l'on en juge par la quantité d'organismes philanthropiques nationaux qui bénéficient déjà de ce soutien. Dans une acception plus étroite, l'État pourrait avoir un intérêt propre à accorder des avantages fiscaux dans un contexte régional : le bien-être dans une région donnée, ainsi que le renforcement de la solidarité et des liens communautaires, peuvent être bénéfiques pour le pays dans lequel sont établis les donateurs.

2.4.4. Arguments contre un traitement fiscal préférentiel de la philanthropie transfrontalière

Bien entendu, d'autres arguments viennent plaider contre le soutien aux dons transfrontalière. Ces arguments tendent à se concentrer sur l'absence à la fois de bénéfices pour le pays « donateur » et de contrôle sur les fonds dès lors qu'ils quittent le pays. D'autres préoccupations tiennent aux difficultés que peuvent éprouver les donateurs ou les intermédiaires à appréhender le cadre juridique et le contexte culturel du pays bénéficiaire.

Intérêt général

On peut également avancer que l'octroi d'avantages fiscaux constitue un coût pour le pays donateur, sans retour correspondant sous la forme de dépenses au sein du pays (Buijze, 2016[54]). Cet argument limite le caractère « général » du critère de l'intérêt général à la sphère nationale, même si l'on pourrait au contraire soutenir qu'un pays retire un bénéfice d'une assistance portée aux pays moins fortunés. Ce bénéfice est parfois admis, comme lorsqu'un pays accorde des allégements fiscaux pour les dons dans le contexte de catastrophes reconnues.

Absence de contrôle

L'absence de contrôle sur la façon dont les contributions privées sont effectivement dépensées est une objection qui revient régulièrement (Buijze, 2016[54]). Cette préoccupation a été exacerbée par le rapport du GAFI publié en 2012 et qui faisait état de la vulnérabilité du secteur à but non lucratif. Bien que le GAFI ait depuis modéré sa position, l'inquiétude persiste. D'autres problèmes se posent, comme le respect par les organismes nationaux qui mènent des activités à l'étranger, souvent en partenariat avec des organismes locaux, des règles de conduite ou de la législation du pays dans lequel ils interviennent, comme dans le cas d'Oxfam en Haïti. Les activités philanthropiques à l'étranger sont plus difficiles à gérer ce qui, dans certains cas, peut soulever des inquiétudes quant à la transparence et à la nécessité de rendre des comptes.

Coût pour les donneurs et/ou les organismes exerçant à l'étranger

Les organismes opérant à l'étranger peuvent avoir à faire face à des coûts supplémentaires pour se mettre en conformité avec une législation différente ou gérer les approvisionnements dans des pays parfois gangrenés par la corruption, ce à quoi s'ajoutent les éventuels frais de traduction et autres coûts associés aux relations avec les populations locales (Charities Aid Foundation, 2016[51]). Ces coûts peuvent amputer les ressources financières qui sont effectivement consacrées à la défense de la cause noble et dissuader les pays de soutenir la philanthropie à l'extérieur de leurs frontières.

Références

Andreoni, J. (1990), “Impure Altruism and Donations to Public Goods: A Theory of Warm-Glow Giving”, *The Economic Journal*, Vol. 100/401, pp. 464-477. [7]

Andreoni, J. et A. Payne (2003), “Do Government Grants to Private Charities Crowd Out Giving or Fund-raising?”, *American Economic Review*, Vol. 93/3, pp. 792-812. [8]

Andrews, W. (1972), “Personal Deductions in an Ideal Income Tax”, *Harvard Law Review*, Vol. 89, pp. 309-385. [33]

Atkinson, A. et N. Stern (1974), “Pigou, Taxation and Public Goods”, *The Review of Economic Studies*, Vol. 41/1, pp. 119-128. [21]

Atkinson, R. (1997), “Theories of the Federal Income Tax Exemption for Charities: Thesis, Antithesis and Synthesis”, *Stetson Law Review*, Vol. 27, pp. 395-431. [23]

Auten, G., C. Clotfelter et R. Schmalbeck (2000), "Taxes and philanthropy among the wealthy", in J. Slemrod (Ed.), *Does atlas shrug: The economics consequences of taxing the rich*, New York: Russell Sage. [56]

Backus, P. et N. Grant (2019), “How sensitive is the average taxpayer to changes in the tax-price of giving?”, *International Tax and Public Finance*, Vol. 26/2, pp. 317-356. [14]

Bekkers, R. et W. Pamala (2011), “A Literature Review of Empirical Studies of Philanthropy: Eight Mechanisms That Drive Charitable Giving”, *Nonprofit and Voluntary Sector Quarterly*, Vol. 40/5, pp. 924–973. [5]

Bittker, B. (1972), “Charitable Contributions: Tax Deductions or Matching Grants?”, *Tax Law Review*, Vol. 28, pp. 37-63. [36]

Bittker, B. et G. Rahdert (1976), “The Exemption of Non-profit Organisations from Federal Income Tax”, *Yale Law Journal*, Vol. 85/3, pp. 299-358. [24]

Boadway, R. et K. Michael (1993), “Public Goods, Self-Selection and Optimal Income Taxation”, *International Economic Review*, Vol. 34/3, pp. 463-478. [22]

Bönke et. al. (2013), “Charitable giving in the German welfare state: fiscal incentives and crowding out”, *Public Choice,* Vol. 154, pp. 39-58. [16]

Bönke, T. et C. Werdt (2015), “Charitable giving and its persistent and transitory reactions to changes in tax incentives: Evidence from the German taxpayer panel”, *School of Business & Economics Discussion Papers, No. 2015/2,* Free University Berlin. [17]

Brody, E. (1999), “Charities in Tax Reform: Threats to Subsidies Overt and Covert », *Tenn. Law Review*, Vol. 66/3, pp. 687-764. [25]

Brody, E. et J. Cordes (2001), *The Unrelated Business Income Tax: All Bark and No Bite?*, Urban Institue, Washington D.C. [38]

Buckles, J. (2005), “Community Income Theory of the Charitable Contributions Deduction”, *Indiana Law Journal*, Vol. 80, pp. 947-988. [27]

Buijze, R. (2016), “Approaches towards the Application of Tax Incentives for Cross-Border Philanthropy”, *Intertax*, vol. 44/1, pp. 14-28. [54]

Burton, M. et K. Sadiq (2013), *‘The Tax Expenditure Concept in Tax Expenditure Management: a Critical Assessment*, Cambridge University Press, Cambridge. [35]

Charities Aid Foundation (2016), *Donation States: An international comparison of the tax treatment of donations,* https://www.cafonline.org/docs/default-source/about-us-publications/fwg4-donation-states. [51]

Charities Aid Foundation (2014), *Why we give*, https://www.cafonline.org/docs/default-source/about-us-publications/caf-why-we-give-jan14.pdf. [6]

Clotfelter, C. (1985), *Federal Tax Policy and Charitable Giving*, University of Chicago Press, Chicago. [9]

Clotfelter, C. et L. Salamon (1982), “The Impact of the 1981 Tax Act”, *National Tax Journal*, Vol. 35/2, pp. 171-187. [10]

Diamond, P. et J. Mirrlees (1971), “Optimal Taxation and Public Production I: Production Efficiency, II Tax Rules”, *American Economic Review*, Vol. 61/1, pp. 8-27 and 261-78. [19]

Duff, D. (2014), “The Tax Treatment of Charitable Contributions in a Personal Income Tax: Lessons from Theory and the Canadian Experience” in M. Harding, A. O’Connell and M. Stewart (eds.) *Not-for-Profit Law: Theoretical and Comparative Perspectives*, Cambridge University Press, Cambridge. [37]

European Foundation Centre (2017), Boosting Cross-Border Philanthropy in Europe: Towards a Tax-Effective Environment, https://www.efc.be/uploads/2019/03/Boosting-Cross-Border-Philanthropy-in-Europe-Towards-a-Tax-Effective-Environment.pdf [47]

Fack, G. et C. Landais (2010), “Are Tax Incentives for Charitable Giving Efficient? Evidence from France”, *American Economic Journal: Economic Policy*, Vol. 2/2, pp. 117-141. [15]

FATF (2016), *Outcomes of the Plenary meeting of the FATF*, Paris. [50]

FATF (2012), *International Standards on Combating Money Laundering and the Financing of Terrorism & Proliferation - the FATF Recommendations*, Paris. [49]

Fleischer, M. (2018), *Research Handbook on Not-For-Profit Law: Subsidizing Charity Liberally*, Edward Elgar, Cheltenham. [28]

Hansmann, H. (1987), *Economic theories of non-profit organizations*, Yale University Press, London. [1]

Henry, K. et al. (2009), *Australia’s Future Tax System*, https://treasury.gov.au/review/the-australias-future-tax-system-review. [40]

Indiana University Lilly Family School of Philanthropy (2018), *The Global Philanthropy Environment Index*, https://scholarworks.iupui.edu/handle/1805/15958. [52]

Jenkins, G. (2007), “Soft Power, Strategic Security and International Philanthropy”, *North Carolina Law Review*, Vol. 85/3, pp. 773-846. [55]

Kahn, H. (1960), *Personal Deductions and the Federal Income Tax*, Princeton University Press, Princeton. [29]

Krever, R. (1991), *Tax Deductions for Charitable Donations: A Tax Expenditure Analysis*, Australian Tax Research Foundation, Sydney. [34]

Lideikyte-Huber, G. (2020), "Tax Incentives for Charitable Giving as a Policy Instrument: Theoretical Discussion and Latest Economic Research", *World Tax Journal*, Vol. 12/3. [43]

Moore, D. et D. Rutzen (2011), "Legal framework for global philanthropy: Barriers and opportunities", *International Journal of Not-for-Profit Law*, Vol. 13/1-2, pp. 5-42. [46]

OECD (2018), *Private Philanthropy for Development*, OECD Publishing, Paris. [48]

Ott, J. and L. Dicke (2016), *The nature of the non-profit sector*, Westview Press, Boulder. [4]

Peloza, J. and P. Steel (2005), "The Price Elasticities of Charitable Contributions: A Meta-Analysis", *Journal of Public Policy and Marketing*, Vol. 24/2, pp. 260-272. [13]

Rabin, E. (1966), "Charitable Trusts and Charitable Deductions", *New York University Law Review*, Vol. 41, pp. 912-925. [30]

Randolph, W. (1995), "Dynamic Income, Progressive Taxes, and the Timing of Charitable Contributions", *Journal of Political Economy*, Vol. 91/1, pp. 371-382. [12]

Reich, R. (2019), *Just Giving: Why Philanthropy is Failing Democracy and How it Can do Better*, Princeton University Press, Princeton. [45]

Rushton, M. (2007), "Why are Non-profits Exempt from the corporate Income tax?", *Non-profit and Voluntary Sector Quarterly*, Vol. 36/4, pp. 662-675. [26]

Saez, E. (2004), "The optimal treatment of tax expenditures", *Journal of Public Economics*, Vol. 88/12, pp. 2657–2684. [18]

Salamon, L. (1987), "Of Market Failure, Voluntary Failure and Third Party Government: Towards the a Theory of Government-Non-profit Relations in the Modern Welfare State", *Non-profit and Voluntary Sector Quarterly*, Vol. 16, pp. 29-49. [3]

Sandmo, A. (1975), "Optimal Taxation in the Presence of Externalities", *The Swedish Journal of Economics*, Vol. 77/1, pp. 86-98. [20]

Sharpe, D. (1996), "Unfair Business Competition and the Tax on Income Destined for Charity: Forty-Six Years Later", *Forida Tax Review,* Vol. 3, p. 367. [39]

Steinberg, R. (1990), "Taxes and Giving: New Findings", *International Journal of Voluntary and Non-profit Organizations*, Vol. 1/2, pp. 61-79. [11]

Steuerle, E. (1998), *The Issue of Unfair Competition*, Center for the Study of Philanthopy and Voluntarism, Institute of Policy Sciences and Public Affairs, Duje University, Durham NC. [41]

Surrey, S. (1970), "Tax Incentives as a Device for implementing Government Policy: A Comparison of Direct Government Expenditures", *Harvard Law Review*, Vol. 83/4, pp. 705-738. [32]

Transnational Giving Europe (n.d.), *How Does it Work?*, https://www.transnationalgiving.eu/how-does-it-work. [53]

Treasury Department United States (1968), *Annual Report of the Secretary of the Treasury on the State of Finances for the Fiscal Year Ended June 30, Washington D.C.* [31]

Weisbrod, B. (1988), *To Profit or Not to Profit: The Commercial Transformation of the Non-Profit Sector*, Oxford University Press. [42]

Weisbrod, B. (1975), *Toward a Theory of the Voluntary Non-Profit Sector in a Three-Sector Economy*, Oxford University Press, Oxford. [2]

Zelinsky, E. (2012), "The Counterproductive Nature of Tax Expenditure Budgets", *Tax Notes*, Vol. 137/12, pp. 1-9. [44]

Notes

[1] Ce chapitre porte essentiellement sur les arguments pour (et contre) le traitement fiscal préférentiel de la philanthropie, sans traiter des avantages qu'offrent la philanthropie et le secteur philanthropique à la société

[2] Le sens du terme « philanthropie » a été abordé au chapitre 1. L'expression « don philanthropique » employée dans ce rapport désigne les dons à des organismes et non à des individus, étant donné que seuls les premiers ouvrent en principe droit à des allégements fiscaux. L'expression « organismes philanthropiques » est quant à elle utilisée pour désigner les organismes à but non lucratif qui défendent une cause « noble » et servent l'intérêt général, tandis que « secteur philanthropique » se rapporte au secteur qui regroupe ces organismes.

[3] L'élasticité-prix du don philanthropique se mesure généralement en analysant l'effet d'une variation du prix du don (qui, dans les pays dans lesquels les contributions privées sont déductibles des impôts, est égal à $(1 - t)$, t étant le taux marginal d'imposition de l'individu) sur le niveau des dons.

[4] Il a également été démontré que les contribuables à haut revenu étaient plus susceptibles de donner des montants importants de manière ponctuelle que des montants moins importants chaque année (Auten, Clotfelter et Schmalbeck, 2000[56]).

[5] Les trois hypothèses sont les suivantes : il n'y a pas d'effets de revenu sur les revenus individuels, les revenus agrégés ne sont affectés ni par le niveau du bien de contribution, ni par le taux d'imposition des contributions, et la compensation de la fourniture des contributions ne dépend pas du taux de l'impôt sur les revenus.

[6] Ainsi, dès 1863, au Royaume-Uni, le chancelier de l'Échiquier William Gladstone présentait un projet de loi visant à abolir l'exemption fiscale dont bénéficiaient les œuvres de bienfaisance au motif qu'elle constituait une subvention publique générale en faveur d'un nombre important d'organisations, notamment d'écoles élitistes, qui n'étaient pas soumises à un examen adéquat du public. Mais son projet de loi fut rejeté.

[7] Voir sur ce point la discussion sur le caractère « rémunérateur » des aides fiscales.

3 Traitement fiscal des organismes philanthropiques

Ce chapitre dresse un état des lieux du traitement fiscal des organismes philanthropiques, à commencer par les critères qu'ils doivent respecter pour être reconnus comme organisme d'intérêt général (OIG) ou comme fonds. Après quelques précisions sur les critères de noble cause, d'intérêt général et de but non lucratif retenus par les différents pays et un aperçu des procédures de demande et de surveillance administratives, le chapitre analyse les différentes formes d'allégements fiscaux dont bénéficient les organismes philanthropiques. À cet égard, il s'intéresse en premier lieu au traitement fiscal des revenus des organismes philanthropiques puis aux avantages accordés en ce qui concerne la taxe sur la valeur ajoutée (TVA), avant de dresser un panorama des autres formes d'allégements fiscaux auxquels les OIG ou les fonds peuvent être éligibles. Enfin, il aborde le risque potentiel de mécanismes de fraude et d'évasion fiscale impliquant des organismes philanthropiques et les mesures mises en place par les pays pour lutter contre ces abus.

3.1. Introduction

Les organismes philanthropiques peuvent être classés en deux catégories : les fonds et les organismes d'intérêt général (OIG). Aux fins de ce rapport, les fonds sont les organismes tels que les fondations, les associations et les trusts qui détiennent des actifs et les utilisent pour appuyer les OIG dans la réalisation de leurs objectifs sociaux. Le terme OIG désigne quant à lui les organismes qui fournissent des biens et des services dans un but d'intérêt général. D'un point de vue fiscal, les organismes philanthropiques peuvent bénéficier de différents avantages. En règle générale, les organismes dont le statut philanthropique est reconnu peuvent recevoir des dons ouvrant droit à des avantages fiscaux pour les bienfaiteurs, qu'il s'agisse d'entreprises ou de particuliers, ou se voir accorder directement des allégements fiscaux au titre de leur activité (p. ex. des exonérations en matière d'impôt sur les bénéfices, d'impôt sur le patrimoine, de TVA[1], etc.). Pour pouvoir prétendre à ce statut (fonds ou OIG), l'organisme doit répondre à trois types de critères :

- les critères liés au but non lucratif ;
- les critères liés à la cause défendue ;
- et les critères liés à l'intérêt général.

Ils doivent en outre satisfaire à un certain nombre d'obligations administratives servant à vérifier s'ils remplissent bien lesdits critères. Pour ce qui est du contrôle de ces critères et de leur sévérité, les pays varient dans leur approche. Dès lors qu'il satisfait à l'ensemble des conditions, l'organisme philanthropique peut bénéficier du traitement fiscal préférentiel accordé à la philanthropie (comme recevoir des dons assortis d'avantages fiscaux et bénéficier d'exemptions, totales ou partielles, de l'impôt sur les revenus ou sur les plus-values, ou de la TVA).

En imposant ces critères aux organismes, les pouvoirs publics peuvent s'assurer un suivi et un contrôle plus efficaces des dépenses fiscales liées au soutien de la philanthropie. Le critère du but non lucratif a pour but d'assurer que les organismes bénéficiant d'avantages fiscaux au titre de leur activité philanthropique ont pour objectif premier de servir l'intérêt général (et non de réaliser des bénéfices). Sans pour autant leur interdire de dégager un excédent, le critère du but non lucratif est généralement assorti d'une obligation de non distribution, à savoir que cet excédent ne peut être distribué sous forme de dividendes ou de bénéfices qui ne serviraient pas la cause défendue. Le critère de la noble cause permet à l'État d'orienter ses dépenses fiscales ainsi que les ressources des organismes philanthropiques de façon à favoriser (et, potentiellement, écarter) certains objectifs sociaux. Le critère de l'intérêt général garantit que les dépenses fiscales serviront à encourager des activités qui profitent à une part suffisamment importante et inclusive du public. La taille et l'aspect ouvert du cercle des bénéficiaires dépendent des pays et seront abordés plus loin dans ce rapport. Enfin, les obligations administratives peuvent aider à garantir que l'État dispose (et continuera de disposer) de toutes les informations nécessaires pour déterminer si l'organisme remplit bien tous les critères, en particulier lorsque l'approbation et l'évaluation de la conformité sont confiées à un organe administratif.

3.1.1. Principaux enseignements

Les principaux enseignements de ce chapitre sont les suivants :

- Les pays ont tendance à retenir les critères de but non lucratif, de noble cause noble et d'intérêt général pour déterminer l'éligibilité à des avantages fiscaux. Le bien-être social, l'éducation, la recherche scientifique et la santé sont considérés comme des nobles causes dans la plupart des pays. S'agissant du critère de l'intérêt général, les pays stipulent généralement que les avantages doivent être ouverts à tous, qu'ils peuvent être réservés à des groupes de personnes présentant certaines caractéristiques, ou que les caractéristiques utilisées pour déterminer les bénéficiaires doivent être liées à la cause défendue par l'organisme.
- Dans la grande majorité des pays couverts par ce rapport, les organismes philanthropiques doivent suivre une procédure de demande spécifique pour bénéficier d'un traitement fiscal préférentiel. Les pays retiennent généralement l'une de ces trois approches : confier l'accréditation à l'administration fiscale ; confier cette responsabilité à l'administration fiscale et à une autre autorité, par exemple une commission indépendante ; ou la confier à un service distinct de l'administration fiscale.

- En ce qui concerne les allégements fiscaux portant sur les revenus des organismes philanthropiques, deux méthodes sont couramment adoptées : la première consiste à exonérer tous les revenus ou certains revenus spécifiques, la seconde à prendre en compte toutes les catégories de revenus imposables, mais en autorisant les organismes à réduire leur base d'imposition en réinvestissant (immédiatement ou ultérieurement) ces revenus au service de la cause qu'ils défendent. Les pays qui ont opté pour la première méthode excluent généralement de la base d'imposition les revenus non commerciaux (dons ou subventions reçus). La façon dont sont traités les activités commerciales et les revenus provenant de ces activités diffère selon les pays. Il est fréquent que les revenus commerciaux liés à la noble cause poursuivie par l'organisme soient exonérés, tandis que les revenus commerciaux sans rapport avec cette cause restent imposés.
- Enfin, les pays qui accordent aux organismes philanthropiques un traitement de faveur en matière de TVA les dispensent généralement de collecter la TVA sur une partie (ou la totalité) des biens ou services fournis. Toutefois, cette dispense pouvant créer pour ces organismes une charge fiscale sur les intrants, certains pays ont mis en place des mécanismes leur permettant de récupérer une partie de la taxe acquittée sur ces intrants.

Ce chapitre s'articule comme suit. Le point 3.2 ci-après présente les critères de but non lucratif, de noble cause et d'intérêt général ainsi que les autres exigences applicables dans les différents pays. Le point 3.3 offre un aperçu des obligations administratives et des procédures de demande instaurées par les pays pour s'assurer que toutes les exigences sont satisfaites. Le point 3.4 aborde le traitement fiscal des revenus des organismes philanthropiques. Le point 3.5 examine le traitement des OIG en matière de TVA suivant les pays. Le point 3.6 s'intéresse à d'autres types d'impôts et d'allégements fiscaux appliqués aux organismes philanthropiques par certains pays. Enfin, le point 3.7 étudie les risques potentiels de fraude et d'évasion fiscales impliquant les organismes philanthropiques.

3.2. Éligibilité au statut de fonds ou d'OIG et au traitement fiscal préférentiel

3.2.1. Organismes à but non lucratif et activité commerciale

Selon le premier critère, l'organisme doit être à but non lucratif. Auparavant, le qualificatif utilisé se limitait aux termes « non lucratif » puis, ces dix dernières années, celui de « but non lucratif » a commencé à s'imposer pour rendre compte du fait que l'organisme pouvait générer un excédent, mais que cela ne devait pas être son but. Ce critère n'interdit donc pas en soi aux organismes à but non lucratif de mener une activité commerciale ou de générer un excédent (tant que cet excédent n'est pas distribué sous forme de dividendes, ou de rémunérations ou paiements excessifs). Néanmoins, les pays peuvent faire le choix de limiter la mesure dans laquelle les organismes philanthropiques bénéficiant d'allégements fiscaux peuvent s'engager dans une activité commerciale. Dans un certain nombre de pays, les organismes philanthropiques sont en outre tenus de réinvestir l'excédent dégagé dans des activités dont l'objectif est de servir la cause qu'ils défendent. Si l'activité commerciale d'un organisme philanthropique dépasse une certaine mesure, ou si l'organisme ne réinvestit pas ses bénéfices au service de cette cause, le pays peut décider d'imposer l'activité commerciale ainsi que le surplus de bénéfices, voire priver purement et simplement l'organisme de son statut préférentiel.

L'exercice d'une activité commerciale par des organismes philanthropiques bénéficiant d'un traitement fiscal préférentiel peut susciter des inquiétudes quant à la loyauté de la concurrence, si les biens et services qu'ils procurent sont également fournis par des organismes non philanthropiques. Pour pallier ce problème, les pays peuvent limiter l'importance de l'activité commerciale, la soumettre à une imposition, restreindre les activités dans lesquelles ils peuvent s'engager, ou plafonner les avantages fiscaux accordés au titre de l'activité commerciale qui fausse la concurrence. Ce critère sera présenté plus en détail au point 3.4 ci-dessous consacré aux revenus des organismes philanthropiques.

3.2.2. Critère de la noble cause

De manière générale, une cause noble est une cause dont l'État estime qu'elle mérite d'être soutenue par les dons de bienfaiteurs et les ressources d'un fonds ou d'un OIG. Cette caractéristique est subjective et peut être déterminée par les donateurs ou les organismes philanthropiques qui choisissent la cause qu'ils souhaitent soutenir. Toutefois, aux fins de ce rapport, la notion de cause noble recouvre un ensemble de causes que les organismes philanthropiques éligibles à des avantages fiscaux peuvent défendre. Cela signifie que, pour qu'un organisme philanthropique bénéficie d'un traitement fiscal préférentiel, il doit servir une cause que l'État (le législateur ou l'administration fiscale) considère comme noble. Dans certains pays (comme l'Allemagne ou les États-Unis), les OIG doivent consacrer leurs ressources aux causes qu'ils ont mentionnées dans leur demande de statut spécifique. Ils ne peuvent donc pas changer d'objectif et adopter une autre des causes admissibles sans suivre une nouvelle procédure administrative. En Allemagne par exemple, l'OIG qui souhaite changer de cause ou en ajouter une doit en informer l'administration fiscale.

Le Tableau 3.1 présente une liste non exhaustive des catégories de causes que les pays soutiennent en accordant des allégements fiscaux aux organismes philanthropiques qui les défendent. Aux fins de la comparaison du critère de la noble cause suivant les pays, les catégories sont désignées par des termes génériques qui recouvrent les causes connexes. La catégorie du bien-être, par exemple, comprend aussi bien les organismes qui procurent un toit aux sans-abris que les banques alimentaires qui distribuent de la nourriture aux nécessiteux. Celle de la culture peut inclure les musées ou des cinémas particuliers, mais aussi s'appliquer de manière plus générale à des organismes de protection du patrimoine ou soutenant les arts par le biais de subventions. Les catégories de causes qui sont le plus souvent considérées comme nobles par les pays sont le bien-être (37), l'éducation (35), la recherche scientifique (34), et la santé (34).

Le bien-être constitue une noble cause dans tous les pays cités hormis la Bulgarie, qui fait figure d'exception en ce qu'elle n'accorde de traitement fiscal préférentiel qu'à la Croix Rouge bulgare. Néanmoins, la Bulgarie octroie des allégements fiscaux aux entreprises et aux particuliers qui effectuent des dons à d'autres organismes qu'à la Croix Rouge bulgare (pour plus d'informations, se reporter au chapitre 4). Parmi les pays énumérés, la Bulgarie et Malte sont les deux seuls à exclure l'éducation de leur liste de causes éligibles. Tous les pays du tableau 3.1, à l'exception du Chili, de l'Indonésie, de Malte et de la Bulgarie, incluent la santé dans leurs nobles causes. L'Afrique du Sud, Malte et la Bulgarie sont les seuls pays à ne pas intégrer la recherche scientifique. D'un autre côté, la protection des consommateurs (22), la protection civile (28), la protection animale, (28), le sport amateur (29) et les cultes (29) sont moins souvent reconnus comme causes nobles dans les pays étudiés.

Le tableau 3.1 montre également que certains pays ont adopté des définitions larges de la noble cause, tandis que d'autres en ont une définition plus restrictive. Ainsi, toutes les catégories énumérées peuvent être considérées comme des causes nobles en République tchèque, en Estonie, en Allemagne, en Grèce, en Irlande, en Israël, en Lituanie, en Nouvelle-Zélande, en Norvège, au Portugal, en Roumanie, en République slovaque, en Slovénie et aux États-Unis. En revanche, l'Argentine, la Bulgarie, le Chili, l'Indonésie, Malte et l'Afrique du Sud ont une acception plus étroite de la noble cause.

Tableau 3.1. Causes nobles par pays

	Bien-être	Éducation	Science	Santé	Culture	Environnement	Secours d'urgence	Société civile	Services collectifs	Droits de l'homme	Financement du développement	Garde d'enfants	Aide humanitaire (à l'étranger)	Cultes	Sport amateur	Protection animale	Protection civile	Protection des consommateu	Autres
Argentine	X		X	X					X			X		X					X[1]
Australie	X	X	X	X	X	X	X	X	X	X	X		X	X	X	X	X		X[2]
Autriche	X	X	X	X	X	X	X	X		X	X	X	X	X	X	X	X		
Belgique	X	X	X	X	X	X	X	X	X	X	X	X	X			X	X		
Bulgarie	X	X		X	X	X	X	X	X			X	X	X					X[3]

Canada	X	X	X	X	X	X	X	X	X	X	X	X	X	X	X	X	X		
Chili	X	X	X		X		X		X		X	X			x		X		
Colombie	X	X	X	X	X	X	X	X	X	X	X	X		X	X		X		
République tchèque	X	X	X	X	X	X	X	X	X	X	X	X	X	X	X	X	X	X	
Estonie	X	X	X	X	X	X	X	X	X	X	X	X	X	X	X	X	X	X	
Finlande	X	X	X	X	X	X		X	X			X			X			X	X[4]
France	X	X	X	X	X	X	X	X	X	X	X	X	X	X		X	X	X	
Allemagne	X	X	X	X	X	X	X	X	X	X	X	X	X	X	X	X	X	X	
Grèce	X	X	X	X	X	X	X	X	X	X	X	X	X	X	X	X	X	X	
Inde	X	X	X	X	X	X	X	X	X	X	X	X	X	X	X	X	X	X	X[5]
Indonésie	X	X	X				X							X	X				X[6]
Irlande	X	X	X	X	X	X	X	X	X	X	X	X	X	X	X	X	X	X	
Israël	X	X	X	X	X	X	X	X	X	X	X	X	X	X	X	X	X	X	
Italie	X	X	X	X	X	X	X	X	X	X	X	X	X		X	X		X	
Japon	X	X	X	X	X	X	X	X	X	X	X	X	X	X	X	X	X	X	
Lettonie	X	X	X	X	X	X	X	X		X		X	X		X	X	X		
Lituanie	X	X	X	X	X	X	X	X	X	X	X	X	X	X	X	X	X	X	
Luxembourg	X	X	X	X	X	X	X	X	X	X		X	X	X	X	X	X		
Malte	X									X			X						
Mexique	X	X	X	X	X	X	X	X	X	X	X	X				X	X	X	X[7]
Pays-Bas	X	X	X	X	X	X	X	X	X	X	X	X	X	X		X	X		
Nouvelle-Zélande	X	X	X	X	X	X	X	X	X	X	X	X	X	X	X	X	X	X	
Norvège	X	X	X	X	X	X	X	X	X	X	X	X	X	X	X	X	X	X	X[8]
Portugal	X	X	X	X	X	X	X	X	X	X	X	X	X	X	X	X	X	X	
Roumanie	X	X	X	X	X	X	X	X	X	X	X	X	X	X	X	X	X	X	
Singapour																			X[9]
République slovaque	X	X	X	X	X	X	X	X	X	X	X	X	X	X	X	X	X	X	
Slovénie	X	X	X	X	X	X	X	X	X	X	X	X	X	X	X	X	X	X	X[10]
Afrique du Sud	X	X		X		X					X			X	X				
Suède	X	X	X	X	X	X	X	X		X	X		X	X	X				
Suisse	X	X	X	X	X	X	X	X	X	X	X		X			X		X	
Royaume-Uni	X	X	X	X	X	X	X	X	X	X	X	X	X	X	X	X	X	X	
États-Unis	X	X	X	X	X	X	X	X	X	X	X	X	X	X	X	X	X	X	X[11]
Fréquence	**37**	**35**	**34**	**34**	**33**	**33**	**33**	**32**	**31**	**31**	**30**	**30**	**30**	**29**	**29**	**28**	**28**	**22**	

Note :

1. Charité, art et littérature, syndicats.
2. Clubs de sport en général, associations d'employeurs et d'employés, syndicats, associations œuvrant pour la promotion de ressources primaires et secondaires.
3. Les activités de la Croix Rouge bulgare.
4. La Finlande n'a pas de liste établie des causes nobles ; les catégories incluses ici sont issues d'une liste non exhaustive d'exemples cités dans la loi relative à l'impôt sur les revenus.
5. Yoga et promotion de toute autre cause d'intérêt général.
6. Octroi de bourses ; préservation de l'environnement.
7. Pour le Mexique, seules figurent dans ce tableau les causes nobles permettant de recevoir des dons déductibles. D'autres causes, comme le sport amateur, les œuvres religieuses ou certaines œuvres mutualistes ouvrent seulement droit à un traitement fiscal préférentiel des revenus.
8. La législation fiscale ne précise pas de caractéristiques déterminant les organismes servant une cause noble ou menant une activité d'intérêt général.
9. Reconnaît les causes caritatives définies généralement comme : (i) le soulagement de la pauvreté ; (ii) la promotion de l'éducation ; (iii) l'avancement de la religion ; et (iv) d'autres objectifs bénéfiques pour la communauté, comme la promotion de la santé, l'avancement des arts et du patrimoine, et la protection de l'environnement.
10. Doit être considérée comme « généralement utile » (*splošnokoristen*).
11. Athlétisme amateur (ajouté pour les Jeux olympiques de 1976).

Source : questionnaire de l'OCDE sur la fiscalité et la philanthropie

Dans la majorité des pays, les fonds et les OIG remplissant les critères de la noble cause et de l'intérêt général qui permettent de recevoir des dons subventionnés sont également éligibles au traitement fiscal préférentiel direct et inversement, alors que ce n'est pas le cas en Australie, en Bulgarie, au Canada, en Allemagne, en Nouvelle-Zélande, en Norvège, en Suède, en Afrique du Sud et aux États-Unis.

Dans des pays comme la Bulgarie, le critère de la noble cause qui ouvre droit à des incitations fiscales pour les dons est moins restrictif que les obligations que doivent satisfaire les fonds ou les OIG pour prétendre à un soutien fiscal direct. En Bulgarie, les fonds et les OIG servant une cause éligible peuvent recevoir des dons assortis d'avantages fiscaux, mais seule la Croix Rouge bulgare peut bénéficier directement d'un traitement fiscal préférentiel.

Au Canada, les conditions de la noble cause pour recevoir des dons ouvrant droit à un avantage fiscal ne sont pas les mêmes que celles applicables aux fonds ou OIG qui prétendent à un soutien fiscal direct. Au Canada, les dons ouvrant droit à des avantages fiscaux peuvent être versés aux fonds et OIG qui servent l'une des causes énumérées au Tableau 3.1 ainsi que : aux organisations journalistiques ; aux organismes municipaux ou publics qui remplissent une fonction gouvernementale au Canada ; aux universités situées à l'étranger qui accueillent des étudiants canadiens ; aux fonds et OIG enregistrés situés à l'étranger qui ont reçu un don de Sa Majesté ; ainsi qu'à l'Organisation des Nations Unies et à ses organismes. Néanmoins, au Canada, de manière générale, il est plus compliqué pour un organisme d'obtenir le statut d'organisme de bienfaisance enregistré ouvrant droit à des dons subventionnés que d'être considéré comme organisme à but non lucratif.

Inversement, en Norvège, en Suède et en Afrique du Sud, les conditions pour recevoir des dons subventionnés sont plus restrictives que pour bénéficier directement d'un soutien fiscal. Ainsi, en Norvège, seul un sous-ensemble spécifique d'organismes philanthropiques éligibles à des exonérations d'impôt remplissent les conditions stipulées pour recevoir des dons ouvrant droit à une déduction d'impôt pour le bienfaiteur. Pour être éligible, l'organisme destinataire doit servir une cause entrant dans l'une des catégories suivantes : la santé, les activités à destination des enfants et des jeunes engagés dans la culture ou le sport amateur, les cultes, les droits de l'Homme, l'aide au développement, le secours d'urgence, et la préservation de l'environnement et de la culture. En Afrique du Sud, les fonds et les OIG ne peuvent recevoir des dons assortis d'avantages fiscaux que s'ils servent une des causes suivantes : la santé, le bien-être et l'éducation.

3.2.3. Critère de l'intérêt général

Pour qu'un organisme soit reconnu comme philanthrope, sa noble cause doit être poursuivie dans l'intérêt général. Globalement, cela signifie que la noble cause d'un fonds ou d'un OIG doit profiter au public dans son ensemble ou à une part suffisante du public. Dans le cas contraire, la cause n'est défendue que dans l'intérêt privé de quelques individus et ne remplit donc pas les critères applicables pour que l'organisme soit reconnu comme méritant un traitement fiscal préférentiel.

Certaines causes sont généralement considérées comme servant le public dans son ensemble parce que leurs bienfaits ne se limitent pas à des personnes remplissant un critère particulier. Parmi ces causes, citons par exemple la protection de l'environnement, les découvertes scientifiques, ou la protection animale. D'autres causes, en revanche, ont tendance à profiter à un cercle défini d'individus ; dans ce cas, les pays réglementent le nombre de bénéficiaires et/ou les critères retenus pour les définir. Par exemple, la noble cause défendue par un groupe de soutien aux handicapés spécifie ses bénéficiaires. En règle générale, les pays considèrent qu'un cercle de bénéficiaires qui est défini par sa situation de nécessité constitue une part suffisante du public.

Mais certains organismes déterminent leur cercle de bénéficiaires à l'aide de caractéristiques comme l'âge, le handicap, le genre, l'orientation sexuelle, la race, la nationalité, l'état de grossesse ou la religion. Pour réglementer la notion d'intérêt général, les pays retiennent généralement l'une des trois approches suivantes : interdire purement et simplement aux organismes philanthropiques d'utiliser des caractéristiques individuelles pour définir les bénéficiaires ; établir une liste de caractéristiques (parfois nommées « caractéristiques protégées ») que les organismes philanthropiques sont autorisés à utiliser pour définir les bénéficiaires ; ou autoriser les organismes à réserver leurs avantages à des personnes présentant certaines caractéristiques si ces dernières ont un lien avec la cause défendue (par exemple, un OIG œuvrant pour la santé et le bien-être des femmes enceintes peut utiliser la grossesse comme caractéristique pour restreindre le cercle des bénéficiaires, mais ne peut pas préciser que seuls les adeptes d'une religion donnée peuvent bénéficier de ses services).

Le bénéfice des avantages doit être ouvert à tous sans restriction

Certains pays (comme l'Autriche, la France ou la Slovénie) stipulent que le cercle des bénéficiaires doit être l'ensemble du public, sans possibilité de le restreindre par des caractéristiques spécifiques comme le genre, le sexe, la religion ou l'origine. En Autriche, le cercle des bénéficiaires doit également être le public dans son ensemble, sachant toutefois que l'activité doit servir l'intérêt général dans un domaine intellectuel, culturel ou matériel. En outre, le cercle des bénéficiaires d'activités menées dans l'intérêt général ne peut pas être limité par des caractéristiques spécifiques comme le sexe ou le genre. La Slovénie ne prévoit pas de nombre minimal, et le bénéfice des avantages ne peut pas être restreint par des caractéristiques individuelles comme les compétences, le genre, la religion, la nationalité ou l'origine.

En France, les OIG sont appelés *associations d'intérêt général* et peuvent à ce titre délivrer des reçus fiscaux à leurs donateurs afin qu'ils bénéficient de l'avantage fiscal. Pour pouvoir prétendre à ce statut et remplir le critère de l'intérêt général, l'association ne doit pas mener ses activités au profit d'un petit cercle de personnes. De plus, les avantages et activités de l'association d'intérêt général doivent pouvoir profiter à tous, sans être limités par un quelconque critère (comme la race, le sexe, la profession ou la religion). Ensuite, une association d'intérêt général peut être reconnue comme *association d'utilité publique*. Le statut d'association d'utilité publique permet de recevoir, en sus des dons auxquels ont droit tous les OIG, des donations et des legs. Pour être reconnue d'utilité publique, l'association doit remplir des conditions supplémentaires tenant à l'intérêt général, notamment avoir une influence et un rayonnement dépassant le cadre local ainsi qu'un nombre minimal de membres qui est fixé à 200.

Le bénéfice des avantages peut être restreint par des caractéristiques spécifiques

Certains pays autorisent les organismes philanthropiques à restreindre le cercle des bénéficiaires au moyen de certaines caractéristiques (c'est le cas du Chili, de la Colombie, de la Grèce, d'Israël, de la Lituanie, de Malte, du Mexique, de la Norvège, de la Roumanie, de Singapour, de la République Slovaque, de l'Afrique du Sud et de la Suisse). Ainsi, en Colombie et en Suisse, les organismes peuvent réserver leurs avantages à un genre, mais ne peuvent pas utiliser d'autres caractéristiques pour limiter le cercle des bénéficiaires. Au Mexique, les restrictions tenant à l'origine, à la religion ou à la nationalité sont prohibées, tandis que les restrictions fondées sur le genre et d'autres caractéristiques éventuelles sont autorisées. Par exemple, les organismes philanthropiques peuvent limiter leur soutien aux mères célibataires tant qu'ils poursuivent effectivement leur objectif spécifique.

En Israël, les organismes philanthropiques peuvent cibler un genre et préciser l'origine ou la nationalité. En Lettonie, la cause défendue peut concerner des groupes précis comme les enfants, les jeunes, les individus souffrant de la pauvreté et les handicapés, mais l'activité philanthropique doit s'adresser à ces groupes sans distinction de compétences, d'origine, de religion ou de nationalité.

En Lituanie, aucune règle n'interdit aux organismes de sélectionner leurs bénéficiaires en se fondant sur le genre ou les compétences, à condition que l'activité soit conforme à la loi lituanienne sur l'égalité des chances entre les femmes et les hommes. Les activités philanthropiques des organismes doivent en outre être accessibles aux personnes sans distinction d'origine, de religion ou de nationalité. En Roumanie, les organismes ne peuvent pas privilégier un genre, mais ils peuvent restreindre le cercle des bénéficiaires à l'aide d'autres caractéristiques individuelles comme les compétences, la religion ou la nationalité. Singapour autorise les organismes à cibler un genre si leurs activités peuvent également profiter au public dans son ensemble. Par exemple, les OIG Boys Brigade et Girls Brigade mènent des activités qui profitent à l'ensemble de la communauté. Le Chili, la Grèce, Malte et la République slovaque n'ont pas de règles concernant la possibilité ou non de réserver leur activité philanthropique à des individus présentant des caractéristiques particulières.

Les caractéristiques définissant les bénéficiaires doivent être liées à la cause défendue

Enfin, un certain nombre de pays (Australie, Belgique, Canada, Estonie, Allemagne, Inde, Japon, Pays-Bas, Nouvelle-Zélande, Portugal, Afrique du Sud, la Suède et les États-Unis) n'autorisent les organismes philanthropiques à restreindre le cercle des bénéficiaires à des personnes présentant des caractéristiques particulières que si la cause qu'ils servent le justifie.

En Australie, les organismes philanthropiques doivent servir une cause qui profite à l'ensemble ou à une part suffisante du public. Le critère de la part suffisante du public est évalué lors de l'enregistrement de l'organisme. Certains OIG sont présumés servir l'intérêt général, notamment ceux qui sont engagés dans la lutte contre la pauvreté. Les OIG peuvent limiter les bénéficiaires à un genre si cette restriction est liée à la cause noble. Par exemple, un organisme caritatif qui vient en aide aux victimes de violences conjugales peut réserver ses services aux femmes, tandis qu'un organisme œuvrant dans le domaine de la santé peut se limiter aux personnes souffrant de troubles mentaux. De même, un OIG exempté d'impôt peut promouvoir une religion spécifique ou proposer ses services à des personnes qui ont émigré en Australie en provenance d'un pays spécifique.

La législation belge interdit toute discrimination fondée sur l'âge, l'orientation sexuelle, l'état civil, la naissance, le patrimoine, les convictions religieuses, philosophiques ou politiques, l'état de santé actuel ou futur, le handicap, les caractéristiques physiques ou génétiques, ou l'origine sociale. Néanmoins, si l'OIG est accrédité pour une cause au bénéfice d'une catégorie donnée de personnes (par ex., les personnes handicapées), il peut limiter son action à cette part du public. Parmi ces OIG figurent des associations qui défendent spécifiquement les droits des femmes dans le but de promouvoir l'égalité des sexes. En ce qui concerne le rayonnement géographique des activités de l'organisme, le ministère des Finances comme l'autorité compétente ont établi des critères spéciaux énumérés ci-après.

- Recherche scientifique : les organismes doivent mener leurs activités à l'échelle nationale ou régionale et ne pas se limiter à l'échelle locale.
- Culture : les organismes doivent opérer sur l'ensemble du territoire national, ce qui exclut l'échelle locale, et les activités d'enseignement qui relèvent de la responsabilité du ministère de l'Éducation ne sont pas autorisées.
- Protection de la nature et de l'environnement : les organismes doivent démontrer que leur activité est continue et durable, et que leur influence s'étend au-delà d'une seule municipalité.
- L'assistance aux victimes de guerre, aux handicapés, aux personnes âgées, aux mineurs d'âge protégé et aux indigents : les organismes doivent être actifs sur l'ensemble du territoire national et pas seulement à l'échelle locale.
- Aide aux victimes de catastrophes naturelles reconnues en Belgique, aide aux pays en développement, assistance aux victimes d'accidents industriels majeurs et développement durable : les organismes doivent œuvrer sur l'ensemble du territoire national ou régional et pas seulement à l'échelle locale.
- Les dons à des associations qui viennent en aide aux personnes atteintes d'un handicap peuvent ne profiter qu'à ces personnes et pas à leur famille.

- S'agissant des associations culturelles, les activités doivent être menées dans trois provinces différentes. Les associations locales sont exclues. Les organismes doivent produire un calendrier des activités ainsi qu'un rapport d'activité pour l'année écoulée.

Au Canada, un organisme qui profite à un seul genre peut être reconnu comme OIG et bénéficier d'un traitement fiscal préférentiel s'il peut démontrer que cette restriction répond à une nécessité. Toute limitation de l'accès peut priver un organisme de la reconnaissance du statut d'OIG, mais à des degrés différents. Un organisme qui désire fortement restreindre un bénéfice ou encore exclure des personnes de ses services aura bien plus de difficultés à établir la preuve de l'intérêt général qu'un organisme qui entend simplement concentrer son attention sur un groupe particulier tout en permettant à l'ensemble du public d'accéder aux services. Si l'OIG envisage de restreindre d'une façon ou d'une autre le cercle des bénéficiaires d'une activité, la nature de la restriction doit être clairement liée au bénéfice proposé. Ainsi, une œuvre religieuse peut limiter l'accessibilité aux personnes de la religion concernée, mais cette restriction ne sera pas acceptable pour un organisme qui vient en aide à des personnes atteintes d'un handicap. De manière générale, un organisme qui restreint excessivement l'accès à ses services ou à ses programmes ne remplira pas le critère de l'intérêt général, sauf à démontrer que les restrictions sont pertinentes quant à la cause défendue.

Le critère de l'intérêt général comporte plusieurs sous-critères. Généralement, le bénéfice doit être concret ; les bénéficiaires doivent être constitués de l'ensemble du public ou d'une part suffisante du public déterminée en fonction de la cause défendue ; l'organisme ne doit pas servir des intérêts privés, sauf sous certaines conditions restrictives ; sauf exception, l'organisme ne peut pas être constitué pour servir les intérêts de ses membres ; enfin, l'organisme ne peut pas facturer pour ses services des frais qui auraient pour effet d'exclure indûment des membres du public.

En Estonie, les bénéfices procurés par l'activité philanthropique doivent être identifiables et justifiables, mais n'ont pas à être quantifiables. Les activités philanthropiques ne peuvent pas cibler des individus selon des caractéristiques spécifiques et doivent profiter à une part suffisante du public. Si la limitation à un genre peut être justifiée par la cause défendue par l'organisme, la part du public pourra être considérée comme suffisante. La cause noble ne doit pas profiter à un nombre fixe de personnes. Si l'organisme à but non lucratif dispose de membres, ces derniers doivent être deux ou plus.

En Allemagne, la cause noble doit être au bénéfice du public dans son ensemble et avoir un objet altruiste. En 2017, la Cour fédérale des finances allemande a jugé qu'un OIG ne pouvait pas servir l'intérêt général s'il excluait les femmes de ses adhérents sans justification pertinente. Cette décision a fait débat. Les organismes basés sur l'adhésion de membres sont éligibles à un traitement fiscal préférentiel et doivent comprendre au moins sept membres pour être enregistrées en tant qu'associations. Toutefois, les associations non enregistrées peuvent également être éligibles au traitement fiscal préférentiel.

En Inde, les organismes philanthropiques ne peuvent pas servir une cause religieuse ou être constitués en trust « au service d'une communauté religieuse ou d'une caste spécifiques ». Les activités peuvent s'adresser aux femmes, aux enfants et à des catégories sociales vulnérables. De même, au Japon, les bénéficiaires peuvent être désignés par des caractéristiques comme le genre, la religion ou les capacités, tant que ces critères ont un lien pertinent avec la cause défendue. Ainsi, un organisme de défense des droits des femmes peut cibler ses bénéficiaires en fonction du genre, un organisme religieux en fonction de la religion, et un organisme à visée éducative en fonction des compétences ou des capacités.

En Italie, la plupart des organismes philanthropiques sont ouverts à tous, sans restrictions quant aux bénéficiaires. Toutefois, certains types d'organismes peuvent limiter le bénéfice de leurs activités à des groupes présentant des caractéristiques liées à la cause défendue (comme les organismes philanthropiques qui aident les personnes défavorisées à trouver un emploi).

Les Pays-Bas n'ont pas de définition de l'intérêt général. La législation comme la jurisprudence présentent cette notion avec neutralité, de sorte que les avis peuvent diverger quant au fait que l'organisme sert ou non l'intérêt général. Le cercle des bénéficiaires peut être restreint par l'organisme ; si, par exemple, sa cause est de promouvoir l'égalité de traitement des hommes et des femmes, il peut se concentrer uniquement sur ces dernières. Toutefois, l'objectif et les activités de l'organisme philanthropique ne doivent pas enfreindre la constitution ou les traités internationaux, qui interdisent toute discrimination fondée sur (notamment) le genre, la race et la religion.

En Nouvelle-Zélande, l'activité philanthropique doit profiter à une part suffisante du public. L'organisme peut subordonner l'accès à ses services à des frais, à condition qu'ils soient raisonnables. Par exemple, en n'accordant l'accès aux avantages qu'à des membres d'un certain groupe (cas d'une bourse pour les étudiants maoris). Les limitations de l'accès au public doivent être raisonnables et appropriées. Si les membres de l'organisme peuvent également bénéficier de ses services, les conditions d'adhésion doivent être raisonnables au regard du critère du bénéfice pour le public. Ainsi, un groupement de médecins destiné à améliorer les pratiques médicales peut raisonnablement réserver la qualité de membre à des médecins qualifiés, parce que le bénéfice réel qu'en retirera le public au sens large tient à l'amélioration de la santé publique.

En Suède, les organismes basés sur une adhésion sont éligibles s'ils sont ouverts au public. Néanmoins, ils sont autorisés à définir certaines restrictions (comme l'âge pour un club de tir, la capacité à jouer d'un instrument pour un orchestre, etc.). De même, leurs activités peuvent ne s'adresser qu'à un genre si ce critère présente un lien manifeste avec l'objectif de l'organisme.

Aux États-Unis, les organismes doivent soutenir une « classe caritative » (*charitable class*) et ne pas servir des intérêts privés de manière substantielle. La qualification de classe caritative n'est pas déterminée par un ordre de grandeur ; elle doit être suffisamment importante pour que les bénéficiaires potentiels ne puissent pas être identifiés individuellement, ou suffisamment large pour que la communauté dans son ensemble, et non un groupe prédéfini de personnes, en retire des avantages. Les clubs et les associations qui ne sont pas des œuvres caritatives sont éligibles à un traitement fiscal préférentiel limité, et aucun nombre minimal de membres n'est imposé.

3.3. Administration fiscale et procédure de demande

3.3.1. Procédure de demande

Pour s'assurer que les organismes bénéficiant d'avantages fiscaux remplissent les différents critères de l'intérêt général, de la noble cause et du but non lucratif, la grande majorité des pays couverts par ce rapport imposent aux organismes philanthropiques de suivre une procédure de demande spécifique pour se voir accorder le traitement fiscal préférentiel. L'autorité chargée de l'évaluation doit donc approuver les organismes préalablement à l'octroi du traitement de faveur. Dans certains pays (comme le Canada, la France, l'Irlande, la Nouvelle-Zélande, la Colombie et l'Allemagne), les organismes peuvent effectuer leur demande avant le début de leur activité. L'intérêt de cette solution pour les organismes est qu'elle leur permet de corriger d'éventuelles lacunes en amont et donc de réduire le risque de se voir refuser le bénéfice du traitement préférentiel une fois qu'ils ont débuté leur activité. En revanche, pour les pays, elle présente le risque d'octroyer le statut fiscal préférentiel à des organismes sans pouvoir ensuite contrôler leurs performances ou leurs activités. Pour y remédier, les pays peuvent assurer un suivi de l'organisme une fois le statut préférentiel accordé. Ainsi, dans les trois ans qui suivent l'octroi du statut, l'administration fiscale allemande vérifie que l'organisme respecte bien les obligations liées au traitement fiscal préférentiel. En France, l'administration fiscale dispose d'un délai de six mois pour répondre à compter de la date de réception de la demande. Passé ce délai, sans notification d'accord de l'administration, l'association d'intérêt général est admise au bénéfice du traitement fiscal préférentiel. En cas de réponse négative, l'administration fiscale doit motiver sa décision. Si l'organisme d'intérêt général ne partage pas l'avis de l'administration, il peut demander un nouvel examen dans les deux mois.

D'autres pays (comme la Belgique, la Roumanie et l'Argentine) exigent des organismes qu'ils exercent depuis un certain temps avant de pouvoir faire leur demande. Ainsi, en Belgique, les OIG doivent fournir un rapport d'activité pour l'année écoulée ainsi qu'une déclaration détaillée des projets de l'année en cours. En Argentine, les organismes qui demandent à bénéficier du statut d'OIG ouvrant droit à un traitement fiscal préférentiel doivent justifier d'un capital social initial (très symbolique au vu des récents taux d'inflation) de 1 000 ARS, ou de 200 ARS si la cause défendue par l'organisme a trait à la promotion des droits économiques, sociaux et culturels de groupes vulnérables et/ou de communautés ethniques vulnérables ou souffrant de la pauvreté. Pour les fondations, le montant minimal du capital social est de 80 000 ARS. En Roumanie, les organismes doivent être en exercice depuis au moins trois ans et avoir atteint une partie de leurs objectifs philanthropiques pour pouvoir demander à bénéficier d'avantages fiscaux.

Dans certains pays (comme la Norvège et la Lituanie), les organismes philanthropiques n'ont aucune demande à faire pour bénéficier de certains avantages fiscaux. Cette absence de formalités présente l'intérêt de réduire la charge administrative à la fois des organismes et de l'organe d'évaluation, mais elle peut susciter des préoccupations quant à la responsabilisation des organismes. La Norvège par exemple ne prévoit pas de procédure de demande pour les organismes philanthropiques qui souhaitent bénéficier d'avantages fiscaux directs. Néanmoins, les fonds et les OIG qui veulent recevoir des dons ouvrant droit à des avantages fiscaux doivent en faire la demande à l'administration fiscale et satisfaire à des obligations comptables et à fins de contrôle. De même, en Lituanie, les organismes philanthropiques peuvent bénéficier de la majorité des avantages fiscaux sans aucune formalité mais, s'ils souhaitent recevoir des parrainages, ils doivent déposer une demande en ce sens.

3.3.2. Organe d'évaluation

Afin de s'assurer que les organismes philanthropiques remplissent les conditions pour bénéficier du traitement fiscal préférentiel, les pays chargent l'administration fiscale, un autre de leurs services, ou des commissions indépendantes, de missions d'accréditation et de surveillance. Le Tableau 3.2 indique que dans la majorité des pays (16), l'administration fiscale et/ou le ministère des Finances disposent d'un service ou d'une unité dédié au secteur philanthropique. Ces pays sont parfois dotés d'un autre service ou d'un organe indépendant chargé de la surveillance des fonds et OIG. Pour s'assurer que les avantages fiscaux sont efficacement conçus, l'organe de surveillance doit pouvoir vérifier que l'organisme sert réellement sa noble cause. Pour les OIG à vocation culturelle par exemple, cette appréciation peut nécessiter une palette de compétences très différentes de celles qui seront requises pour un objectif comme le bien-être social ou la protection de l'environnement.

Tableau 3.2. Services chargés du traitement fiscal des organismes philanthropiques

Pays <u>avec</u> un service ou une unité spécifique dédié à la philanthropie au sein du ministère des Finances et/ou de l'administration fiscale :	*Argentine ; Australie ; Belgique ; Canada ; Estonie ; Allemagne ; Inde ; Irlande ; Israël ; Italie ; Malte ; Mexique ; Pays-Bas ; Nouvelle-Zélande ; Singapour ; Afrique du Sud ; Suède ; Suisse ; et Royaume-Uni et États-Unis[1] ;*
Pays <u>sans</u> service ou unité spécifique dédié à la philanthropie au sein du ministère des Finances et/ou de l'administration fiscale :	*Autriche ; Bulgarie ; Chili ; Colombie ; République tchèque ; France ; Indonésie ; Lituanie ; Lettonie ; Norvège ; Portugal ; Roumanie ; République slovaque ; et Slovénie*

Note :
1. Aux États-Unis, l'IRS dispose d'un bureau dédié aux organismes exemptés (dont font partie les organismes philanthropiques).
Source : questionnaire de l'OCDE sur la fiscalité et la philanthropie

Le tableau 3.3 indique l'organe responsable de la procédure administrative d'accréditation et de surveillance des organismes philanthropiques au sein de l'État. Les pays retiennent généralement l'une de ces trois approches : confier l'accréditation à l'administration fiscale ; confier cette responsabilité à l'administration fiscale et à une autre autorité ; ou la confier à un service distinct de l'administration fiscale.

Tableau 3.3. Organe d'administration par pays

	Administration fiscale	Ministère des Finances	Autre ministère	Commissions indépendantes	Une combinaison	Autre
Argentine	X					
Australie	X			X[1]	X[2]	
Autriche	X					
Belgique	X	X			X[3]	
Bulgarie			X[4]			
Canada	X	X				
Chili	X				X[5]	
Colombie	X					
Estonie	X					
Finlande	X					
France	X		X[6]			
Allemagne	X	X				
Grèce	X				X[5]	
Inde	X					
Indonésie	X		X[7]			
Irlande	X			X[8]		
Israël	X					
Italie	X		X[9]			
Japon	X		X[3]			
Lettonie	X					X[10]
Lituanie						X[11]
Luxembourg	X				X[12]	
Malte	X	X				
Mexique	X					
Pays-Bas	X					
Nouvelle-Zélande	X		X[13]			
Norvège		X[14]				
Portugal	X				X[5]	
Roumanie			X[15]			
Singapour			X			
République slovaque	X					
Slovénie	X		X[3]			X[16]
Afrique du Sud	X					
Suède	X					
Suisse	X					
Royaume-Uni	X					
États-Unis	X					X[17]

Notes :

1. En Australie, l'organe chargé de toutes les décisions d'enregistrement et de radiation du registre des œuvres caritatives est l'Australian Charities and Not-for-profits Commission (ACNC).
2. L'éligibilité à certaines aides fiscales est soumise à l'approbation à la fois de l'Australian Tax Office (ATO) et de l'ACNC.
3. Les OIG doivent être accrédités par le ministère des Finances/l'administration fiscale ainsi que par l'autorité compétente (ex. : le ministère de la Coopération au développement pour les ONG humanitaires).
4. Agence des registres auprès du ministère de la Justice.
5. L'administration fiscale et une autre autorité compétente en fonction de l'activité (ministère de la Sécurité sociale, de l'Éducation, etc.).
6. Ministère de l'Intérieur.
7. Ministère du Droit et des droits de l'Homme (pour l'enregistrement du rapport de constitution et du rapport financier).
8. La Charities Regulatory Authority.

9. Une fois la réforme mise en œuvre, le ministère du Travail et des politiques sociales sera responsable de la tenue du nouveau Registre national des OIG conjointement avec l'administration fiscale.
10. La commission est un organe collégial consultatif composé en nombre égal de représentants de l'État et de représentants des associations et fondations.
11. Centre des registres, placé sous le contrôle du ministère de l'Économie et de l'Innovation de la République de Lituanie.
12. Le ministère de la Justice ainsi que l'Administration des contributions directes jouent un rôle dans l'administration des OIG et des fonds.
13. Charities Services (rattaché au ministère de l'Intérieur).
14. Pas de procédure d'accréditation. Toutefois, les organismes peuvent demander un avis conforme ou consultatif à l'administration fiscale pour savoir s'ils pourraient être éligibles au statut fiscal préférentiel.
15. Secrétariat général du Gouvernement.
16. Bureau administratif (de l'État).
17. Les organismes s'enregistrent généralement comme organismes à but non lucratif par les États avant de demander à l'IRS de bénéficier du statut fiscal préférentiel.
Source : questionnaire de l'OCDE sur la fiscalité et la philanthropie

Administration fiscale

Dans la majorité des pays, la responsabilité de l'accréditation incombe à l'administration fiscale (voir Tableau 3.3). C'est le cas, par exemple, en Argentine, en Autriche, en Colombie, en Estonie, en Finlande, en Inde, en Israël, au Mexique, aux Pays-Bas, en Norvège, en République Slovaque, en Afrique du Sud, en Suède et en Suisse. Dans tous ces pays, les organismes qui souhaitent bénéficier d'un traitement fiscal préférentiel doivent adresser leur demande directement à l'administration fiscale, qui se charge alors d'examiner les documents fournis et de statuer sur l'éligibilité. La majorité des pays qui ont adopté cette approche (Argentine, Australie, Estonie, Inde, Israël, Mexique, Pays-Bas, République slovaque, Afrique du Sud, et Suède) disposent d'un service ou d'une unité au sein de l'administration fiscale qui est dédié à la philanthropie (voir Tableau 3.2). Pour ces pays en particulier, cette approche présente l'intérêt de centraliser le processus de surveillance. En revanche, elle peut contraindre l'administration fiscale à consacrer des ressources importantes à des organismes qui échappent en grande partie, voire totalement, à l'impôt. Suivant le contexte politique, cela peut donner lieu à des pressions visant à privilégier les activités générant des revenus plutôt que la gestion des avantages fiscaux accordés aux fonds et aux OIG. Dans ce cas, l'intervention d'autres composantes des pouvoirs publics peut présenter certains avantages.

La Colombie a pour sa part adopté une approche unique en ce qu'elle permet au public de participer au processus d'accréditation. Comme le montre la figure 3.1 ci-dessous, une fois la demande et l'enregistrement en ligne effectués de manière satisfaisante, les informations sur l'organisme sont publiées sur Internet ; les citoyens ont alors de cinq jours ouvrables pour faire part de leurs commentaires. Puis, l'administration fiscale colombienne dispose de quatre mois pour approuver ou rejeter la demande de l'entité qui souhaite être reconnue comme organisme philanthropique bénéficiant du régime fiscal spécial (voir figure 3.1 pour plus de détails sur le déroulement de la procédure).

Graphique 3.1. Procédure de demande afin de bénéficier du régime fiscal spécial en Colombie

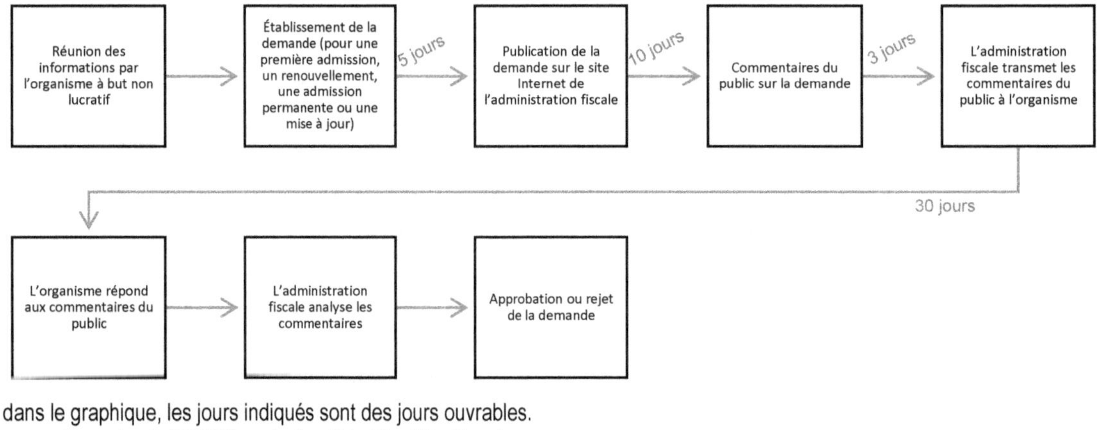

Note : dans le graphique, les jours indiqués sont des jours ouvrables.
Source : questionnaire de l'OCDE sur la fiscalité et la philanthropie

L'administration fiscale et une autre autorité compétente

Dans plusieurs pays (p.ex. en Australie, en Belgique, au Canada, au Chili, en France, en Allemagne, en Grèce, en Indonésie, en Irlande, au Japon, en Lettonie, à Malte, au Portugal, en Slovénie et aux États-Unis), les prérogatives administratives sont partagées entre l'administration fiscale et d'autres autorités. Souvent, l'éventail des activités dans lesquelles les organismes philanthropiques peuvent s'engager est très large, et il peut se révéler difficile d'évaluer et de surveiller correctement les organismes actifs dans des domaines dont l'administration fiscale ou le ministère des Finances ne sont pas spécialistes. Dans les pays qui ne disposent pas d'un service ou d'une unité dédié à la gestion administrative des organismes philanthropiques (voir Tableau 3.2), il peut être judicieux de faire appel aux ressources et aux compétences d'une autre autorité. Certains pays (comme la Belgique, la France, la Slovénie, le Portugal, et le Chili) ont pris le parti de confier cette gestion à une autorité compétente qui vient seconder l'administration fiscale dans la surveillance des organismes philanthropiques. Par exemple, la demande de statut d'OIG d'un organisme de défense du patrimoine culturel sera traitée conjointement par l'administration fiscale et le ministère de la Culture. En France, les associations d'intérêt général doivent être déclarées auprès de l'administration fiscale, tandis que celles qui souhaitent être également reconnues d'intérêt public adressent leur demande au ministère de l'Intérieur.

Une autre approche consiste à confier les missions d'accréditation et de surveillance à une commission d'experts indépendante (c'est le cas en Australie, en Irlande, en Lettonie et en Nouvelle-Zélande), ce qui peut permettre de s'affranchir des contraintes institutionnelles des administrations fiscales. Le but premier de l'administration fiscale est de collecter les recettes fiscales pour le compte des citoyens afin de financer les missions de l'État (OCDE, 2019[1]). Or, la gestion d'un secteur philanthropique peu imposé risque de rogner les ressources déjà limitées dont elle dispose pour les activités qui, elles, génèrent des recettes fiscales. Tandis que les commissions dédiées sont généralement en mesure de collecter et d'analyser les données, d'acquérir l'expérience nécessaire concernant les organismes philanthropiques et de publier des rapports ; elles peuvent en outre constituer un interlocuteur clair pour les fonds et les OIG.

Cela dit, les administrations fiscales ont une connaissance précieuse des règles fiscales applicables et de leurs interactions avec le système fiscal général du pays. Par conséquent, les pays qui ont fait le choix de commissions décident généralement de faire intervenir l'administration fiscale dans le processus de surveillance en retenant l'une des deux solutions suivantes. La première, choisie par la Lettonie, consiste à inclure des représentants de l'administration fiscale dans les commissions. La seconde, adoptée par l'Australie, l'Irlande et la Nouvelle-Zélande, est de concevoir une procédure en deux phases, les organismes philanthropiques devant demander l'accréditation à la fois à une commission dédiée et à l'administration fiscale.

Ainsi, en Lettonie, la demande des organismes est examinée par une commission qui est un organe collégial consultatif composé en nombre égal de représentants agréés du ministère des Finances, du ministère de l'Éducation et des Sciences, du ministère de la Culture, du ministère de l'Action sociale, du ministère de la Justice et du ministère de l'Environnement et du Développement régional, et de représentants compétents de fonds et d'OIG qui disposent de l'expérience requise dans l'un des domaines caritatifs.

En Irlande, pour se voir octroyer le statut d'organisme philanthropique, les œuvres caritatives doivent adresser une première demande à une commission indépendante dédiée. Ensuite, elles peuvent se tourner vers l'administration fiscale pour demander à bénéficier du traitement fiscal préférentiel. En Nouvelle-Zélande, pour prétendre aux allégements fiscaux, les organismes caritatifs doivent d'abord s'enregistrer auprès des Charities Services (un groupe rattaché au ministère de l'Intérieur et doté d'un comité indépendant d'enregistrement des œuvres caritatives composé de trois membres). Au cours de la procédure d'enregistrement, les organismes doivent indiquer aux Charities Services s'ils mènent ou envisagent de mener des activités à l'étranger. Les informations sont ensuite transmises à l'administration fiscale, qui apprécie l'éligibilité de l'organisme aux allégements de l'impôt sur les revenus et à recevoir des dons assortis d'avantages fiscaux. La Nouvelle-Zélande comprend d'autres OIG qui peuvent être totalement exemptés de l'impôt sur les bénéfices sans être considérés comme des œuvres caritatives en Nouvelle-Zélande (p. ex. les clubs de sport amateur, ou les « *friendly societies* »). Ces OIG doivent s'adresser directement à l'administration fiscale et joindre une copie des statuts de la société, ce qui permet de vérifier, avant de leur accorder l'exemption, que leurs ressources ne peuvent être utilisées que pour la cause qu'elles défendent. Certains clubs et associations qui ne sont pas éligibles à l'exemption totale de l'impôt sur les revenus doivent également fournir à l'administration fiscale une copie de leurs statuts pour pouvoir bénéficier d'une déduction d'impôt plafonnée à 1 000 NZD ; en outre, contrairement aux œuvres caritatives enregistrées, ils sont tenus d'établir une déclaration fiscale.

En Australie, l'organe chargé de toutes les décisions d'enregistrement et de radiation du registre des œuvres caritatives est l'Australian Charities and Not-for-profits Commission (ACNC). Les organismes caritatifs doivent être enregistrés auprès de l'ACNC pour avoir droit à l'exonération de l'impôt sur les revenus ainsi qu'à d'autres allégements fiscaux. Pour être exemptés de l'impôt sur les revenus, ils doivent en outre être agréés par l'administration fiscale. Un organisme qui souhaite recevoir des dons déductibles doit lui aussi être agréé par l'administration fiscale, à moins qu'il ne soit désigné spécifiquement par la législation fiscale. En règle générale, le délai pour obtenir l'agrément de l'administration fiscale ne dépasse pas 28 jours.

Service autre

Tous les pays n'ont pas fait le choix de confier les missions de surveillance à l'administration fiscale. En Lituanie par exemple, l'organe chargé d'examiner la demande aux fins de bénéficier de parrainages est le Centre des registres, qui dépend du ministère de l'Économie et de l'Innovation de la République de Lituanie. Au Luxembourg, un OIG (comme n'importe quelle société) doit transmettre ses comptes annuels au Registre de commerce et des sociétés, qui sont ensuite soumis au contrôle et à l'approbation d'un auditeur indépendant. Les OIG ne peuvent détenir que des biens ou bâtiments nécessaires à l'exécution de leur mission. En Roumanie, l'organe d'évaluation est le Secrétariat général du Gouvernement. En Bulgarie, c'est l'Agence des registres, placée sous le contrôle du ministère de la Justice, qui est chargée de l'accréditation des organismes philanthropiques leur permettant de recevoir des dons subventionnés.

3.3.3. Obligations déclaratives supplémentaires

Quelle que soit l'autorité qui examine l'éligibilité des organismes à des avantages fiscaux, elle exige généralement que les fonds et OIG lui communiquent un certain nombre d'informations qui lui permettront d'apprécier s'ils remplissent, lors de la demande et ultérieurement, les conditions ouvrant droit au statut préférentiel et au traitement fiscal associé. Le niveau d'exigence diffère selon les pays, qui cherchent le juste équilibre entre requérir de nombreuses informations détaillées, ce qui crée une charge administrative importante, ou seulement des informations minimales, au risque de nuire à l'efficacité de la surveillance et d'accroître le risque d'abus. Les obligations imposées peuvent être classées en plusieurs catégories : la tenue de registres (afin de pouvoir contrôler efficacement les organismes) ; les déclarations annuelles (qui aident l'organe administratif à vérifier que les critères de noble cause, d'intérêt général et de but non lucratif continuent d'être respectés) ; les obligations tenant aux statuts (pour assurer la conformité des règles de l'organisme avec la réglementation fiscale) ; et la production d'un programme d'activités (pour permettre à l'organe de contrôle d'apprécier les projets de l'organisme pour l'avenir).

Tenue de registres

Les obligations relatives à la tenue de registres sont imposées aux fins de l'efficacité des contrôles. Ainsi, l'administration fiscale canadienne réalise chaque année des audits d'organismes philanthropiques sélectionnés pour vérifier qu'ils continuent de remplir les exigences liées à leur enregistrement et qu'ils respectent les règles applicables (les contrôles de l'administration fiscale couvrent environ 1 % des organismes). Les fonds et les OIG ont l'obligation de tenir des registres comptables visant à prouver que leurs ressources ont bien été utilisées pour la cause qu'ils défendent et à vérifier que des reçus officiels ont été remis pour les dons. Pour que les organismes aient à leur disposition toutes les informations nécessaires lors d'un éventuel contrôle, les OIG et fonds enregistrés au Canada sont tenus de :

- conserver la direction et le contrôle de l'utilisation de leurs ressources ;
- respecter les exigences annuelles en matière de dépenses (contingent des versements) ;
- tenir des registres comptables fiables et exhaustifs ;
- remettre des reçus officiels de dons complets et exacts (se reporter au chapitre 4 pour plus d'informations sur les obligations concernant les reçus de dons).

En Belgique, les OIG doivent présenter un budget pour l'année fiscale en cours, ainsi que les comptes des deux derniers exercices. Ils doivent en outre s'engager formellement à limiter les frais de gestion à moins de 20 % et les frais de publicité à moins de 30 %, et à ne pas réaliser de bénéfices. La durée minimale du processus d'accréditation est de trois mois. En Irlande, la demande en vue d'obtenir le statut ouvrant droit à une exonération d'impôt doit être accompagnée de l'ensemble des états financiers récents ; de l'acte constitutif ; d'un programme d'activités pour l'année à venir ; et d'un certificat d'enregistrement du statut d'OIG ou de fonds auprès d'une commission indépendante chargée des œuvres caritatives.

Aux Pays-Bas, les organismes philanthropiques doivent tenir une comptabilité permettant de vérifier les points suivants :

- la nature et l'étendue des indemnités pour frais et/ou des jetons de présence accordés aux différents membres du conseil d'administration ;
- la nature et l'étendue des activités de gestion ainsi que les autres dépenses engagées par l'organisme ; et
- la nature et l'étendue des revenus et des actifs détenus par l'organisme.

En Lituanie, les organismes philanthropiques habilités à recevoir des parrainages doivent tenir une comptabilité séparée pour les parrainages reçus ainsi que pour les dons et/ou les services fournis. En outre, ils doivent transmettre des rapports mensuels ou annuels à l'administration fiscale. Si, depuis le début de l'année civile, le montant total reçu d'un seul parraineur excède 15 000 EUR, l'organisme doit produire un rapport mensuel.

En Colombie, les organismes doivent joindre à leur demande les informations suivantes :

- une description de la cause défendue par l'organisme ;
- le montant et la destination des excédents ou bénéfices nets réinvestis, s'il y a lieu ;
- le montant et la destination des affectations permanentes effectuées au cours de l'année fiscale ;
- les noms des personnes habilitées à gérer, diriger ou contrôler l'organisme ;
- le salaire des membres de l'organe directeur de l'organisme ;
- les noms des fondateurs ;
- le montant des capitaux propres au 31 décembre de l'année précédente ;
- l'identification des donateurs, le montant et la destination des dons, ainsi que la date prévisionnelle de la dépense ou de l'investissement (s'il y a lieu) ;
- un rapport annuel des résultats contenant des informations sur les projets en cours et achevés, les revenus, les contrats conclus, les subventions et contributions reçues, ainsi que les buts d'intérêt général atteints ;
- les états financiers de l'organisme ;
- un certificat du représentant légal ou du contrôleur, ainsi que la déclaration de revenus démontrant que l'entité est à jour de toutes ses obligations pour l'année fiscale.

En France, les OIG bénéficiant d'un traitement fiscal de faveur sont soumis à des contrôles de la Cour des comptes. Les organismes qui perçoivent plus de 153 000 EUR de subventions ou plus de 153 000 EUR de dons philanthropiques doivent, tous les ans, faire certifier leurs comptes par un commissaire aux comptes indépendant.

Au Luxembourg, les OIG doivent identifier leurs bénéficiaires effectifs et les déclarer au registre des bénéficiaires effectifs. Cette déclaration s'effectue au moyen d'un formulaire proposant de compléter les informations demandées par la loi (dans la majorité des cas, il s'agit des membres du conseil d'administration).

Obligations déclaratives annuelles

Certains pays prévoient des obligations déclaratives annuelles (comme l'Australie, la Colombie, l'Estonie, la Lituanie et Singapour). En règle générale, les déclarations annuelles aident l'organe d'évaluation à contrôler les activités de l'organisme et à vérifier qu'il continue de remplir les conditions applicables. Ainsi, en Australie, les organismes enregistrés doivent transmettre des rapports annuels (une déclaration d'information annuelle et, pour les moyens et grands organismes, des états financiers) à l'ACNC. Les organismes philanthropiques exonérés de l'impôt sur le revenu ne sont pas tenus d'établir une déclaration de revenus, sauf demande expresse de l'administration fiscale. Toutefois, s'il y a lieu, ils peuvent avoir à produire des déclarations relatives à la TVA. De même en Colombie, pour conserver leur statut d'organisme philanthropique, les fonds et OIG bénéficiant du régime fiscal préférentiel doivent transmettre annuellement des informations légales et financières à l'administration fiscale. En outre, tous les organismes bénéficiant du régime de faveur doivent remplir chaque année une déclaration de revenus.

Certains pays exigent des fonds et des OIG qu'ils rendent leurs informations publiques. C'est le cas des Pays-Bas, où les organismes philanthropiques doivent publier des informations concernant l'organisme sur leur propre site Internet ou sur le site partagé d'une organisation professionnelle. Cette approche peut permettre de renforcer la confiance du public dans le secteur philanthropique.

Dans certains pays, les organismes philanthropiques doivent produire une déclaration de revenus, qu'ils soient imposables ou non. Ainsi, en Allemagne, les fonds et les OIG bénéficiant d'un traitement fiscal préférentiel peuvent procéder par auto-évaluation mais doivent établir des déclarations fiscales même s'ils ne sont pas imposables. De même, en Slovénie, les fonds et les OIG peuvent s'évaluer eux-mêmes mais restent tenus de remplir une déclaration fiscale. En revanche, pour bénéficier d'un traitement fiscal préférentiel en République slovaque, la seule condition est de fonder une entité servant une cause noble. L'organisme philanthropique ne devra produire de déclaration fiscale que si une partie de ses revenus n'est pas exonérée.

Aux États-Unis, les organismes philanthropiques (autres que les églises) doivent s'adresser à l'administration fiscale pour être exemptés d'impôt et bénéficier du statut préférentiel. Une fois ce statut accordé, les organismes (autres que les églises) doivent remplir une déclaration annuelle des revenus, qui est rendue publique. En outre, s'ils s'engagent dans une activité commerciale ou professionnelle non liée, les organismes philanthropiques (autres que les églises) doivent établir une déclaration de revenus distincte, qui est également mise à la disposition du public.

Règles de l'organisme et obligations liées

Certains pays (p. ex. l'Irlande, la Nouvelle-Zélande, l'Estonie, le Mexique et les Pays-Bas) imposent aux organismes de communiquer leurs statuts, leur acte constitutif ou leur règlement à l'administration afin de s'assurer qu'ils respectent les critères ouvrant droit au traitement fiscal préférentiel. Ainsi, pour qu'un organisme philanthropique soit reconnu comme fonds ou OIG aux Pays-Bas, ses statuts doivent stipuler que, en cas de liquidation, les actifs restants seront transmis à un organisme philanthropique défendant une cause similaire ou à un organisme philanthropique étranger qui œuvre (exclusivement ou presque) en faveur de l'intérêt général ou d'une cause similaire. En Nouvelle-Zélande, les clubs et associations qui ne sont pas éligibles à l'exemption totale de l'impôt sur les revenus doivent fournir à l'administration fiscale une copie de leur règlement car ils peuvent être éligibles à la déduction fiscale plafonnée à 1 000 NZD ; ils sont également censés remplir une déclaration fiscale. Au Mexique, les fonds et les OIG doivent joindre à leur demande les statuts actuels de l'organisme ainsi qu'une preuve de la nature de leurs activités.

Obligation de présenter un programme d'activités

Dans quelques pays (comme la Belgique, l'Irlande, la Colombie, l'Estonie et la Roumanie), les organismes doivent fournir à l'organe administratif un programme d'activités. L'intérêt de cette approche est qu'elle permet aux pays d'apprécier si les organismes ont progressé vers leurs objectifs, mais également de les avertir préalablement d'éventuels obstacles à l'éligibilité. Ainsi, la Belgique demande aux organismes de produire un calendrier des activités et un rapport d'activité pour l'année précédente, ainsi qu'une déclaration détaillée de leurs projets pour l'année en cours.

Pour bénéficier du traitement fiscal préférentiel en Estonie, les organismes philanthropiques doivent présenter une demande conforme aux exigences de l'administration fiscale. La demande doit décrire les activités de l'association pour l'année en cours (avec les activités prévues), expliquer les activités philanthropiques menées dans l'intérêt général, décrire la vision de l'organisme pour le futur, et fournir certains renseignements sur ses fondateurs. En sus de cette demande, l'administration fiscale examine les objectifs mentionnés dans les statuts de l'organisme et dans le rapport annuel.

En Roumanie, les organismes philanthropiques doivent présenter un rapport d'activité accompagné des états financiers annuels, des déclarations de revenus requises et des budgets de dépenses pour les trois années précédant la demande. Ils doivent en outre produire des justificatifs de contrats de collaboration et de partenariat avec des institutions publiques, des associations ou des fondations, nationales ou étrangères. Enfin, ils doivent être en mesure de démontrer qu'ils ont réalisé des progrès significatifs dans la défense de leur cause noble ou présenter des lettres de recommandation d'autorités compétentes.

À Singapour, les organismes qui souhaitent être enregistrés en tant qu'œuvre caritative doivent s'adresser au Commissioner of Charities, qui procède à l'examen de la demande. Une fois enregistré, l'organisme est tenu de présenter tous les ans des documents au Commissioner of Charities, dont un rapport annuel (ainsi que des états financiers et une liste à cocher concernant la gouvernance).

3.4. Traitement fiscal des revenus des organismes philanthropiques

3.4.1. Sources de revenus

Les organismes philanthropiques peuvent générer des revenus commerciaux et non commerciaux, mais cette distinction n'est pas toujours très claire et varie d'un pays à l'autre. En général, les revenus non commerciaux désignent les revenus provenant de dons à caractère philanthropique (abordés au chapitre 4) et de subventions publiques ou, dans le cas des OIG, de dons provenant de fonds de soutien. Les revenus issus de dons philanthropiques incluent les dons de particuliers et d'entreprises ainsi que les legs de personnes physiques. En ce qui concerne ces legs, dans les pays qui lèvent un impôt sur la succession et non sur la masse successorale, c'est au bénéficiaire de l'acquitter ; par conséquent, l'avantage fiscal éventuellement lié à l'impôt successoral profitera à l'organisme philanthropique qui reçoit le legs.

Les revenus commerciaux recouvrent, dans l'ensemble, les revenus générés par la fourniture de biens ou de services en contrepartie d'une rémunération sous une forme ou une autre. Lorsqu'une société effectue un paiement à un organisme philanthropique au titre d'un parrainage (en contrepartie d'une publicité), ce paiement peut, dans certains pays, être considéré comme un revenu commercial. En effet, dans la mesure où la publicité résultant du parrainage de l'organisme philanthropique constitue un service, ce revenu pourra être considéré comme commercial.

Quant aux allégements fiscaux portant sur les revenus des organismes philanthropiques, deux approches sont couramment adoptées : la première consiste à exonérer tous les revenus ou certains revenus spécifiques (p. ex. les revenus issus de dons philanthropiques), tandis que la seconde tient compte de toutes les catégories de revenus imposables, mais en autorisant les organismes à réduire leur assiette en réinvestissant (immédiatement ou ultérieurement) ces revenus dans l'objectif de servir leur cause. Le tableau 3.4 montre que la plupart des pays retiennent plutôt la première approche. La Colombie, l'Indonésie, la Lituanie et l'Irlande ont toutefois adopté la seconde et considèrent tous les revenus (y compris les dons philanthropiques) comme imposables, à moins qu'ils ne soient réinvestis dans le but de servir la cause noble (voir Tableau 3.5 pour une présentation détaillée de l'imposition des revenus des organismes philanthropiques en Colombie).

Tableau 3.4. Méthodes de traitement fiscal préférentiel appliqué aux revenus des organismes philanthropiques

Pays exonérant tous les revenus ou certaines sources de revenus :	*Australie ; Autriche ; Belgique ; Bulgarie ; Canada ; Chili ; Finlande ; Allemagne ; Grèce ; Irlande ; Israël ; Italie ; Lettonie ; Malte ; Mexique ; Pays-Bas ; Nouvelle-Zélande ; Norvège ; Portugal ; Roumanie ; Singapour ; République slovaque ; Slovénie ; Afrique du Sud ; Suède ; Suisse ; Royaume-Uni ; et États-Unis.*
Pays exonérant les revenus qui sont réinvestis dans la cause défendue :	*Colombie, Indonésie ; Lituanie ; et Irlande*

Source : questionnaire de l'OCDE sur la fiscalité et la philanthropie

3.4.2. Exonération de tous les revenus ou de certaines sources de revenus

Les pays excluent généralement les revenus non commerciaux (tels que les revenus provenant de dons philanthropiques ou de subventions publiques) de la base d'imposition et ne les considèrent pas comme des revenus imposables. Les pays qui lèvent un impôt sur la succession ont tendance à dispenser les organismes philanthropiques de payer cet impôt sur les legs qu'ils reçoivent (la Belgique et la France appliquent un impôt sur les successions à taux réduit aux revenus issus de legs).

Les approches qui consistent à imposer les revenus issus d'activités commerciales divergent. Le premier point ci-dessous traite du petit nombre de pays qui exonèrent tous les revenus commerciaux des organismes philanthropiques. Le second point dresse un panorama des pays qui exemptent totalement les organismes philanthropiques d'impôt sur les revenus et limitent les activités qu'ils peuvent mener. Le troisième s'intéresse aux pays qui souhaitent que les organismes philanthropiques paient un impôt sur une partie de leurs revenus et distinguent donc, généralement, les revenus liés à la cause qu'ils défendent et ceux qui ne le sont pas (également désignés par revenus commerciaux liés et non liés). Le quatrième point s'intéresse aux pays qui imposent les revenus commerciaux au-delà d'un certain plafond. Notons que les pays qui imposent purement et simplement les revenus commerciaux ne sont pas couverts par les points ci-après (c'est le cas de la Grèce, du Luxembourg et de la Slovénie, où les revenus issus d'activités commerciales sont imposés).

Exonération de tous les revenus provenant d'activités commerciales

En Australie, les organismes philanthropiques sont totalement exemptés de l'impôt sur les revenus tant commerciaux que non commerciaux. À cet égard, une étude du système fiscal australien portant sur la période 2008-2010 s'est penchée sur la question de l'imposition des revenus commerciaux non liés des organismes philanthropiques. L'étude est parvenue à la conclusion que les organismes exonérés n'étaient pas incités à casser les prix par rapport à leurs concurrents à but lucratif et que, par conséquent, les allégements fiscaux portant sur l'impôt sur les revenus n'étaient pas contraires au principe de neutralité concurrentielle et devaient donc être maintenus (Henry et al., 2009[2]). Les organismes peuvent également avoir droit au remboursement de crédits d'affranchissement (voir encadré 3.1 pour plus d'informations).

La Nouvelle-Zélande applique un dispositif similaire : les organismes philanthropiques sont exemptés de l'impôt sur leurs revenus non commerciaux, de même que sur leurs revenus commerciaux si l'organisme philanthropique respecte le critère du but non lucratif et ne mène pas d'activités à l'étranger. La question de la neutralité concurrentielle soulevée par l'exemption d'impôt dont bénéficient les organismes philanthropiques sur leurs revenus commerciaux a récemment fait l'objet d'une étude par le Groupe de travail sur la fiscalité de la Nouvelle-Zélande. Le rapport a conclu que la mesure dans laquelle les organismes philanthropiques affectaient leur excédent à leurs activités servant leur cause noble, dans l'intérêt général, pouvait être source de préoccupations. En conséquence, le Groupe de travail a recommandé au Gouvernement de vérifier régulièrement l'utilisation faite par le secteur philanthropique des dépenses fiscales afin de s'assurer que les résultats sociaux visés étaient effectivement atteints (Tax Working Group, 2019[3]). À Malte également, les organismes philanthropiques sont exemptés d'impôt sur l'ensemble de leurs revenus.

Limitation des activités commerciales que peuvent entreprendre les organismes

Au Canada, les organismes philanthropiques éligibles sont exemptés de l'impôt sur les revenus. Les OIG ne sont autorisés à mener des activités commerciale que si elles sont liées à la cause noble défendue par l'organisme, ou si l'organisme fonctionne presque exclusivement avec une main d'œuvre bénévole. Les organismes philanthropiques ne peuvent pas mener eux-mêmes des activités commerciales non liées et peuvent faire l'objet de sanctions financières voire d'une radiation en cas de non-respect de cette interdiction. Néanmoins, un organisme philanthropique peut exercer des activités commerciales par l'intermédiaire de sociétés distinctes ou de trusts, à condition que des séparations adéquates soient mises en place entre l'organisme philanthropique et l'autre entité. L'organisme philanthropique est également soumis à des obligations tenant à ses dépenses : si la valeur moyenne des biens qui n'ont pas été directement utilisés pour les activités de bienfaisance (au cours des 24 mois précédant le début de l'exercice) dépasse 100 000 CAD, le contingent des versements de l'organisme de bienfaisance sera égal à 3,5 % de la valeur moyenne des biens.

En Belgique, les organismes philanthropiques sont soumis à l'impôt des personnes morales (IPM). L'IPM n'est pas spécifique aux organismes philanthropiques et s'applique à toutes les personnes morales qui ne sont pas soumises à l'impôt des sociétés. Un organisme philanthropique peut s'engager dans une activité économique si elle ne constitue pas son activité principale mais une activité complémentaire dont les bénéfices sont réinvestis dans la cause défendue par l'organisme. Les organismes philanthropiques passibles de l'OIG ne sont pas imposés sur le montant total de leurs revenus nets annuels mais uniquement sur :

- leurs revenus immobiliers ;
- leurs revenus de capitaux mobiliers et biens mobiliers, ce qui inclut la première tranche de 1 880 EUR des revenus de dépôts d'épargne et la première tranche de 190 EUR de dividendes provenant de sociétés coopératives ou de sociétés à finalité sociale ;
- des revenus divers.

Par conséquent, les revenus issus de dons sont exonérés de l'IPM, mais les legs peuvent être soumis à l'impôt régional sur les successions.[2]

L'IPM est retenu à la source. Si l'organisme philanthropique perçoit des revenus mobiliers ou des revenus divers d'origine mobilière mais que la retenue n'est pas effectuée à la source, l'impôt est dû par le bénéficiaire des revenus. Dans les cas suivants, certains revenus doivent être déclarés :

- certains revenus immobiliers, comme les revenus nets des terrains et constructions situés en Belgique et loués, sont soumis à un impôt de 20 % ;
- les plus-values sur immeubles bâtis ou non bâtis sont imposables au taux de 16,5 % ou 33 % ;
- les plus-values sur cessions de participations importantes, sont imposées au taux de 16,5 % dans les conditions applicables en matière d'impôt sur les revenus des personnes physiques ;
- les dépenses et avantages financiers ou de toute nature non justifiés sont imposables selon les mêmes modalités que celles prévues pour l'impôt des sociétés (cotisation de 100 % sur les commissions secrètes et de 50 % s'il peut être établi que le bénéficiaire de ces dépenses, avantages financiers ou avantages de toute nature est une personne morale) ;
- les cotisations pour pensions et les pensions qui sont considérées comme des dépenses non admises à l'impôt des sociétés, les avantages financiers ou de toute nature, ainsi que le montant équivalent à 17 % de l'avantage de toute nature résultant de l'utilisation à des fins personnelles d'un véhicule de société, sont soumis à un impôt de 33 % ;
- les associations intercommunales exploitant un hôpital ou une institution qui assiste des victimes de la guerre, des personnes handicapées, etc. sont imposables sur les dividendes attribués à d'autres personnes morales à l'exclusion des pouvoirs publics. Le taux de cet impôt est de 25 % et la majoration pour absence ou insuffisance de versements anticipés s'applique selon les mêmes modalités que celles prévues pour l'impôt des sociétés.

En Lettonie, les organismes philanthropiques ne sont pas soumis à l'impôt sur les revenus des sociétés s'ils n'ont pas été constitués dans le but de réaliser des bénéfices ou d'augmenter le capital au profit de leurs membres, d'organisations religieuses, de syndicats et de partis politiques. En outre, l'aide financière perçue d'un organisme d'intérêt général en vue de couvrir les frais d'un traitement médical (y compris en vue d'assurer le transport du patient et d'un accompagnateur vers une institution de soins médicaux) n'est pas incluse dans les revenus annuels imposables et est donc exonérée de l'impôt sur le revenu des personnes physiques.

Encadré 3.1. Crédits d'imputation

Vue d'ensemble

Les crédits d'imputation (également appelés « crédits d'affranchissement remboursables ») sont souvent justifiés par la volonté de réduire la double imposition des dividendes en imputant l'impôt de la société à l'actionnaire. Les dividendes distribués à partir de bénéfices déjà imposés sont « affranchis » (et ouvrent donc droit à un crédit d'imputation) si la société qui verse les dividendes a acquitté l'impôt sur ses bénéfices. Par conséquent, les personnes physiques ou morales percevant des dividendes affranchis peuvent bénéficier d'un crédit d'imputation sous certaines conditions.

Crédits d'imputation en Australie et en Nouvelle-Zélande

En Australie, certains organismes exemptés d'impôt (comme les œuvres caritatives et les bénéficiaires de dons déductibles) qui perçoivent des dividendes affranchis sont éligibles au remboursement du crédit d'affranchissement. Ces organismes ne payant pas d'impôt sur les revenus issus de dividendes, ce remboursement constitue pour l'essentiel un revenu supplémentaire destiné à être réinvesti dans la cause défendue par l'organisme. En revanche, en Nouvelle-Zélande, les organismes exemptés qui perçoivent des dividendes affranchis ne sont pas imposés sur ces dividendes et ne peuvent pas non plus recourir aux crédits d'imputation associés aux dividendes. Ils sont donc de fait assujettis à l'impôt sur les sociétés au taux de 28 % pour les revenus qui sont imposés dans les sociétés dans lesquelles ils investissent.

Source : site Internet de l'Australian Taxation Office

Au Japon, les revenus des OIG (qui remplissent le critère du but non lucratif) sont exonérés d'impôt. Les activités commerciales que ces OIG sont autorisés à mener sans perdre leur statut privilégié sont précisées par le ministère le plus compétent en la matière (à savoir, en fonction de la cause défendue). En outre, si la moitié ou plus des personnes employées aux fins de l'activité commerciale sont atteintes d'un handicap et que l'OIG contribue améliorer leurs conditions de vie, l'activité ne sera pas considérée comme une activité lucrative et ne sera donc pas imposable.

À Singapour, les revenus de tous les organismes philanthropiques enregistrés au titre de la loi sur les œuvres caritatives sont exemptés de l'impôt sur les revenus. Les OIG peuvent mener des activités commerciales dans le but de générer des revenus supplémentaires ou de fournir des biens ou services à leurs membres ou à leurs clients aux fins de leur cause noble. Néanmoins, ces activités commerciales ne doivent pas nuire à l'objectif de l'organisme philanthropique et le détourner de la cause exclusive qu'il défend. Les conseils d'administration des organismes doivent en outre veiller à ne pas exposer les actifs de l'organisme à un risque important. Les activités commerciales susceptibles de comporter un tel risque doivent être menées par une filiale. Les filiales créées par les organismes philanthropiques sont soumises au même traitement que toute autre société, et leurs revenus sont assujettis à l'impôt sur les revenus.

En Argentine, les organismes philanthropiques sont exemptés de l'impôt sur les revenus des sociétés. En Suisse, les OIG sont exemptés de l'impôt sur les revenus et de l'impôt sur la fortune. En Israël, les donations, les legs, les subventions publiques et les revenus passifs sont exonérés d'impôt. Au Chili, les OIG peuvent être exemptés de l'impôt sur les sociétés sur décision du Président de la République. Cet avantage ne peut être réclamé que par les OIG dont l'objet principal et effectif est de procurer une aide directe aux individus qui disposent de ressources limitées et ne peuvent subvenir à leurs besoins essentiels.

Exonération de l'impôt sur les revenus d'activités commerciales liées à la cause noble

L'Autriche distingue trois types d'activités commerciales : nécessaires, liées, et non liées. L'activité commerciale est réputée nécessaire si la cause noble de l'organisme philanthropique ne peut être servie sans cette activité et que l'organisme exempté ne concurrence pas de manière significative les entreprises qui exercent une activité commerciale similaire. Les revenus générés par les activités commerciales nécessaires (p. ex. la vente de billets d'entrée pour un musée) sont totalement exonérés d'impôt. L'activité commerciale est considérée comme liée si elle constitue un moyen de servir la cause défendue sans pour autant pouvoir être qualifiée de nécessaire. Les revenus générés par les activités commerciales liées sont passibles de l'impôt sur les revenus des sociétés, avec toutefois un abattement de 10 000 EUR. Les organismes philanthropiques qui exercent des activités commerciales non liées sont susceptibles d'être déchus purement et simplement de leur statut ouvrant droit à l'exemption fiscale. Toutefois, si le revenu généré sur l'année fiscale par ces activités est inférieur au seuil de 40 000 EUR, l'organisme peut conserver son statut privilégié. Certaines plus-values réalisées par les OIG sont également exonérées d'impôt. C'est le cas des plus-values sur les cessions d'actions (et des intérêts des actifs financiers) dont il peut être établi qu'elles sont réinvesties dans la cause défendue ; ces plus-values sont exonérées d'impôt si la société est liée à l'OIG.

En Finlande, les organismes philanthropiques sont passibles d'un impôt sur les revenus issus d'une activité commerciale ainsi que d'un impôt de 6,26 % sur les revenus immobiliers utilisés à une fin autre que la cause noble éligible. Pour ces organismes, les revenus générés par les activités ci-dessous ne sont pas considérés comme issus d'une activité commerciale et sont donc exonérés d'impôt :

- revenus provenant de l'organisation de loteries, de foires, de compétitions sportives, de spectacles de danse, de bingos et d'autres événements de divertissement, ainsi que les revenus issus de buffets, de ventes et autres activités similaires ;
- revenus tirés de magazines de membres et d'autres publications servant directement la cause de l'organisme ;
- revenus provenant de collectes de fonds par le biais de la vente de cartes souvenirs, badges, cartes, girouettes et autres produits de ce type ;
- revenus provenant de la vente de biens ou services fabriqués ou produits à des fins thérapeutiques, ou d'activités d'enseignement dans des hôpitaux, des hôpitaux psychiatriques, des institutions pénales, des maisons de travail, des résidences pour personnes handicapées ou âgées, et des institutions de prise en charge similaires.

Les revenus imposables peuvent être entièrement ou partiellement exonérés d'impôt par l'administration fiscale si cette exonération est justifiée au regard de l'avantage procuré à la société par l'organisme. Pour le déterminer, l'administration examine notamment la proportion des biens et revenus de l'organisme utilisés pour la noble cause dont la société tire avantage. Elle évalue également les risques de distorsion de la concurrence induits par l'exonération de l'activité de l'organisme.

En Allemagne, les revenus générés par des activités liées à la cause noble sont exonérés de l'impôt sur les sociétés et de la taxe professionnelle. Les revenus issus d'activités commerciales qui ne sont pas liées à la cause déclarée ne sont soumis à l'impôt sur les sociétés ou à la taxe professionnelle que si leur montant annuel, TVA incluse, dépasse 35 000 EUR. En outre, les revenus d'actifs financiers des organismes philanthropiques sont exonérés de la retenue à la source applicable aux placements de capitaux.

En Bulgarie, les organismes philanthropiques ne sont pas imposés sur leurs revenus non commerciaux (par exemple les revenus issus de subventions ou de dons) qui contribuent à la réalisation de leur objet principal ; en revanche, tous les organismes philanthropiques à l'exception de la Croix Rouge bulgare sont assujettis à l'impôt sur les sociétés pour leurs revenus provenant d'activités commerciales.

De même, en Grèce, les revenus des organismes philanthropiques liés à la défense de leur cause (cotisations de membres, subventions publiques ou privées, dons, etc.) sont exonérés de l'impôt sur les revenus. En revanche, les revenus d'activités commerciales/économiques (intérêts de placements, événements publics, etc.) sont toujours imposables, qu'ils soient réinvestis ou non dans la cause défendue par l'organisme.

Au Portugal, les revenus des organismes philanthropiques issus de dons ne sont pas imposables ni, en principe, les revenus générés par les activités servant la cause de l'organisme. D'autres sources de revenus, comme les activités commerciales non liées, les actifs financiers et les placements, sont considérées comme imposables.

En Suède, comme dans la plupart des pays, les OIG sont exemptés de l'impôt sur les revenus issus de dons, de subventions, de placements et d'activités servant leur cause. Sont également exonérés les revenus tirés des activités philanthropiques, dont certaines sont menées sous contrat avec l'État, ce qui suggère que les revenus d'activités non liées sont, eux, imposables.

Aux États-Unis, les OIG sont généralement exemptés de l'impôt sur les sociétés. En revanche, les revenus d'activités commerciales non liées (à savoir les activités qui ne sont pas liées de manière substantielle à la cause ouvrant droit à l'exemption) sont imposables au taux de l'impôt sur les sociétés. De fait, ils sont imposés au taux maximal mais bénéficient d'un abattement de 1 000 USD. Les revenus liés à la cause qui ouvre droit à l'exemption sont généralement exonérés de l'impôt sur les revenus. Pour ce qui est des revenus issus de missions sous-traitées, les règles varient en fonction du mode de sous-traitance. Si l'organisme paie une entreprise de gestion pour exercer une activité, et que la totalité des revenus est reversée à l'organisme, ces revenus seront assimilés à des revenus commerciaux non liés et imposables en tant que tels. De même, si l'organisme est partie à un partenariat et que ce partenariat mène l'activité en question, les revenus seront imposables. En revanche, si les revenus proviennent d'une entreprise qui ne fait que verser un loyer à l'OIG, ils ne seront en principe pas imposables. Il en va de même pour les revenus passifs, comme les redevances ou les dividendes.

Application d'un seuil d'exonération aux revenus commerciaux

Comme nous l'avons mentionné plus haut, l'Autriche, l'Allemagne et les États-Unis appliquent des seuils et distinguent entre les revenus commerciaux liés et non liés. En Autriche, dès lors que les revenus commerciaux liés ou non liés dépassent le plafond qui leur est respectivement applicable, l'organisme philanthropique peut être déchu de son statut d'exemption. En revanche, en Allemagne et aux États-Unis, les revenus commerciaux non liés qui dépassent un certain seuil deviennent imposables. Plusieurs autres pays (la France, la Hongrie, le Mexique, les Pays-Bas, la Norvège, la République slovaque et l'Afrique du Sud) ont recours à des plafonds pour déterminer l'imposition des revenus des organismes philanthropiques.

En France, les OIG qui mènent une activité commerciale de manière régulière ou occasionnelle sont exemptés des impôts appliqués aux entreprises (TVA, impôt sur les sociétés, cotisation foncière des entreprises), à condition que l'activité lucrative ne concurrence pas le secteur commercial et que les recettes encaissées au cours de l'année civile pour cette activité ne dépassent pas 72 000 EUR. Les OIG exemptés de l'impôt sur les sociétés restent soumis à cet impôt à des taux réduits pour les revenus provenant de la gestion d'actifs tels que :

- les revenus issus de la location d'immeubles bâtis ou non bâtis dont l'association est propriétaire (taux d'IS de 24 %) ;
- les bénéfices provenant d'exploitations agricoles ou forestières (taux d'IS de 24 %) ;
- les dividendes (taux d'IS de 15 %) ;
- les revenus d'autres valeurs mobilières (taux d'IS de 10 % ou 24 %).

En Hongrie, les OIG sont exemptés de l'impôt sur les sociétés si leurs revenus issus d'activités commerciales (dont la gestion de biens immobiliers) ne dépassent pas 15 % du montant total des revenus. En Inde, les organismes philanthropiques qui ne sont pas engagés dans une des activités philanthropiques définies mais qui figurent parmi les organismes œuvrant pour procurer un autre avantage d'intérêt général peuvent tirer 20 % de leurs revenus d'activités professionnelles, commerciales ou lucratives, à condition que ces revenus soient générés au cours d'activités servant à l'avancement de leur cause.

Au Mexique, sont exonérés de l'impôt sur les revenus les dons, les subventions publiques, la vente de biens meubles ou immeubles, les cotisations de membres, les frais de recouvrement, les intérêts, les revenus de la propriété intellectuelle, l'utilisation ou la jouissance temporaire d'un bien immobilier, et les rendements d'actions ou autres instruments financiers, à condition qu'ils soient utilisés aux fins pour lesquelles ils ont été autorisés. En outre, les organismes philanthropiques peuvent tirer des revenus d'activités qui ne servent pas les fins qui leur ont valu leur statut, à condition qu'ils ne dépassent pas 10 % du montant total des revenus.

Aux Pays-Bas, les organismes philanthropiques ne sont assujettis à l'impôt sur les sociétés que si : 1) ils participent à l'économie de marché avec de la main d'œuvre et du capital et réalisent des bénéfices par ce biais, ou (2) leurs activités concurrencent le secteur commercial, ou (3) aucune exonération n'est applicable. L'exonération s'applique si l'excédent de l'organisme est inférieur à 15 000 EUR pour l'année, ou à 75 000 EUR cumulés au cours des quatre années précédentes.

En Norvège, les organismes philanthropiques ne sont pas soumis à l'impôt sur les revenus pour les dons, legs et subventions reçus. Il en va de même pour les revenus générés par toute activité commerciale qui ne contribue pas à la réalisation de son objectif noble, à condition que leur montant annuel ne dépasse pas 140 000 NOK. Sont assimilées à ces revenus les plus-values résultant de l'activité économique. En revanche, les plus-values réalisées dans le cadre d'activités exonérées parce que liées à la cause noble ne sont pas soumises à l'impôt.

En République slovaque, les revenus des organismes philanthropiques sont en principe exonérés d'impôt, à l'exception des revenus commerciaux et des revenus d'origine immobilière (loyers) ou publicitaire, ou provenant de la vente d'actifs ou de cotisations de membres au-delà de 20 000 EUR par an.

En Afrique du Sud, seules les activités servant le bien-être social, l'éducation, la santé et la conservation peuvent donner droit à une déduction de l'impôt sur les revenus. Les autres causes (voir tableau 3.1) ne sont exonérées que des droits de donation. En outre, les revenus commerciaux des organismes philanthropiques sont exonérés à hauteur de 15 %, les montants au-delà de ce pourcentage étant soumis au taux normal de l'impôt sur les sociétés.

3.4.3. Exonération des revenus réinvestis dans la cause noble

Dans les pays qui ont fait le choix de la seconde méthode (exonération des revenus s'ils sont réinvestis dans la cause noble), la destination des revenus prime le plus souvent sur leur source. Cela signifie que tant que l'excédent de l'organisme philanthropique est réinvesti dans la cause noble au cours d'une période donnée, les revenus sont exonérés d'impôt. Si, en revanche, l'organisme décide de différer le réinvestissement, de mettre l'excédent en réserve ou de l'investir ailleurs que dans la cause défendue, cet excédent pourra être imposé.

En Colombie, le traitement fiscal des revenus des organismes philanthropiques varie suivant que le bénéfice net, ou l'excédent, est réinvesti et, le cas échéant, suivant la façon dont il est réinvesti. D'autres pays couverts par ce rapport exonèrent automatiquement les revenus non commerciaux (et ne les considèrent donc par comme imposables). En revanche, en Colombie, toutes les formes de revenus sont considérées comme imposables ; l'avantage fiscal permet en fait à l'organisme d'affecter son bénéfice net ou son excédent (généré par le revenu en question) à la réalisation de son objectif social.

En Indonésie, les dons et les subventions perçus par les organismes philanthropiques constituent des revenus non imposables. Un organisme œuvrant pour l'éducation ou la recherche et le développement qui dégagerait un excédent ne sera exempté que si cet excédent est réinvesti dans une cause noble (l'éducation ou la recherche et le développement) dans un délai de quatre ans à compter de la perception des revenus en question. De même, en République tchèque, l'exonération de l'impôt sur les sociétés ne s'applique aux revenus de l'OIG que s'ils sont utilisés ou destinés à être utilisés pour des causes nobles spécifiques.

En Irlande, l'enregistrement de l'organisme philanthropique auprès de la commission des œuvres caritatives n'emporte pas automatiquement son exemption. Ainsi que nous l'avons vu au début de ce chapitre, pour être exemptés d'impôt, les organismes doivent adresser une demande distincte à l'administration fiscale. Une fois le statut d'exemption accordé, les organismes sont également exonérés de l'impôt sur les plus-values et de l'impôt sur les revenus commerciaux, à condition que ces revenus soient employés aux fins de la cause qu'ils défendent. Les organismes philanthropiques bénéficient également d'un dispositif d'abondement des dons qui est décrit plus en détail au chapitre 4.

En Lituanie, les organismes philanthropiques sont assujettis à l'impôt sur les sociétés. Les règles de calcul du bénéfice imposable sont celles qui s'appliquent à leurs homologues du secteur commercial. Néanmoins, un traitement fiscal préférentiel leur permet de réduire le bénéfice imposable calculé selon les règles du régime général des sociétés en déduisant les fonds affectés directement à une cause noble lors de l'exercice en cours ou des deux exercices suivants. Si le montant des fonds directement affectés au financement d'activités servant la noble cause lors de l'année fiscale en cours excède le montant des bénéfices imposables calculés pour cette période, l'organisme peut reporter le montant excédentaire afin de diminuer le montant des bénéfices imposables calculé pour les deux exercices suivants. Les dons en numéraire provenant d'un même donateur et excédant 9 750 EUR pour la période fiscale retenue ainsi que les dons qui ne sont pas utilisés à des fins d'intérêt général sont en principe imposés au taux habituel de l'impôt sur les sociétés, soit 15 %.

Tableau 3.5. Formule d'imposition applicable aux organismes philanthropiques en Colombie

+	Revenus ordinaires ou extraordinaires de l'exercice
-	Dépenses de l'exercice, y compris les dépenses non liées à la cause noble
-	Investissements réalisés pour renforcer les capitaux propres (pour plus d'un an) qui ne sont pas susceptibles de faire l'objet d'un amortissement ou d'une dépréciation et qui génèrent des rendements pour la cause noble.
=	Bénéfice net ou excédent
-	Les actifs du bénéfice net ou de l'excédent réinvestis au cours de l'exercice suivant aux fins de servir la cause noble de l'organisme
-	Les actifs du bénéfice net ou de l'excédent réinvestis dans des projets à long terme (entre 2 et 5 ans) servant la cause noble de l'organisme. Ces projets de réinvestissement à long terme sont appelés « affectations permanentes ». Si le projet de réinvestissement à long terme va au-delà de cinq (5) ans, l'organisme peut adresser une demande à l'administration fiscale colombienne en vue de prolonger la durée du réinvestissement.
=	Bénéfice net ou excédent imposable
×	Taux d'impôt sur les revenus de 20 %
=	**Total de l'impôt sur les revenus exigible**

Source : questionnaire de l'OCDE sur la fiscalité et la philanthropie

3.5. Taxes sur la valeur ajoutée

Le traitement préférentiel en matière de TVA peut s'appliquer aux intrants (achats) de l'organisme ainsi qu'à ses extrants (fournitures - ventes ou aliénations). En ce qui concerne les intrants, les organismes philanthropiques acquittent la TVA sur leurs achats (sauf pour les biens ou services exonérés). Les organismes qui ne sont pas enregistrés à la TVA peuvent être assimilés au consommateur final et ne pas pouvoir, par conséquent, récupérer la TVA payée sur leurs intrants sans un dispositif fiscal spécifique. Il en va de même pour les organismes enregistrés à la TVA mais qui ne génèrent pas de ventes imposables. Il est également possible qu'un organisme philanthropique ne puisse pas réaliser des ventes imposables parce que les biens ou services qu'il fournit (extrants) bénéficient d'une exonération, ou parce qu'ils n'entrent pas dans le champ d'application de la TVA. À l'inverse, les organismes philanthropiques qui facturent la TVA sur leurs ventes (y compris celles de biens ou services imposés à taux zéro) pourront récupérer la TVA acquittée sur leurs intrants.

En conséquence, les pays peuvent décider de dispenser les organismes philanthropiques de facturer la TVA sur leurs extrants (ou prévoir un plafond applicable aux revenus tirés de ces extrants), mais cela peut créer pour ces organismes une charge fiscale sur les intrants. Certains pays octroient donc des allégements fiscaux aux organismes philanthropiques qui ne sont pas en mesure de récupérer la TVA payée sur leurs intrants (ou ne peuvent en récupérer qu'une partie).

Or, les exonérations de TVA, les taux réduits ou les taux zéro peuvent induire une concurrence déloyale, notamment si les biens ou services exonérés que fournit l'organisme philanthropique sont également proposés par des entreprises qui facturent la TVA sur leurs ventes. Certains pays refusent donc d'exonérer de la TVA une partie des biens ou services fournis par les organismes philanthropiques afin de parer à toute concurrence déloyale (c'est le cas du Canada et de l'Irlande). La Belgique, le Chili, la Colombie, l'Estonie, l'Indonésie, l'Italie et la République Slovaque ne prévoient pas de traitement préférentiel en matière de TVA pour les organismes philanthropiques et leur appliquent le régime général de la TVA. Toutefois, en Italie, où les organismes philanthropiques ne bénéficient pas de traitement préférentiel en matière de TVA, les OIG sont dispensés de l'obligation de produire des justificatifs de leurs ventes tels que des factures et des reçus.

3.5.1. Exonérations en matière de TVA

Les organismes (ou les activités des organismes) peuvent être exemptés de la TVA au titre de leur statut d'OIG (c'est le cas en France), parce que leurs activités n'entrent pas dans le champ d'application de la TVA, ou parce qu'elles sont en-deçà du seuil d'assujettissement.

En Argentine, les services des organismes philanthropiques qui présentent un lien direct avec leur objectif principal sont exonérés de la TVA. Les dons de tiers, les cotisations de membres et les frais facturés aux membres pour des activités statutaires spécifiques sont donc totalement exonérés de la TVA. Pour d'autres transactions, les OIG sont soumis au régime général.

L'Australie prévoit un plafond de revenus plus élevé pour l'assujettissement à la TVA des organismes philanthropiques. Les organismes éligibles ne sont pas tenus de s'enregistrer à la TVA tant que leur chiffre d'affaires reste inférieur à 150 000 AUD (sachant que les autres organismes sont assujettis à la TVA à compter de 75 000 AUD). Dans certains cas, les OIG peuvent choisir le traitement qui sera appliqué à leurs activités. Ainsi, un OIG (une association de parents par exemple) qui gère la cantine scolaire d'une école primaire ou secondaire pourra choisir d'être exonéré de la TVA, et n'aura donc pas à récupérer la TVA sur ses ventes de nourriture. Mais dans ce cas, la cantine scolaire ne pourra pas réclamer de crédits de TVA pour ses achats. Dès lors que l'OIG choisit d'être exempté de la TVA (et donc de payer la taxe sur ses intrants), il ne peut pas revenir sur sa décision avant 12 mois. De même, tous les organismes philanthropiques peuvent choisir d'exonérer de TVA les événements qu'ils organisent en vue de collecter des fonds ; dans ce cas, ils devront acquitter la taxe sur les intrants et ne pourront pas réclamer de crédits de TVA. Cette solution présente l'intérêt de réduire la charge administrative.

En Autriche, tous les organismes philanthropiques ne sont pas exemptés de la TVA. Les OIG dont la cause est « culturelle » ou tient à la « promotion du sport », ceux qui dirigent des établissements de soins ou de prise en charge, ou encore ceux qui procurent un hébergement et de la nourriture aux jeunes de moins de

27 ans en formation professionnelle, ne sont pas assujettis à la TVA. Les autres organismes philanthropiques sont soumis au régime général.

En Grèce, sous certaines conditions, les organismes philanthropiques peuvent être dispensés de facturer la TVA sur certains biens et services, comme la fourniture aux personnes engagées dans le sport ou l'éducation physique de services présentant un lien étroit avec le sport ; la fourniture de services à leurs membres par les organismes philanthropiques et autres organisations à vocation religieuse, philosophique ou caritative ; la fourniture de services culturels ou éducatifs par les organismes philanthropiques à vocation culturelle ou éducative (et notamment la fourniture de services aux visiteurs de musées, de monuments, de sites archéologiques et similaires, ainsi que l'organisation d'événements, d'expositions et de conférences artistiques) ; et les services fournis par les organismes susmentionnés dans le cadre d'événements qu'ils organisent afin de lever des fonds.

En Israël, les OIG acquittent la TVA sur les biens et services qu'ils achètent et qu'ils utilisent dans le cadre de leur activité philanthropique. Cette TVA payée par les OIG sur les intrants n'est pas déductible puisque les biens et services fournis par les OIG dans le cadre de leur activité philanthropique ne sont pas assujettis à la TVA. Si l'OIG mène une activité commerciale, celle-ci est assujettie à la TVA ; par conséquent, la TVA acquittée sur les intrants affectés à l'activité commerciale est déductible de la TVA collectée au titre de cette activité.

En Lettonie, les activités non commerciales des OIG sont en principe exclues du champ d'application de la TVA, tandis que les activités commerciales des OIG sont soumises au régime normal de la TVA. Cependant, le traitement de l'OIG en matière de TVA est évalué au cas par cas. Ainsi, la TVA payée sur les intrants affectés à l'activité philanthropique n'est pas déductible, contrairement à la TVA payée sur les intrants utilisés pour l'activité commerciale. Mais si l'OIG « vend » des biens et des services dans le cadre de son activité philanthropique, cette vente sera assimilée à une transaction imposable. Le montant imposable de cette transaction correspond au prix d'achat des biens ou au coût total de la fourniture de ces services par l'OIG.

Au Mexique, les organismes philanthropiques sont exemptés de la TVA sur la vente de biens, la fourniture de services et l'utilisation ou la jouissance temporaires de biens dans le cadre de leurs activités. En revanche, ils ont l'obligation de payer et de retenir la TVA lorsqu'ils reçoivent des biens ou services personnels indépendants fournis par des particuliers.

Au Portugal, les organismes philanthropiques sont dispensés de facturer la TVA sur les biens et services liés à :

- la santé ainsi que la protection et l'assistance sociales (à condition de ne percevoir aucune rémunération) ;
- l'éducation, ce qui inclut les garderies, les jardins d'enfants, les centres de loisirs, les établissements dédiés aux enfants et aux jeunes qui ne bénéficient pas d'un environnement familial normal, les établissements pour enfants et jeunes handicapés, et les centres d'insertion des handicapés ;
- le sport, les arts et la culture, y compris les activités artistiques, sportives, récréatives, d'éducation physique, et culturelles (ex. : visites de musées, de galeries d'art, de châteaux) ;
- les activités civiques (ex. : politiques, syndicales) ;
- les activités religieuses ;
- et les activités humanitaires.

Les événements de collecte de fonds (ex. : vente de billets d'entrée, frais d'inscription, buffets, buvettes, locations de stands, revenus publicitaires, etc.) sont également exonérés de la TVA dès lors qu'ils sont occasionnels, organisés au seul bénéfice de l'organisme (et qu'ils n'induisent pas une concurrence déloyale), et limités au nombre de huit.

En Roumanie, certaines activités au profit du public sont exonérées de la TVA. Parmi ces activités figurent la fourniture de services étroitement liés au sport et à l'éducation physique par des OIG s'adressant aux individus pratiquant un sport, ainsi que la fourniture de services culturels par des OIG à vocation culturelle reconnus par le ministère de la Culture.

En Afrique du Sud, les OIG doivent faire une demande distincte pour être exemptés de la TVA. Toutefois, en règle générale, les OIG n'ont pas à s'enregistrer à la TVA en tant que fournisseur car leurs activités ne peuvent pas être à dominante commerciale. En matière de TVA, la Suisse prévoit un seuil de 150 000 CHF pour les fournitures. En Finlande, les organismes philanthropiques ne sont assujettis à la TVA que pour leurs activités commerciales.

Aux Pays-Bas, la TVA n'étant pas applicable aux activités non commerciales, la TVA acquittée sur les intrants n'est pas déductible. Ensuite, parmi les activités commerciales, certaines sont assujetties à la TVA tandis que d'autres en sont exonérées. Si l'activité est exonérée, la TVA payée sur les intrants ne sera pas déductible. Si l'OIG est établi aux Pays-Bas et que ses ventes ne dépassent pas le seuil de 20 000 EUR par an, il peut, comme toute petite entreprise, opter pour le régime en franchise de TVA, mais ne pourra pas, dans ce cas, déduire ou récupérer la TVA payée sur ses intrants.

À Singapour, les OIG sont soumis au régime général de la TVA. À cet égard, ils peuvent être considérés comme exerçant des activités commerciales et non commerciales. Les activités non commerciales comprennent la fourniture gratuite de services financés par des subventions, des dons ou des parrainages. Les OIG doivent s'enregistrer à la TVA si le montant annuel de leurs fournitures imposables issues d'activités commerciales dépasse un plafond fixé à 1 000 000 SGD. Dès lors, ils sont tenus de facturer et de déclarer la TVA, notamment, sur les biens et services imposables qu'ils fournissent dans le cadre d'activités commerciales (ex. frais de scolarité ou d'enseignement, frais de garderie) ainsi que les services subventionnés proposés dans le cadre de leurs activités philanthropiques ou religieuses (ex. frais de dialyse, frais de consultation médicale). Comme toute autre entreprise assujettie au régime général de la TVA, les OIG sont autorisés à récupérer la TVA acquittée sur les intrants s'ils sont utilisés pour la fourniture de biens et services imposables dans le cours normal ou pour la poursuite de leur activité. La TVA acquittée sur les intrants dans le cadre d'activités à but exclusivement non lucratif et aux fins de la fourniture de biens et services exonérés ne peut pas être récupérée ; la TVA acquittée dans le cadre d'activités subventionnées (pour partie commerciales et pour partie non commerciales) fait l'objet d'une ventilation, à savoir que l'OIG ne pourra récupérer que la fraction de TVA afférente à la fourniture de biens et services eux-mêmes soumis à la TVA.

3.5.2. Exonération de la TVA avec possibilité de récupérer la TVA sur les intrants

L'exemption des organismes ou de certaines activités en matière de TVA pouvant amener les organismes à acquitter la TVA sur leurs intrants, certains pays ont mis en place des mécanismes leur permettant de récupérer une partie de cette TVA.

Au Canada, la majorité des services et une partie des biens fournis par des œuvres de bienfaisance et d'autres OIG assujettis sont exonérés de la TVA. C'est le cas des fournitures d'aliments et de logements dans le but de soulager la pauvreté ou la détresse ; des repas à domicile ; des programmes récréatifs proposés à des enfants et à des personnes handicapées ou défavorisées ; des droits d'adhésion à des organismes ne procurant pas un avantage significatif à certains de leurs membres ; et des cotisations professionnelles obligatoires ainsi que des cotisations syndicales. Toutefois, la TVA est généralement appliquée à certains biens et services fournis par les organismes de bienfaisance similaires à ceux fournis par des organismes non caritatifs. Ainsi, les droits d'entrée dans des lieux de divertissement (comme un cinéma) sont soumis à la TVA, même s'ils sont fournis par un organisme philanthropique. Si la totalité ou la quasi-totalité (90 %) des fournitures de l'organisme philanthropique (extrants) sont taxables, l'organisme peut en principe demander un crédit de taxe égal à 100 % de la TVA payée sur ses intrants utilisés pour les fournitures taxables. Quant à la TVA acquittée sur les intrants qui n'ouvrent pas droit à un crédit de taxe, les organismes philanthropiques sont éligibles à un remboursement partiel. Celui-ci est généralement de 50 %, à moins que l'OIG ne soit également un hôpital public, ou une école, un collège ou une université à but non lucratif, auquel cas ce taux peut être plus élevé. Les organismes de bienfaisance enregistrés qui produisent ou offrent tant des fournitures (extrants) taxables que des fournitures exonérées appliquent une méthode rapide de calcul de leurs obligations en matière de TVA : ainsi, ils conservent généralement 40 % de la TVA qu'ils collectent sur leurs fournitures (extrants) imposables et demandent un remboursement au titre de la TVA payée sur la majorité de leurs intrants ; dans ce cas, pour ces intrants, ils n'auront pas droit aux crédits de taxe.

En Irlande, les activités des OIG peuvent être passibles de la TVA, exclues du champ d'application de la TVA ou exonérées. Si son activité est exclue du champ d'application ou exonérée de la TVA, l'OIG n'est ni tenu ni autorisé à s'enregistrer aux fins de la TVA et à déclarer la TVA sur les revenus issus de ces activités. Toutefois, s'il est considéré que l'activité concurrence celle d'entreprises commerciales, l'OIG pourra être tenu de s'enregistrer et de déclarer la TVA afférente à ces activités. De même si, sur une période de douze mois, l'OIG acquiert ou est susceptible d'acquérir auprès d'autres États membres de l'UE des biens d'une valeur supérieure à 41 000 EUR, il devra s'enregistrer et déclarer la TVA au titre de ces acquisitions intra-communautaires. D'une manière générale, c'est le statut des activités de l'OIG au regard de la TVA qui déterminera le régime applicable à l'ensemble des revenus générés ainsi que la possibilité qui en résulte de déduire la TVA des dépenses associées à ces revenus. En d'autres termes, pour déterminer le régime de TVA de l'OIG, ses activités vont être examinées au cas par cas.

En vertu de la législation irlandaise, les OIG ne peuvent récupérer la TVA sur leurs dépenses que s'ils réalisent des ventes imposables, s'ils sont inscrits à la TVA, et s'ils facturent la TVA sur leurs ventes (ce qui inclut les ventes imposées à taux zéro). Si l'OIG fournit des biens ou des services imposables, il peut réclamer la TVA acquittée sur ses intrants. En revanche, si ses fournitures sont exonérées ou exclues du champ d'application de la TVA, il ne pourra pas récupérer la TVA. Si l'OIG génère à la fois des revenus exonérés, des revenus assujettis, et des revenus hors du champ d'application de la TVA, il peut récupérer la TVA acquittée sur les coûts directs de production de ses ventes imposables ainsi qu'une fraction de la TVA acquittée sur ses frais généraux selon un principe de proportionnalité. L'Irlande s'est en outre dotée d'un régime de compensation de la TVA spécifique aux OIG, qui est expliqué plus en détail dans l'encadré 3.2. Enfin, l'Irlande octroie des allégements de la TVA pour les OIG, les biens et les services suivants :

- les OIG exerçant dans le transport de personnes atteintes d'un handicap physique lourd et permanent : un remboursement du montant de TVA acquitté peut être réclamé pour l'achat et l'adaptation des véhicules utilisés par des organismes agréés pour le transport de ces personnes ;
- les radios à destination des aveugles : le remboursement de la TVA acquittée peut être demandé si l'OIG a pour objet principal l'amélioration de la condition des aveugles et si les radios sont destinées à être utilisées par ces derniers ;
- les appareils à destination des handicapés : le remboursement de la TVA acquittée peut être demandé pour certains dispositifs et appareils achetés par des personnes handicapées ou pour leur compte en vue de les aider dans l'exécution de tâches quotidiennes essentielles ou dans la pratique d'une activité ;
- embarcations et équipements de sauvetage : le remboursement de la TVA acquittée peut être demandé au titre de l'achat de certaines petites embarcations de sauvetage, de leurs équipements connexes et d'aménagements spéciaux, ainsi qu'au titre des frais de location, de réparation et de maintenance de ces embarcations, si l'OIG assure un niveau suffisant de services de sauvetage et d'assistance en mer et sur les voies de navigation intérieures ;
- biens humanitaires destinés à l'exportation : un remboursement de la TVA peut être accordé pour les biens achetés à des fins d'exportation par des organismes philanthropiques et destinés à des

activités humanitaires, caritatives ou d'enseignement à l'étranger, par ex. sociétés apostoliques, Chernobyl Children Projects, etc. ;

- dons de matériel médical : un remboursement de la TVA peut être demandé par un hôpital ou un donateur au titre de l'achat de certains instruments et appareils médicaux neufs financés par des dons privés. Le remboursement ne peut être réclamé que par celui, de l'hôpital ou du donateur, qui a acquitté la TVA ;
- dons d'équipements de recherche : les instituts de recherche, les universités, les écoles et les établissements scolaires similaires engagés dans la recherche médicale en laboratoire peuvent demander un remboursement de la TVA acquittée sur les achats ou les importations d'instruments ou d'appareils neufs (à l'exclusion du moyen de transport) financés par des dons privés.

En Nouvelle-Zélande, les OIG fournissant des biens ou des services imposables dont le montant excède 60 000 NZD par an sont tenus de s'enregistrer aux fins de la TVA. Les OIG qui sont en-deçà du seuil d'enregistrement peuvent faire le choix d'être assujettis à la TVA dès lors qu'ils fournissent des biens ou services imposables. Les règles ne distinguent pas suivant le type d'activités. Les OIG qui fournissent des biens ou des services imposables peuvent récupérer la TVA sur les intrants autres que ceux utilisés pour la fourniture de biens ou services exonérés (ex. location de logement ou services financiers). À ce titre, ils peuvent récupérer la TVA acquittée sur les intrants qui ne sont pas effectivement utilisés pour la fourniture de biens ou de services. Ce régime est plus généreux que les règles de déduction d'impôt sur les intrants applicables aux autres organismes enregistrés, ces derniers ne pouvant, en principe, réclamer la déduction que si l'intrant est utilisé pour la fourniture de biens ou de services imposables. Tous les biens et services vendus par les OIG, autres que les fournitures exonérées, sont soumis à la TVA. Aux fins de la TVA, peu importe que les biens et les services soient vendus dans le cadre d'une activité commerciale ou philanthropique.

Les États-Unis n'appliquent pas de TVA à l'échelle fédérale ; toutefois, les États et les autorités locales ont mis en place des taxes sur les ventes au détail. Les règles spécifiques relatives à l'exonération de ces taxes sont établies par les États et sont variables. Les organismes philanthropiques sont généralement dispensés du paiement de ces taxes sur leurs achats ainsi que de leur collecte au titre des activités commerciales liées, sous réserve qu'ils satisfassent aux conditions prévues par l'État en question, comme la production d'un certificat ou une demande d'éligibilité.

L'Allemagne se démarque en ce qu'elle applique un taux de TVA réduit à certains biens et services fournis par les organismes philanthropiques, tandis que d'autres sont exonérés (p. ex., certains services médicaux). Les organismes peuvent récupérer la TVA payée sur les intrants utilisés pour les fournitures soumises à un taux de TVA réduit. Si les activités de l'OIG ne constituent pas une activité commerciale et qu'elles remplissent les critères de la noble cause et de l'intérêt général, l'organisme est assujetti à un taux de TVA réduit qui s'élève à 7 %.

Encadré 3.2. Régime irlandais de compensation de la TVA pour les organismes de bienfaisance

Pour atténuer le coût supporté par les organismes de bienfaisance enregistrés qui ne peuvent pas récupérer la TVA acquittée sur leurs dépenses, l'Irlande a adopté en 2019 un régime de compensation de la TVA spécifique aux OIG. Son objectif est de réduire la charge fiscale liée à la TVA qui pèse sur les organismes éligibles et de les dédommager en partie au titre de la TVA acquittée mais non récupérée au cours de l'année civile précédente. Les OIG peuvent ainsi demander le remboursement d'une fraction de la TVA payée, cette fraction étant corrélée au montant des financements non publics perçus.

Le régime prévoit un plafond de 5 000 000 EUR par an sachant que, si le montant total des demandes éligibles pour une année dépasse ce plafond, le montant du remboursement sera calculé selon un principe de proportionnalité. La TVA ne peut être réclamée que pour les biens et les services qui ont été utilisés aux fins de la cause de l'OIG. L'organisme doit également apporter la preuve qu'il n'avait pas droit à une déduction ou à un remboursement de la taxe en vertu d'un autre dispositif prévu par l'administration fiscale.

3.6. Autres impôts

3.6.1. Impôts périodiques sur la propriété immobilière

Les organismes philanthropiques sont parfois propriétaires de biens immobiliers qu'ils utilisent pour réaliser leurs objectifs sociaux ou comme source de revenus. Dans certains pays, les organismes qui utilisent ces biens aux fins de leur cause, par exemple comme espaces de bureaux, ou pour exercer leurs activités philanthropiques, à savoir en les utilisant comme centre de traitement ou de distribution, ou comme infrastructure sportive, ou encore pour organiser des événements, peuvent être exemptés des impôts fonciers. Les organismes philanthropiques qui utilisent leurs biens immobiliers comme source de revenus sont généralement passibles des impôts fonciers sur ces biens, si de tels impôts existent dans leur juridiction.

Au Canada, les organismes philanthropiques peuvent être exemptés de l'impôt foncier sous certaines conditions. Toutefois, ces impôts étant le plus souvent levés à l'échelle municipale, les exonérations, les remboursements et les crédits varient d'une province et d'une municipalité à l'autre. En Allemagne, les biens immobiliers utilisés par les OIG à des fins caritatives sont exonérés de la taxe foncière, qui est un impôt local. En Irlande, les biens résidentiels appartenant à un OIG et utilisés à la seule fin de fournir un logement résidentiel pour faciliter les activités récréatives sont exemptés de la taxe foncière. Cette exemption concerne les organismes philanthropiques dont les biens sont utilisés pour loger leurs membres dans le cadre d'activités récréatives. En Italie, les autorités locales (municipalités et régions) peuvent exempter les organismes philanthropiques des impôts locaux (dont l'impôt foncier). La Roumanie exonère de la taxe sur les immeubles les structures appartenant aux organismes établis par voie de testament dans le but de maintenir, développer ou aider des institutions culturelles nationales, ou à soutenir des actions humanitaires, sociales et culturelles, ou fondés dans l'un de ces buts conformément à la législation. Les organismes philanthropiques dont les immeubles sont utilisés aux fins de la fourniture de services sociaux peuvent se voir accorder des exonérations ou des réductions de cet impôt par les conseils locaux. À Singapour, les OIG sont exemptés de l'impôt foncier sur les biens immobiliers qui sont exclusivement utilisés pour des cultes publics, comme école publique, à des fins caritatives, ou pour promouvoir le progrès social à Singapour.

Aux États-Unis, les règles de l'impôt foncier sont établies par les États. Les terrains et les bâtiments des églises en sont généralement exonérés, même si certains États limitent la surface éligible (par exemple à un hectare). En règle générale, les terrains et bâtiments des autres organismes à but non lucratif sont également exonérés de cet impôt, bien que cette exonération soit parfois réservée à certains types d'organismes à but non lucratif. En Suède, les OIG sont exemptés de l'impôt foncier si le bien est principalement utilisé pour des activités servant leur noble cause.

3.6.2. Avantages fiscaux divers au bénéfice des organismes philanthropiques

Enfin, certains pays octroient aux organismes philanthropiques des avantages propres à leur législation fiscale. Ainsi, en Norvège, les organismes philanthropiques sont exemptés des cotisations patronales de sécurité sociale sur les salaires liés à leur activité d'intérêt général. Cette exemption est plafonnée à un montant total de salaires de 800 000 NOK et à 80 000 NOK par employé. Tant l'Australie que la Nouvelle-Zélande lèvent une taxe FBT (*Fringe Benefits Tax*) relative aux avantages en nature, mais accordent un traitement fiscal préférentiel aux organismes philanthropiques (voir encadré 3.3).

Au Portugal, les OIG sont exemptés des taxes sur les véhicules utilisés pour l'exercice de leurs activités philanthropiques. Aux Pays-Bas, les OIG (dont les églises) peuvent, sous certaines conditions, bénéficier du remboursement de la moitié de la taxe énergétique qu'ils acquittent. En France, les OIG équipés d'un téléviseur au 1er janvier de l'année fiscale sont redevables de la contribution à l'audiovisuel public. Toutefois, les organismes qui hébergent des personnes en sont généralement exemptés. En Italie, les organismes philanthropiques sont exemptés du droit de timbre et du droit de licence qui sont en principe applicables à la certification de documents et aux procédures d'autorisations administratives. Les États-Unis ont récemment adopté de nouvelles taxes qui s'appliquent aux organismes exemptés de l'impôt sur les revenus (voir encadré 3.4).

Encadré 3.3. Taxe sur les avantages en nature et les organismes philanthropiques

Australie

En Australie, certains OIG sont exemptés de la taxe FBT (*Fringe Benefits Tax*) relative aux avantages en nature tandis que d'autres bénéficient d'un taux réduit. Les États australiens appliquent en outre une taxe sur la masse salariale qui dépend de la taille des effectifs. Des exemptions peuvent être accordées aux organismes de bienfaisance dont les employés se consacrent exclusivement aux activités philanthropiques de l'organisme.

Nouvelle-Zélande

En Nouvelle-Zélande, les organismes de bienfaisance sont en principe exemptés de la taxe FBT sur les avantages en nature utilisés par les employés pour mener à bien les activités caritatives de l'organisme. Si, par exemple, un employé utilise la voiture de l'organisme pour ses tâches caritatives, la taxe FBT ne sera pas due au titre de cet avantage s'il en profite personnellement. Cette règle comporte toutefois une exception : si l'organisme met à disposition de l'employé une carte de paiement ou un moyen de paiement analogue pour son usage personnel dont le montant excède 300 NZD, la taxe FBT sera applicable. Enfin, si l'organisme de bienfaisance dirige une activité qui n'est pas liée à la cause philanthropique, la taxe FBT sera due pour tout avantage procuré aux employés. La Nouvelle-Zélande n'applique pas de taxe sur la masse salariale.

Encadré 3.4. Implications de la TCJA américaine pour les organismes philanthropiques

Vue d'ensemble

Promulguée le 22 décembre 2017, la loi dite Tax Cuts and Jobs Act (TCJA) est considérée comme la plus grande réforme du système fiscal américain depuis plus de trente ans. Elle comprend des modifications de l'impôt sur les sociétés et de l'impôt sur les revenus des personnes physiques qui ont des répercussions pour les donateurs et pour les organismes philanthropiques.

Droit d'accise sur les revenus nets de placement des fondations

La loi impose un droit d'accise de 1,39 % sur les revenus nets de placement de la plupart des fonds privés nationaux exemptés d'impôts, y compris les fondations d'exploitation privées. Si la taxe est en elle-même appliquée depuis 1969, son taux était jusqu'alors de 2 % (ou 1 % certaines années et sous certaines conditions). La TJCA en fait un impôt à taux fixe de 1,39 %.

Une fondation d'exploitation peut être exemptée (une règle inchangée par la TCJA) du droit d'accise si :

- elle bénéficie d'un soutien public depuis dix ans ;
- son organe directeur comprend moins de 25 % de « personnes disqualifiées » ;
- aucun de ses dirigeants n'est une « personne disqualifiée ».

Une personne disqualifiée est :

- un contributeur substantiel ; ou
- une personne qui détient plus de 20 % des droits de vote cumulés dans la société, des bénéfices d'un partenariat, ou de l'intérêt bénéficiaire dans un trust contribuant à l'OIG ; ou
- un membre de la famille d'une personne désignée au point (1) ou (2).

Droit d'accise sur les rémunérations excessives des dirigeants des organismes exemptés

La loi prévoit un droit d'accise de 21 % (sur la base du taux maximal de l'impôt sur les sociétés) sur les rémunérations supérieures à 1 000 000 USD par an versées par les organismes exemptés d'impôt. La taxe s'applique aux employés de l'organisme exempté d'impôt qui sont aux échelons supérieurs de la rémunération. La taxe s'applique également aux indemnités de départ.

Source : site Internet de l'IRS (Internal Revenue Service) et questionnaire de l'OCDE sur la fiscalité et la philanthropie

3.7. Abus portant sur les avantages fiscaux octroyés aux organismes philanthropiques

3.7.1. Exemples d'abus d'avantages fiscaux

Il y a abus des avantages fiscaux octroyés aux organismes philanthropiques lorsque le statut fiscal privilégié d'un fonds ou d'un OIG est utilisé indûment par l'organisme lui-même, des contribuables ou des donateurs, voire par des tiers, comme dans le cas de fraudeurs qui se feraient passer pour un organisme philanthropique, ou de professionnels de l'établissement de déclarations fiscales qui falsifieraient des déclarations afin d'escroquer l'État (OCDE, 2009[4]). L'abus d'avantages fiscaux et le détournement de fonds destinés à des fins publiques qui font l'objet de ce chapitre se concentrent sur les organismes eux-mêmes. Les abus peuvent prendre les formes suivantes :

- le versement de salaires et de rémunérations excessifs aux administrateurs et aux employés d'OIG et de fonds ;

- le détournement de fonds destinés à des fins publiques en vue de servir des intérêts privés, par exemple l'utilisation des ressources de l'organisme à des fins personnelles comme l'achat de voitures, de locaux, ou l'embauche de membre de la famille non qualifiés ;
- l'usurpation de la qualité d'OIG par un organisme à but lucratif pour bénéficier d'avantages fiscaux ;
- un investissement par un organisme philanthropique dans des sociétés détenues ou contrôlées par des employés de l'organisme ;
- la liquidation d'un OIG avec distribution du boni de liquidation à des personnes physiques au mépris des règles fiscales ;
- des emplois salariés déguisés en bénévolat (avec défaut de déclaration des salaires ou rémunérations) ;
- un organisme non inscrit à la TVA qui exerce des activités imposables.

Au Canada, les mécanismes impliquant des transactions entre des organismes philanthropiques et des personnes et entités présentant un lien de dépendance sont une source de préoccupation constante. Parmi ces transactions figurent par exemple des investissements réalisés par un organisme de bienfaisance dans une société détenue par des personnes physiques qui contrôlent cet organisme, ou des prêts à taux bas ou à taux zéro accordés à ces personnes ou sociétés. Ces montants présentent souvent un risque important de défaut de remboursement. La conclusion de contrats instituant des montants bien supérieurs à la juste valeur du marché entre des organismes de bienfaisance et des personnes physiques ou des sociétés qui contrôlent l'organisme s'analyse également en une transaction avec lien de dépendance. Il en va ainsi du versement de rémunérations, du paiement de dépenses personnelles et de l'octroi d'avantages en nature excédant la juste valeur du marché. En Colombie, plusieurs mécanismes de fraude ont été mis au jour, comme la constitution d'organismes philanthropiques fictifs afin de bénéficier d'avantages fiscaux tels que ceux prévus par le régime fiscal spécial des organismes à but non lucratif. Par exemple, la société M verse des fonds à l'OIG X, un organisme jouissant d'un traitement fiscal préférentiel. La société M bénéficie ainsi d'un crédit d'impôt correspondant à 25 % du montant du don, tandis que l'OIG X affecte le don reçu à des programmes dont la société M est un sous-traitant, cette dernière récupérant par conséquent le montant initialement versé sous forme de revenu. Pour faire obstacle à ces mécanismes, certains pays ont mis en place des politiques spécifiques, et notamment des règles strictes en matière de contrepartie pour le donateur, qui sont traitées au chapitre 4.

D'après un rapport de l'OCDE de 2009 consacré aux abus des organismes de bienfaisance à des fins de blanchiment d'argent et d'évasion fiscale, plusieurs pays ont identifié des mécanismes d'évasion fiscale liés aux organismes philanthropiques. Le Canada, la République tchèque et les États-Unis ont ainsi observé des stratagèmes consistant à créer un organisme philanthropique de manière à recevoir l'autorisation nécessaire pour émettre des reçus de dons, mais qui ne mène pas les activités servant la cause affichée, les auteurs du montage utilisant au contraire les fonds de l'organisme dans leur intérêt personnel (OCDE, 2009[4]). Selon le rapport, l'autorité fiscale canadienne a en outre constaté que les organismes de bienfaisance et les préparateurs de déclarations fiscales dont l'implication dans l'émission de faux reçus avait été établie n'avaient pas mis fin à leurs pratiques. À l'époque, le rapport de 2009 avait conclu que les suspicions de falsification de déclarations et de reçus s'étaient intensifiées avec les progrès des technologies d'impression. Les activités les plus douteuses semblaient impliquer des préparateurs de déclarations fiscales et le recours à des services électroniques.

3.7.2. Risque de financement du terrorisme

Autre enseignement de taille livré par le rapport de l'OCDE de 2009 : même si c'est rarement le cas, il arrive que le secteur philanthropique soit exploité à des fins terroristes. Par conséquent, les pays doivent rester vigilants face à certains risques et vulnérabilités. Aux États-Unis, les efforts de détection, les enquêtes et les poursuites visant les organismes philanthropiques ont démontré que l'exploitation des organismes philanthropiques à des fins terroristes était une réalité.

L'Australian Charities and Not-for-profits Commission (ACNC, 2020[5]) a rendu publics quelques-uns des mécanismes identifiés qu'utilisent les organisations terroristes pour exploiter les organismes philanthropiques aux fins de lever des fonds et de les affecter à leurs activités :

- un OIG résident partenaire d'une organisation située à l'étranger qui utilise ses fonds pour financer le terrorisme ;
- des organisations terroristes utilisant les actifs d'un organisme philanthropique (ex. véhicules, entreposage, etc.) ;
- des organisations terroristes tentant d'usurper le nom et le statut d'un organisme philanthropique pour lever des fonds à l'insu de l'organisme ;
- des organisations terroristes tentant d'infiltrer l'organisme philanthropique afin de détourner des fonds pour financer des fins terroristes ;
- une organisation terroriste montant et enregistrant un organisme philanthropique en dissimulant ses véritables intentions.

3.7.3. Détection des fraudes fiscales liées aux organismes philanthropiques

Pour lutter contre la fraude aux avantages fiscaux destinés aux organismes philanthropiques (ainsi que les mécanismes d'évasion fiscale et de financement du terrorisme), les pays doivent veiller à ce que les exigences administratives (notamment la procédure de demande, ainsi que les obligations déclaratives annuelles le cas échéant) permettent à l'organe de contrôle d'identifier et de surveiller les activités et les organismes suspects. Mais les organismes philanthropiques ont également un rôle à jouer pour limiter ces abus. Ainsi que nous l'avons vu, certains stratagèmes se déroulent à l'insu de l'organisme. C'est pourquoi il est important que les organismes eux-mêmes mènent régulièrement des enquêtes et des audits internes et fassent preuve d'une vigilance accrue avant de financer certains projets ou de s'associer à d'autres organisations.

Du côté de l'organe de contrôle de l'État, des vérifications poussées lors du traitement de la demande de statut ou de renouvellement de statut devraient permettre de détecter certains abus. En Belgique, l'administration fiscale vérifie notamment que l'organisme respecte les exigences relatives à l'établissement et la remise de reçus fiscaux, même si l'organisme a déjà été agréé par le passé (OCDE, 2009[4]).

Dans certains pays, les autorités fiscales enquêtent sur les cas de fraude dans le secteur philanthropique en conjonction avec d'autres autorités répressives. L'échange de bonnes pratiques et de renseignements entre les administrations fiscales et les autorités répressives permet aux pays de détecter et de surveiller plus efficacement les mécanismes de fraude fiscale.

Il est également important d'informer le public, et notamment les donateurs, sur les mécanismes mettant en cause des organismes philanthropiques. D'après le rapport de l'OCDE de 2009 consacré aux abus portant sur les organismes caritatifs, certains pays comme le Canada et les États-Unis ont réalisé des campagnes de sensibilisation pour alerter le public sur les risques associés à ces abus (OCDE, 2009[4]). Ainsi, le Canada et les États-Unis publient des alertes fiscales sur leurs sites Internet afin d'informer sur des stratagèmes relatifs aux dons (notamment les abris fiscaux) et sur les fraudes portant sur les dons aux organismes de bienfaisance qui sont organisées par certains intermédiaires (comme les préparateurs de déclarations fiscales). Au Canada, les contribuables peuvent consulter en ligne la liste des organismes de bienfaisance et s'informer sur les organismes enregistrés, les organismes nouvellement enregistrés, ceux dont le statut a été révoqué ou suspendu, ceux dont le statut a été définitivement annulé et ceux qui ont fait l'objet de pénalités. Les citoyens peuvent également accéder aux déclarations de renseignements annuelles remplies par les organismes enregistrés.

3.7.4. Règles en matière de rémunération et de dépenses totales d'emploi

Les organismes philanthropiques sont généralement soumis à une obligation de non-distribution tant que l'organisme est en activité. Mais la question de savoir si le paiement des salaires aux employés enfreint cette notion de non-distribution peut parfois se poser. En général, l'obligation ne fait pas obstacle au paiement d'une rémunération « raisonnable » en contrepartie de services (ou de la fourniture de biens). Certains pays prévoient des restrictions sur ce point, tandis que d'autres sont moins exigeants. La mise en place d'obligations de divulgation peut réduire les risques de rétributions excessives.

Pour éviter que les revenus non imposés et les dons reçus d'organismes philanthropiques ne servent les intérêts personnels d'individus associés à l'organisme, certains pays ont établi des règles strictes en matière de rémunération et de dépenses totales d'emploi. Au Canada par exemple, les administrateurs des OIG ont droit à une rémunération raisonnable pour les services rendus. Cette rémunération inclut des indemnités de présence et le remboursement des frais, mais ne peut constituer à proprement parler un salaire au titre de la fonction d'administrateur. En Suisse, les membres des comités ou des conseils de fondation (ou d'administration) travaillent bénévolement et n'ont en principe droit qu'au remboursement de leurs dépenses effectives ainsi que de leurs frais et débours. Toutefois, les membres du conseil de fondation (ou d'administration) qui fournissent des services spéciaux peuvent bénéficier d'une rémunération adéquate.

En Colombie, le budget destiné à l'indemnisation, à la rémunération ou au paiement, en numéraire ou en nature, au titre de salaires, de frais ou de commissions, des personnes occupant des postes de gestion ou de direction au sein d'un organisme philanthropique ne peut dépasser 30 % des dépenses annuelles totales de l'organisme. En cas de dépassement, l'organisme peut être déchu de son droit au régime fiscal spécial.

En Irlande, les membres du conseil d'administration et les *trustees* d'un OIG ne peuvent accepter de percevoir un salaire ou de bénéficier d'une quelconque contrepartie au seul titre de leur fonction. En revanche, ils peuvent se faire rembourser les dépenses raisonnables qu'ils engagent dans l'exercice de leur mission. De même, en Australie, les membres du conseil d'administration ne sont en principe pas rémunérés, mais ils peuvent être remboursés de leurs frais.

En Suède, les administrateurs ont droit à une rémunération, à condition que l'OIG utilise la majeure partie de ses revenus aux fins de la cause qu'il défend. Aux Pays-Bas, les OIG peuvent recourir à des bénévoles, qui peuvent percevoir une modique indemnisation au titre de leur travail. Si l'indemnisation correspond au prix du marché, le bénévole sera considéré comme un employé et sera soumis au régime général des employés. En Afrique du Sud, les employés et les membres du conseil d'administration des organismes philanthropiques ont droit à une rémunération qui est imposée comme leur revenu personnel. De plus, 75 % de l'ensemble des dons reçus par les organismes philanthropiques doivent être affectés annuellement à la cause qu'ils défendent. Les 25 % restants peuvent être utilisés pour la rémunération des employés et des personnes intervenant dans l'entité ainsi que pour les autres dépenses. Les États-Unis appliquent un impôt de 21 % aux rémunérations excessives (supérieures à 1 000 000 USD) pour les cinq employés les mieux payés des organismes exemptés (voir encadré 3.4 pour plus de précisions).

Références

ACNC (2020), *Governance Toolkit: Financial Abuse*, https://www.acnc.gov.au/for-charities/manage-your-charity/governance-hub/governance-toolkit/governance-toolkit-financial. [5]

Henry, K. et al. (2009), *Australia's Future Tax System*, https://treasury.gov.au/review/the-australias-future-tax-system-review. [2]

OECD (2019), *Tax Administration 2019: Comparative Information on OECD and Other Advanced and Emerging Economies*, OECD Publishing, Paris, https://dx.doi.org/10.1787/74d162b6-en. [1]

OECD (2009), *Report on abuse of charities for money-laundering and tax evasion*, http://oecd.org/dataoecd/30/20/42232037.pdf. [4]

Tax Working Group (2019), *Future of Tax: Final Report*, Tax Working Group, https://taxworkinggroup.govt.nz/resources/future-tax-final-report-vol-i. [3]

Notes

[1] Dans ce rapport, la taxe sur la valeur ajoutée (TVA) et les taxes équivalentes frappant les biens et les services dans certains pays sont regroupées sous l'acronyme « TVA ».

[2] Dans la région de Bruxelles Capitale par exemple, un taux réduit de 7% est appliqué aux legs (biens mobiliers et immobiliers).

4 Le traitement fiscal des dons

Ce chapitre présente une vue d'ensemble du traitement fiscal des dons philanthropiques et des donateurs dans les pays membres de l'OCDE et dans une sélection de pays participants. Les deux premières sections explorent successivement les incitations fiscales à la philanthropie des particuliers et les incitations à la philanthropie des entreprises dans les différents pays. La dernière section aborde les risques d'évasion et de fraude fiscales associés à ces dispositifs, et les mesures prises par les États pour lutter contre les abus.

4.1. Introduction

4.1.1. Caractéristiques du don philanthropique

Le don philanthropique est l'acte de transférer volontairement des ressources privées à une œuvre philanthropique reconnue comme telle sans recevoir ni attendre quoi que ce soit de valeur égale en échange. Le don philanthropique peut être le fait d'un particulier (« personne physique ») ou d'une entreprise ou organisation (« personne morale »), et avoir pour bénéficiaire une fondation ou un fonds (ci-après, collectivement, « fonds ») ou un organisme d'intérêt général (« OIG »). Le don peut toutefois donner droit à une contrepartie (c'est-à-dire, un avantage matériel pour le donateur) sous la forme d'un bien ou d'une prestation de service, dès lors qu'elle reste dans les limites réglementaires applicables. Dans plusieurs pays tels que l'Australie, l'Autriche, le Canada, le Royaume-Uni et les États-Unis, cette contrepartie est traitée sur la base de la juste valeur marchande du bien ou du service acquis auprès du fonds ou de l'organisme philanthropique bénéficiaire. Des exemples de contrepartie aux fins de cette définition sont l'achat par un particulier d'un billet d'entrée à une manifestation caritative, ou le parrainage d'un OIG par une entreprise en échange de publicité.

Les dons philanthropiques sont une source importante de financement pour les fonds et les OIG. Tous les pays couverts dans ce rapport pratiquent, sous une forme ou une autre, des incitations fiscales destinées à encourager les dons philanthropiques. La générosité et la conception de ces mesures varient. Les pays peuvent choisir d'encourager seulement certaines formes de don ou de soutenir davantage telle ou telle catégorie de donateurs définie par le niveau de revenu ou de patrimoine ou par le statut (personnes physiques ou personnes morales).

La conception des incitations fiscales pour les dons philanthropiques dépend de quatre caractéristiques du transfert : 1) le donateur, 2) le mode de don, 3) la nature du don et 4) le donataire. Comme on le voit dans le graphique 4.1, le donateur peut être une personne physique – un particulier – ou une personne morale – une entreprise –, ce qui a des implications pour le motif et le moyen (l'impôt utilisé) de l'incitation. Pour ce qui est des personnes physiques, nous faisons la distinction entre les dons effectués par la personne de son vivant (dons entre vifs) et les dons intervenant au décès du donateur (legs et donations testamentaires). Pour les personnes morales, concernant les activités au profit d'organismes d'intérêt général, nous faisons la distinction entre les dons à proprement parler (dans lesquels entrent ce qui est appelé « mécénat d'entreprise » dans certains pays) et les versements de parrainage, qui sont des frais susceptibles d'être déduits en charges. Les dons eux-mêmes peuvent être effectués en numéraire ou en nature (p. ex., biens immobiliers, titres, biens culturels, voire, dans certains cas, don de sang ou d'organes). Enfin, le type de bénéficiaire (le donataire) est important, car il détermine le caractère philanthropique du don. Ce chapitre compare et confronte les différentes manières dont les pays utilisent leur système fiscal pour encourager les dons et la façon dont ils conçoivent ces incitations pour qu'elles s'appliquent aux différentes formes du don philanthropique.

Graphique 4.1. Différentes implications fiscales en fonction des caractéristiques du don

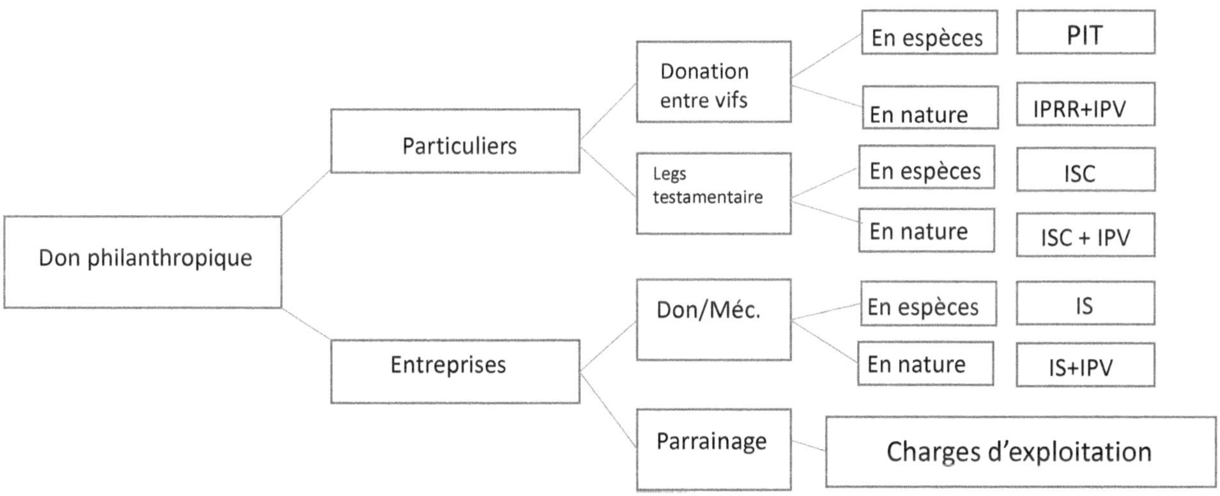

Note : il s'agit là des implications fiscales les plus probables des dons philanthropiques aux fonds et aux OIG. Dans la plupart des cas, les dons directs à des personnes ne sont pas considérés comme répondant aux critères du don philanthropique, mais relèvent de la fiscalité générale, et, à ce titre, peuvent être soumis à l'impôt sur les donations ou les successions. Abréviations pour les types d'impôt : IRRP – impôt sur le revenu des personnes physiques ; IPV = impôt sur les plus-values ; ISC = impôt successoral ; IS = impôt sur les bénéfices des sociétés.

4.1.2. Admissibilité aux incitations fiscales

Pour que les dons philanthropiques, quelle que soit leur forme, puissent ouvrir droit au bénéfice des avantages fiscaux, ils doivent être effectués au profit de donataires (OIG ou fonds) eux-mêmes admissibles, c'est-à-dire, légalement reconnus comme tels. Aucun des pays étudiés (à de rares exceptions près – voir l'encadré 4.1) n'offre d'incitations fiscales pour les dons versés directement (c'est-à-dire, sans passer par un fonds ou un OIG) à des personnes dans le besoin. Au demeurant, de tels transferts peuvent être frappés de droits de succession ou de donation. De même, les dons versés à des OIG ou des fonds et qui sont destinés à des bénéficiaires nommés ne sont généralement pas admissibles aux dispositifs d'incitation. Plusieurs raisons peuvent amener les pays à imposer la présence d'intermédiaires (fondations, fonds ou OIG) entre les donateurs et les bénéficiaires ultimes de la philanthropie. Vérifier que chaque don potentiellement admissible répond bien aux critères de l'activité « à but non lucratif », servant « une cause noble » et reconnue « d'intérêt général » créerait une lourde charge administrative pour les États et les donateurs. Par conséquent, il est plus efficace de charger les fonds et les OIG de s'assurer que les dons qu'ils reçoivent entrent dans le champ des règles régissant les incitations fiscales à la philanthropie.

Encadré 4.1. Exceptions aux règles sur les dons directs à des particuliers

La loi chilienne relative aux situations d'urgence nationale

Au Chili, les dons philanthropiques versés directement à des personnes physiques (c'est-à-dire, sans l'intermédiaire d'un fonds ou d'un OIG) sont exonérés de tout impôt les concernant et déductibles de la base de l'IS s'ils sont effectués dans le contexte d'une situation d'urgence nationale.

La loi *Virginia Beach Strong* aux États-Unis

La loi dite « Virginia Beach Strong » dispose que les dons en numéraire adressés directement aux familles des victimes de la fusillade de masse survenue à Virginia Beach (Virginie) le 31 mai 2019 sont déductibles fiscalement au même titre que les dons à des organismes admissibles, quoiqu'ils soient effectués au bénéfice exclusif de personnes physiques.

4.1.3. Principaux constats

Le présent chapitre fait un certain nombre de constats clés.

- La majorité des pays étudiés pratiquent des déductions fiscales pour encourager les dons philanthropiques des personnes physiques et des personnes morales. D'autres optent pour un système de crédits d'impôt et, dans certains cas, les dons sont abondés ou facilités par un dispositif de dotation. Les systèmes de déduction sont plus couramment employés pour les incitations visant les personnes morales que pour celles s'adressant aux particuliers.
- Les pays limitent généralement le montant de la réduction ou du crédit d'impôt à une fraction du revenu imposable ou du revenu global, à une fraction de l'impôt sur le revenu exigible, à une somme fixe ou à une combinaison de plafonds, ou encore plafonnent le montant du don lui-même.
- Dans les pays sans réelle tradition du don philanthropique, un dispositif de dotation peut être utile pour sensibiliser les contribuables, soutenir financièrement des fonds et des OIG, et créer des liens plus forts entre le grand public et les organismes philanthropiques.
- Les pays qui prélèvent un impôt sur la succession ou sur la masse successorale prévoient généralement un dispositif d'allégement fiscal préférentiel pour les legs à caractère philanthropique. Si le pays impose les successions, le fonds ou l'OIG qui reçoit le legs est redevable de l'impôt et est donc le bénéficiaire de l'allégement fiscal. Si le pays, en revanche, impose la masse successorale, l'impôt comme l'allégement fiscal sont attachés au patrimoine du défunt.
- Enfin, la majorité des pays qui offrent des incitations aux dons en numéraire des particuliers encouragent également les dons en nature. Pour ces dons non monétaires, le pays peut exiger une estimation précise au-delà d'un certain seuil de valeur probable, imposer des règles d'estimation différenciées en fonction du type de bien, n'exiger aucune estimation particulière ou vérifier a posteriori l'estimation fournie.

- Dans la plupart des pays, les versements à des organismes philanthropiques en contrepartie d'une publicité sont traités comme des charges déductibles du résultat de l'entreprise s'ils ont un lien suffisant avec la génération de chiffre d'affaires. Ces versements peuvent toutefois avoir des implications fiscales pour les OIG qui les perçoivent.
- Les risques d'évasion et de fraude fiscales communément associés aux allégements fiscaux pour les dons philanthropiques recouvrent diverses situations : organisme philanthropique admissible qui participe volontairement à une fraude fiscale au profit d'un donateur ; justificatifs de don et reçus fiscaux falsifiés par l'organisme philanthropique, le responsable de la déclaration fiscale ou le donateur ; paiement de biens ou de services déguisé en don ; dons dont la valeur est surestimée ; don de biens dans lesquels le donateur conserve un intérêt.

Ce chapitre se déroule comme suit. La section 4.2 résume les politiques fiscales des pays pour encourager les dons philanthropiques des particuliers. Dans cette section, les dispositifs d'incitation des différents pays sont examinés en détail, puis une analyse est faite des règles fiscales applicables aux dons en nature des particuliers. La section 4.3 fournit un aperçu des dispositions fiscales visant à encourager la philanthropie des entreprises. Cette section couvre la conception des mesures fiscales selon les pays, ainsi que les règles particulières s'appliquant au parrainage d'organismes philanthropiques en contrepartie d'une publicité. Enfin, la section 4.4. aborde les risques d'évasion fiscale et d'abus qui s'attachent aux incitations fiscales examinées dans ce chapitre.

4.2. Dons philanthropiques des particuliers

Dans la plupart des pays étudiés, les contribuables personnes physiques qui donnent, de leur vivant, à un fonds ou à un OIG admissible reçoivent une forme d'avantage fiscal. Les dons philanthropiques des particuliers peuvent se faire du vivant de la personne, sous la forme de dons manuels (dons entre vifs) ou à sa mort, par legs testamentaire (mutations à titre gratuit par décès). Les dons des particuliers sont encouragés, directement ou indirectement, par des avantages fiscaux s'appliquant aux revenus et éventuellement aux plus-values des personnes physiques. Presque tous les pays étudiés offrent un encouragement fiscal aux particuliers qui donnent, durant leur vie, à des fonds ou des OIG agréés. En l'absence de tels dispositifs, les contribuables personnes physiques qui font des dons le font entièrement sur leur revenu après impôt ; cela n'a aucune incidence sur le montant de leur impôt exigible ni, partant, sur le montant de leur don (c'est le cas à Malte).

La conception des incitations fiscales pour les donateurs particuliers diffère d'un pays à l'autre et dépend de la nature du don. Un don philanthropique peut se faire en numéraire (don en espèces) ou être non monétaire (don en nature). Les dons en nature peuvent consister en

- biens immeubles et droits intellectuels,
- titres et valeurs mobilières,
- stocks de marchandises,
- biens culturels,
- autres biens mobiliers,
- services (bénévolat),
- dons de sang ou d'organes.

Parmi ces formes de don, pas une ne donne partout droit à des avantages fiscaux. Les pays peuvent choisir de limiter leurs incitations fiscales aux seuls dons en espèces (cas de l'Autriche, de la Finlande, d'Israël, de la Nouvelle-Zélande, de la Norvège et de la Suède) ou restreindre sensiblement l'importance et la forme des dons en nature. Les dons en nature posent par ailleurs des problèmes d'estimation, ce qui peut avoir des implications pour la fiscalité des plus-values.

Cette section donne une vue d'ensemble du traitement fiscal des dons effectués par les particuliers dans les différents pays ; elle est organisée comme suit : un aperçu de la conception des politiques fiscales destinées à soutenir et à encourager la philanthropie (déductions, crédits, systèmes d'abondement et dispositifs de dotation), suivi d'une discussion sur les incitations fiscales pour les legs testamentaires à vocation philanthropique. Enfin, cette section couvre le traitement des dons en nature dans les politiques fiscales, notamment les règles relatives à l'estimation de la valeur des dons ainsi que les éventuelles implications en matière de fiscalité des plus-values.

4.2.1. Incitations fiscales aux dons en espèces des particuliers

Dans la grande majorité des pays étudiés, les dons en espèces consentis par les particuliers sont fiscalement déductibles. D'autres pays optent pour un système de crédits d'impôt et, dans certains cas, prévoient l'abondement des dons ou leur facilitation par un dispositif de dotation. Bien que les dispositifs de dotation ne soient pas des incitations fiscales à proprement parler, ils sont couverts ici, car ils font partie des outils des politiques fiscales destinées à soutenir la philanthropie et sont administrés par le biais de la fiscalité. Le Tableau 4.1 montre que les dons sont déductibles du revenu des personnes physiques dans 22 des pays étudiés. Les « déductions fiscales » soustraient effectivement le montant du don, ou une partie de ce montant, de la base d'imposition du revenu des personnes physiques avant calcul de l'impôt, réduisant ainsi le montant imposable avant le calcul de l'impôt exigible. Les déductions qui sont liées à des tranches d'imposition progressives peuvent devenir régressives puisque la valeur des déductions fiscales augmente avec les taux marginaux d'imposition. S'agissant des dons déductibles, cela signifie que, dans les pays où l'impôt sur le revenu des personnes physiques (IRPP) est progressif, le coût du don est moins élevé pour les riches.

Un autre aspect à prendre en considération est la différenciation ou non des catégories de ressources entrant dans la base d'imposition – le pays a-t-il un système d'impôt cédulaire sur le revenu, ou un système d'impôt général, portant sur le revenu global ? Dans ce dernier cas, le revenu brut, les déductions et les crédits d'impôt sont déterminés séparément pour chaque catégorie de revenu en fonction de son origine (revenu du travail et revenu du capital, par exemple). Étant donné que les taux peuvent varier d'un type à l'autre, l'incidence de l'incitation peut elle aussi varier. Par exemple, les pays ayant un système d'imposition différenciée des revenus peuvent appliquer un taux d'imposition progressif au revenus du travail et un taux forfaitaire aux revenus du capital. Par conséquent, une déduction ne serait régressive que lorsqu'elle est autorisée pour les revenus du travail.

Onze pays encouragent les dons par des crédits d'impôt. Un crédit d'impôt est un montant qui est déduit directement de l'impôt à payer, après que celui-ci a été calculé. Contrairement aux déductions fiscales, la valeur des crédits d'impôt est égale pour tous les contribuables (tant que leur impôt à payer est égal ou supérieur à la valeur du crédit). Si la valeur du crédit est supérieure à l'impôt dû d'un particulier, le crédit doit être remboursable pour que le contribuable puisse bénéficier pleinement de l'incitation (c'est le cas en Nouvelle-Zélande, par exemple). Un pays (le Japon) offre aux donateurs le choix entre une déduction fiscale et un crédit d'impôt.

Le Royaume-Uni, l'Irlande, la Norvège et Singapour disposent d'un système d'abondement, dans le cadre duquel l'État complète les dons à un certain taux afin que l'organisme destinataire du don puisse réclamer l'allégement fiscal. Au Royaume-Uni et en Irlande, le montant de l'abondement est lié au taux de l'IRPP du donateur.

Tableau 4.1. Incitations fiscales aux dons des particuliers

Pays	Déduction fiscale	Crédit d'impôt	Système d'abondement	Dispositif de dotation	Autre
Argentine	X				
Australie	X				
Autriche	X				
Bulgarie	X				
République tchèque	X				
Suisse	X				
Allemagne	X				
Estonie	X				
Finlande	X				
Indonésie	X				
Inde	X				
Italie	X	X		X	
Lettonie	X				
Luxembourg	X				
Mexique	X				
Pays-Bas	X				
Norvège	X		X		
Roumanie				X	
Singapour	X		X		
Slovénie	X			X	
États-Unis	X				X[2]
Afrique du Sud	X				
Japon	X	X			
Belgique		X			
Canada		X			
Chili		X			
Colombie		X			
France		X			
Grèce		X			
Israël		X			
Nouvelle-Zélande		X[1]			
Portugal		X		X	
Suède		X			
Royaume-Uni			X		
Irlande			X		
Hongrie				X	
Lituanie				X	
République slovaque				X	
Malte					X[3]

Notes :
1. Le crédit d'impôt est intégralement remboursable.
2 Certains États réservent les crédits d'impôt à certains types de dons.
3 Les dons de valeurs mobilières et de biens immeubles faits à des OIG admissibles ne seraient pas soumis à l'impôt.
Source : questionnaire de l'OCDE sur la fiscalité et la philanthropie ; sites web des ministères des Finances

La Roumanie, la Slovénie, le Portugal, la Hongrie, la Lituanie et la République slovaque ont institué un dispositif de dotation fiscale pour soutenir les organismes philanthropiques. Dans ces pays, l'administration fiscale permet aux contribuables de désigner, directement dans leur déclaration, un fonds ou un OIG comme donataire d'un pourcentage ou d'un montant déterminé de leur impôt sur le revenu. En soi, un tel dispositif n'est ni une incitation fiscale ni un acte de don. Comme nous l'avons vu au début de ce chapitre, les dons philanthropiques impliquent le transfert volontaire de ressources privées ; or les ressources transférées aux fonds et aux OIG par un système de dotation pur constituent de l'argent public. Néanmoins, certains font valoir que les dispositifs de dotation peuvent servir l'essor d'une culture du don philanthropique dans les pays où il n'y a pas de tradition de philanthropie (Bullain, 2004[1]). Mais un tel système peut aussi freiner les dons philanthropiques, car les contribuables seront moins enclins à utiliser leurs ressources privées pour soutenir des fonds et des OIG s'ils peuvent le faire avec des ressources publiques (Bullain, 2004[1]).

4.2.2. Déductions fiscales

Dans les pays pratiquant les déductions fiscales, le don (ou une partie de celui-ci) est déductible de la base de l'IRPP dans une limite qui peut être exprimée comme une valeur fixe ou comme une fraction du revenu imposable ou du revenu global. Pour limiter le montant de la déduction, les pays peuvent : plafonner la fraction du don qui est déductible (p. ex., 50 % de la valeur du don est déduite de la base de l'IRPP), limiter la déduction à une fraction du revenu imposable ou du revenu global (p. ex., 20 % au maximum de la base de l'IRPP), ou limiter le montant de la déduction à une valeur fixe (p. ex., 1 000 EUR au maximum). Le tableau 4.2 montre que les pays utilisent différentes combinaisons de plafonds avec différents niveaux de générosité.

Les décisions concernant les plafonds à utiliser ont des implications politiques sur les catégories de revenus visées par la subvention fiscale et sur le montant des dons que celle-ci encourage le plus. Ainsi, si le plafond représente une fraction assez faible du revenu global, mais permet une limite fixe élevée, les contribuables à hauts revenus continueront à bénéficier d'un avantage marginal pour les dons de grande valeur. Si, en revanche, le plafond est fixé à une fraction élevée du revenu global, mais que la limite fixée pour la déduction est basse, l'avantage marginal pour tout don dépassant la limite fixée sera nul. En Allemagne, par exemple, les déductions sont simplement plafonnées à 20 % du revenu global[1], tandis qu'en Estonie, les déductions sont plafonnées à 50 % du revenu imposable, dans la limite de 1 200 EUR.

Plafonnement de la déduction à une fraction du revenu imposable ou du revenu global

Le tableau 4.2 montre qu'un certain nombre de pays (Argentine, Autriche, Bulgarie, Suisse, Allemagne, Indonésie, Italie, Mexique, Pays-Bas, Slovénie, États-Unis et Afrique du Sud) recourent à des plafonds uniquement fondés sur un pourcentage du revenu (et non sur une valeur fixe). Dans ces pays, le coût marginal des dons importants est plus faible pour les particuliers fortunés, quel que soit le taux de l'IRPP, puisque le plafond de déduction s'élève avec le revenu. Certes, puisque la plupart des pays ont un IRPP progressif, le coût des dons est encore plus faible pour les contribuables des tranches supérieures, mais cet effet est indépendant de la nature du plafond (fraction du revenu global ou valeur fixe).

Parmi les 12 pays mentionnés ci-dessus, l'Argentine, l'Indonésie, l'Italie et la Slovénie pratiquent les plafonds les plus bas. En Argentine, les particuliers peuvent déduire les dons dans la limite de 5 % des « revenus annuels » de source argentine. En Indonésie, les dons d'un montant inférieur ou égal à 5 % du revenu net courant sont déductibles de l'assiette de l'IRPP et, pour pouvoir bénéficier de la déduction, le contribuable doit avoir déclaré un revenu net (et non une perte) dans sa déclaration de revenus de l'année précédente, et le don ne doit pas donner lieu à une perte pour l'exercice courant. En Italie, les contribuables personnes physiques peuvent choisir entre une déduction ou un crédit d'impôt. Les contribuables ayant un taux marginal d'imposition plus élevé sont davantage incités à opter pour la déduction. En outre, le don ne peut pas avoir été versé en espèces (il doit avoir été fait par un moyen traçable tel que virement bancaire ou paiement numérique), ce afin de réduire les risques d'abus et de fraude fiscale. La déduction fiscale pour les dons des particuliers est plafonnée à 10 % du revenu imposable. En Slovénie, la déduction est réservée aux contribuables qui déclarent des bénéfices industriels et commerciaux, les autres pouvant faire usage d'un dispositif de dotation. Pour les premiers, les dons déductibles sont ceux qui sont effectués en faveur de causes bien définies : action humanitaire, aide aux personnes handicapées, aide sociale, bienfaisance, sciences, éducation, santé, sports, culture, écologie, religion et utilité publique générale. La déduction peut aller jusqu'à 0.3 % du revenu imposable pour l'année fiscale. En outre, un contribuable peut bénéficier d'une déduction de 0.2 % au maximum de son revenu imposable pour l'année fiscale considérée au titre des dons versés à des œuvres culturelles ou à des associations de bénévoles œuvrant à la protection contre les catastrophes naturelles, déduction qui peut être étalée sur trois années fiscales. La déductibilité est régie par une règle générale selon laquelle la somme de l'ensemble des avantages fiscaux invoqués (au-delà des seules incitations aux dons philanthropiques) ne peut excéder 63 % de la base d'imposition.

Tableau 4.2. Plafonnement des déductions fiscales pour les dons des particuliers

Pays	Fraction du don qui est déductible	Plafond	Plancher
Argentine	100 %	5 % du revenu annuel	
Australie	100 %	La déduction pour don ne doit pas donner lieu une perte fiscale.	2 AUD
Autriche	100 %	10 % du revenu global	
Bulgarie	100 %	65 % du revenu imposable (après la déduction)	
République tchèque	100 %	15 % du revenu imposable	2 % de la base d'imposition ou 1 000 CZK
Estonie	100 %	1 200 EUR et 50 % du revenu imposable	
Finlande	100 %	500 000 EUR	850 EUR
Allemagne	100 %	20% du montant total du revenu	
Inde	50 % – 100 %	10 % du revenu brut global	
Indonésie	100 %	5 % du revenu net courant	
Italie	100 %	10 % du revenu imposable	
Japon	100 %	40 % du revenu global	2 000 JPY
Lettonie	100 %	600 EUR et 50 % du revenu annuel imposable	
Luxembourg	100 %	1 000 000 EUR ou 20 % du revenu net	120 EUR
Mexique	100 %	Pour les dons aux organismes privés : 7 % du revenu cumulé de l'année précédente Pour les dons aux organismes publics : 4 % du revenu cumulé de l'année précédente	
Pays-Bas	100 %	10 % du revenu global	1 % du revenu global et 60 EUR au minimum
Norvège	100 %	50 000 NOK	500 NOK
Singapour	250 %	Pas de limite	
Slovénie	100 %	0.5 % du revenu imposable	
Afrique du Sud	100 %	10 % du revenu imposable	
Suisse	100 %	20 % du revenu imposable	100 CHF
États-Unis	100 %	60 % ou 30 % du revenu brut ajusté en fonction du bénéficiaire	

Source : questionnaire de l'OCDE sur la fiscalité et la philanthropie ; sites web des ministères des finances

En Bulgarie, au Mexique, aux Pays-Bas et en Slovénie, les règles de déduction varient en fonction des causes visées. En Bulgarie, les limites de la déduction varient en fonction de la cause servie par le fonds ou l'OIG donataire. Les dons sont déductibles de la base annuelle de l'IRPP dans la limite d'un plafond global de 65 % de la base d'imposition après déductions. Pour les dons individuels, les plafonds diffèrent encore en fonction du donataire :

- jusqu'à 5 % de la base d'imposition annuelle lorsque le donataire entre dans l'une des catégories suivantes :
  - établissements de santé et de soins ;
  - services sociaux pour les soins résidentiels ainsi que services de l'Agence d'assistance sociale et du Fonds de protection sociale relevant du Ministère du travail et de la politique sociale ;
  - crèches, jardins d'enfants, écoles, collèges, lycées et universités publics ;
  - établissements publics au sens de la Loi comptable du 8 décembre 2015 ;
  - associations confessionnelles (toutes religions) enregistrées dans le pays ;
  - initiatives spécialisées ou coopératives de personnes handicapées ;
  - Croix-Rouge bulgare ;
  - instituts culturels et centres communautaires ;
  - OIG à l'exception de ceux soutenant la culture ;
  - Fonds bulgare pour la promotion de l'efficacité énergétique et des énergies renouvelables ;
  - groupes thérapeutiques pour le traitement des toxicomanies ;
  - Fonds des Nations unies pour l'enfance (UNICEF) ;
- jusqu'à 15 % de la base d'imposition annuelle pour les dons en faveur de la culture ;
- jusqu'à 50 % de la base d'imposition annuelle pour les dons au
  - Fonds national d'assurance maladie en faveur des soins médicaux aux enfants.

Au Mexique, les plafonds de déduction varient en fonction de la nature du bénéficiaire. Les dons aux organismes philanthropiques privés ne sont déductibles que dans la limite de 7 % du « revenu cumulé » perçu par le contribuable au cours de l'année précédant immédiatement la déduction. Le Mexique encourage également les dons aux collectivités locales. Les dons en faveur de l'État fédéral, des administrations fédérales, des villes ou de leurs organismes décentralisés ne sont déductibles qu'à hauteur de 4 % du revenu cumulé du contribuable au cours de l'année précédente (les dons aux établissements ou institutions relevant des collectivités locales n'entrent pas dans le cadre de ce rapport et ne sont donc pas couverts plus en détail ailleurs). La somme des dons aux organismes philanthropiques privés et aux établissements publics ne doit pas excéder 7 % du « revenu cumulé » perçu par le contribuable au cours de l'année précédant immédiatement la déduction.

Aux Pays-Bas, les dons sont déductibles si leur montant unitaire est compris entre 1 % (avec un minimum 60 EUR) et 10 % du revenu global du donateur. Ce seuil et ce plafond ne s'appliquent pas aux engagements de dons faisant l'objet d'une promesse écrite (devant huissier) pour une période d'au moins cinq ans. Un multiplicateur s'applique aux dons aux OIG dans le secteur culturel : 1.25 fois le montant du don, dans la limite de 1 250 EUR. Il n'y a pas de dispositions de reconduction et les dons ne sont déductibles que l'année où ils ont été effectués. Les commerçants, artisans et indépendants peuvent déduire en tant que frais professionnels les dons effectués dans le contexte de la génération de chiffre d'affaires. Pour toutes les autres personnes physiques, les versements à des organismes philanthropiques sont déductibles en tant que dons.

En République tchèque, les dons aux collectivités locales ou aux organismes philanthropiques admissibles sont déductibles de la base de l'IRPP dans la limite de 15 % du revenu imposable après prise en compte des frais déductibles. Seuls sont déductibles les dons d'une valeur d'au moins 2 % du revenu imposable ou 1 000 CZK si ce montant est plus petit.

L'Autriche, l'Australie, l'Allemagne et les États-Unis prévoient la déductibilité des dons à un large éventail d'organismes philanthropiques, mais réglementent par ailleurs les dons dont l'auteur tire un avantage pour lui-même (règles en matière de contreparties). En Autriche, les dons en numéraire des particuliers sont déductibles de la base de l'IRPP l'année où l'argent a été versé, dans la limite de 10 % du revenu global, et le report de la déduction à une année ultérieure n'est pas autorisé. L'Autriche a également des règles très spécifiques en matière de contrepartie du don, par exemple dans le cadre d'une collecte de fonds. Lorsqu'un don à un fonds ou un OIG prend la forme d'un achat de bien ou de service à un prix majoré, la fraction du prix qui dépasse la juste valeur marchande du bien ou du service acquis peut être déduite par le donateur. Lorsque, dans une vente aux enchères caritative, une personne fait don d'un bien qui est acheté par une autre, le donateur peut déduire la valeur marchande du bien. L'acheteur peut, de son côté, déduire le montant correspondant à la différence entre la juste valeur marchande du bien et le prix acquitté.

En Australie, les dons au-delà de 2 AUD sont déductibles de l'IRPP. Il n'y a pas de plafond spécifique à la valeur déductible. La seule limite est que les déductions ne doivent pas donner lieu à une perte fiscale. Les contribuables peuvent toutefois étaler un don sur plusieurs années fiscales (cinq au maximum). En outre, l'Australie distingue entre les dons en échange desquels le donateur reçoit une contrepartie de ceux qui se font sans contrepartie pour le donateur. Lorsque le donateur reçoit une contrepartie en retour (p. ex., achat d'un billet pour une manifestation de collecte), le don n'est déductible que si la contrepartie n'excède pas 150 AUD et 20 % de la valeur totale du don.

Aux États-Unis, la déduction de dons effectués par les particuliers au profit d'organismes philanthropiques est généralement limitée à 60 %[2] du « revenu brut ajusté » (mais à 30 % pour les dons aux fondations privées). Les dons dépassant ces plafonds peuvent être reportés sur cinq années au maximum. Pour bénéficier de la déductibilité de leurs dons, les contribuables doivent « détailler » leurs déductions et ils ne peuvent pas opter pour la « déduction standard » (voir l'encadré 4.2). Dans le cas de l'achat à un fonds ou un OIG agréé d'un bien ou d'un service à un prix supérieur à sa juste valeur marchande (p. ex., un billet d'entrée pour une manifestation de collecte de fonds), le prix excédentaire (la différence entre le prix acquitté et la juste valeur marchande du bien ou du service) peut être considéré comme un don philanthropique et est déductible fiscalement. Toutefois, pour que ce prix excédentaire soit admissible, le particulier doit l'acquitter dans l'intention de faire un don caritatif (c'est-à-dire qu'il doit avoir conscience qu'il paie plus que la juste valeur marchande du bien ou du service).

En Allemagne, les dons sont considérés comme des frais spéciaux et sont déductibles de la base de l'IRPP, dans la limite de 20 % du revenu global (ou, pour les contribuables commerçants et artisans, 4 % de la somme du chiffre d'affaires total et des salaires et traitements versés au cours de l'année civile). Les cotisations et frais d'adhésion à des organismes de promotion du sport, d'activités culturelles, du patrimoine ou des coutumes et traditions ne sont pas déductibles. De même, l'Allemagne a des règles strictes en matière de contreparties, de sorte que, contrairement à ce qui se fait aux États-Unis ou en Australie, l'achat de biens et de services à un prix supérieur à leur juste valeur marchande auprès de fonds et d'OIG (comme dans l'exemple susmentionné de billets pour une manifestation de collecte) n'ouvre pas droit à déduction.

Au Japon, le montant d'un don admissible au-delà de 2 000 JPN est déductible du revenu du contribuable dans la limite de 40 % de son revenu global. Un don est admissible à l'avantage fiscal s'il est fait à une association ou une fondation d'intérêt public constituée en société ou à une autre société ou un autre groupe qui exerce ses activités dans l'intérêt du public et qui remplit les conditions examinées au chapitre 3. Le Japon est un cas unique, car il permet aux donateurs de choisir entre une déduction fiscale et un crédit d'impôt (pour certains dons). La conception du crédit d'impôt est examinée dans la section suivante.

En Suisse, les dons supérieurs à 100 CHF sont déductibles dans la limite de 20 % du revenu imposable aux fins de l'impôt fédéral sur le revenu. Pour l'impôt cantonal sur le revenu, les seuils diffèrent parfois. La majorité des cantons suisses ont adopté le seuil de déductibilité et le montant minimum de don définis au niveau fédéral. Certains ont toutefois supprimé le montant minimum des dons ou laissent au Conseil de canton le pouvoir de modifier le seuil de 20 % au cas par cas lorsqu'il existe un « intérêt public considérable » au regard de la cause visée. En Afrique du Sud, les dons aux secteurs de l'action sociale et humanitaire, de la santé, de l'éducation et de la formation, de la protection de la nature, de l'environnement et du bien-être animal sont déductibles de la base de l'IRPP dans la limite de 10 % du revenu imposable ; en outre, des dispositions de reconduction s'appliquent.

Encadré 4.2. Implications de la TCJA américaine pour l'activité de don philanthropique

Promulguée le 22 décembre 2017, la *Tax Cuts and Jobs Act* (TCJA) est considérée comme la plus grande réforme du système fiscal américain depuis plus de trente ans. Elle comprend des modifications de l'impôt sur les sociétés et de l'impôt sur le revenu des personnes physiques qui ont des répercussions pour les donateurs et pour les organismes philanthropiques.

Aux États-Unis, les contribuables disposent de deux options pour déclarer leurs dépenses déductibles : la déduction forfaitaire (*standard deduction*), ou, si la somme des éléments déductibles dépasse le montant de la déduction forfaitaire, les déductions détaillées (*itemized deductions*). Les dons caritatifs ne faisant pas partie des éléments couverts par la déduction standard, ils ne peuvent être déduits que par les contribuables qui utilisent les déclarations détaillées ; l'incitation fiscale à donner à des causes philanthropiques ne touche donc que cette dernière catégorie de contribuables.

La TCJA a pratiquement doublé la déduction standard et a plafonné à 10 000 USD la déduction pour les impôts locaux et régionaux (au niveau de l'État fédéré). Puisque les contribuables ne choisissent de détailler leurs dons que si la somme de leurs déductions potentielles est supérieure à la déduction standard, cela risque de réduire le nombre de foyers fiscaux demandant les déductions détaillées, en particulier parmi les ménages à revenu moyen.

Associée à une petit baisse des taux d'IRPP, la TCJA a considérablement réduit la subvention fiscale moyenne pour les dons caritatifs. Autrement dit, le prix du don a augmenté et la conception globale de l'incitation fiscale est devenue encore plus favorable aux « gros » donateurs.

Source : (Urban-Brookings Tax Policy Center, 2018[2])

Plafonnement de la déduction à une valeur fixe et (ou) une fraction du revenu

Les pays appliquant une valeur limite fixe (Estonie, Finlande et Norvège) maintiennent le montant de la déduction en dessous d'un certain maximum, quel que soit le montant des revenus du donateur. Dans ces pays, les personnes physiques ayant des revenus plus faibles peuvent déduire une proportion plus importante de leurs revenus pour les dons philanthropiques que celles ayant des revenus élevés. En Finlande, les dons compris entre 850 EUR et 500 000 EUR sont déductibles du revenu imposable. Seuls les dons destinés à promouvoir les sciences ou les arts et versés à un organisme financé par des fonds publics (université, par exemple) peuvent bénéficier de la déduction fiscale. Le plafond est nettement inférieur en Norvège, où le don doit se situer entre 500 NOK et 50 000 NOK (~ 4 500 EUR) pour donner droit à la déduction fiscale.

La conception des déductions fiscales en Estonie, en Lettonie et en Finlande montre qu'il existe des similitudes régionales. L'Estonie autorise la déduction des dons jusqu'à 1 200 EUR et 50 % du revenu imposable. En Lettonie, les dons peuvent être déduits dans le cadre du « total des frais admissibles », qui comprend l'« acquisition d'un enseignement » et l'« utilisation de services de santé et de soins ». Les déductions totales sont limitées à 50 % du revenu global imposable et ne peuvent dépasser 600 EUR. La limite de déduction est donc fixée à la même fraction du revenu global en Lettonie et en Estonie, mais la valeur fixe maximale est deux fois plus élevée en Estonie.

L'Inde est un cas unique où les dons sont limités s'ils sont faits en espèces. Pour pouvoir être déductible, tout don monétaire au-delà de 2 000 INR doit être effectué par chèque ou par virement bancaire. Le don est déductible à 100 % s'il a pour bénéficiaire un fonds désigné parmi une liste de fonds admissibles (p. ex., le Prime Minister National Relief Fund) et à 50 % pour la plupart des autres organismes philanthropiques. Dans la plupart des cas, la déduction est plafonnée à 10 % du revenu global brut (après toutes les autres exonérations et déductions fiscales admissibles).

Au Luxembourg, les libéralités des particuliers sont déductibles dans les conditions suivantes : la somme des dons doit être de 120 EUR au minimum et de 1 000 000 EUR au maximum et elle ne peut dépasser 20 % du total des revenus nets. Les montants dépassant ces limites peuvent être reportés sur les deux années d'imposition subséquentes dans les mêmes conditions. Enfin, la dotation initiale en espèces apportée par le fondateur à une fondation éligible rentre dans le cercle des dons fiscalement déductibles.

4.2.3. Crédits d'impôt

La Belgique, le Canada, le Chili, la Colombie, la Grèce, Israël, la Nouvelle-Zélande, le Portugal et la Suède encouragent les dons des particuliers par le biais de crédits d'impôt. Comme indiqué ci-dessus, un crédit d'impôt est un montant qui réduit directement l'impôt à payer, après que celui-ci a été calculé. Contrairement à une déduction, la valeur d'un crédit d'impôt ne dépend pas du taux de l'impôt sur le revenu acquitté par le donateur et n'est pas, en soi, régressive dans les pays où l'IRPP est progressif.

Pour limiter le montant des crédits d'impôt, les pays peuvent : ajuster la fraction du don donnant droit à un crédit (p. ex., 50 % du montant du don) ; limiter la valeur du crédit à une fraction du revenu imposable ou du revenu global (p. ex., 20 % au maximum de la base de l'IRPP) ; limiter la valeur du crédit à une fraction de l'IRPP total à payer (p. ex., 20 % au maximum de l'impôt exigible) ; limiter la valeur du crédit à une somme fixe (p. ex., 1 000 EUR) ; ou limiter le montant du don à une valeur fixe (p. ex., 1 000 EUR au maximum). Le tableau 4.3 montre que les pays utilisent une combinaison de plafonds et de limites dans la conception de leurs crédits d'impôt pour les dons philanthropiques. Fixer un montant minimum pour qu'un don donne droit au crédit d'impôt peut permettre d'optimiser les coûts administratifs tout en encourageant des dons plus importants.

Plafonnement du crédit d'impôt à une fraction du revenu imposable ou du revenu global

Le Canada offre des crédits d'impôt pour les dons, tant au niveau fédéral et qu'au niveau provincial. Les taux du crédit d'impôt fédéral pour don de bienfaisance sont de 15 % sur les dons jusqu'à 200 CAD et de 29 % au-delà, sauf pour les contribuables dont le revenu imposable excède la tranche d'imposition la plus élevée (soit environ 200 000 CAD, les tranches d'imposition étant indexées chaque année en fonction d'un facteur d'inflation), pour lesquels le crédit d'impôt est de 33 % sur tous les dons au-delà des premiers 200 CAD. Ainsi, la valeur du crédit d'impôt est plus importante pour les donateurs les plus riches pour tous les dons supérieurs à 200 CAD. Prenons, par exemple, deux dons de 1 000 CAD effectués par un donateur A et un donateur B, respectivement. Le donateur A a un revenu imposable supérieur à la tranche d'imposition la plus élevée (environ 200 000 CAD), ce qui n'est pas le cas du donateur B. La valeur monétaire du crédit d'impôt pour le donateur A et le donateur B est, respectivement, de 330 CAD et 290 CAD. Les provinces accordent aussi des crédits d'impôt à leur niveau (impôt provincial sur le revenu), mais retiennent généralement des taux et des plafonds inférieurs à ceux de l'impôt fédéral (p. ex., en Ontario, le crédit est de 5.05 % sur la première tranche de 200 CAD et de 11.16 % au-delà). En général, les particuliers ne peuvent demander un crédit d'impôt qu'à hauteur de 75 % de leur revenu net pour l'année, mais les dons pour lesquels le crédit n'est pas demandé dans l'année peuvent être reportés dans les déclarations des cinq années suivantes. Si le donateur a reçu une contrepartie en retour – p. ex., un billet pour une manifestation de collecte –, la juste valeur marchande de la contrepartie doit être déterminée par l'organisme philanthropique et déduite du montant inscrit sur le reçu officiel de don – règle que l'administration fiscale canadienne qualifie par l'expression « reçus de dons pour une partie de la valeur ». En outre, un don n'est admissible à un allégement fiscal que si la valeur de la contrepartie est inférieure à 80 % de la valeur du don. Cette limite est appelée « seuil de l'intention de faire un don », car les dons dont la contrepartie est supérieure à ce montant sont considérés comme ayant été effectués sans véritable intention de faire un don.

Tableau 4.3. Plafonnement des crédits d'impôt pour les particuliers

Pays	Crédit d'impôt	Plafond	Plancher
Belgique	45 %	Le montant total du don ne doit pas excéder 10 % du revenu net global ou 375 350 EUR par conjoint	40 EUR par organisme
Canada	15 %–33 %	Le crédit demandé peut atteindre 75 % du revenu net (pour les dons en espèces)	
Chili	35 %–50 %	Les crédits reçus pour les dons aux œuvres de bienfaisance et aux secteurs de l'éducation, de la culture et du sport sont limités à 20 % du montant du don soumis à traitement fiscal avantageux ou à 320 UTM (environ 20 558 USD) [nota : UTM = *Unidad Tributaria Mensual*, unité monétaire utilisée pour le paiement des taxes, amendes et droits de douane].	
Colombie	25 %	Le crédit reçu est limité à 25 % de l'IR dû (l'excédent peut être reporté sur l'année suivante)	
France	66 %	20 % du revenu imposable	
Grèce	20 %	Le montant total du don ne peut excéder 5 % du revenu imposable	100 EUR
Israël	35 %	Le crédit d'impôt ne peut excéder 30 % du revenu imposable ou 9 000 000 NIS.	
Italie	30 % (35 % pour des OIG spécifiques)	Total des dons de 30 000 EUR au maximum	
Japon	40 %	Le montant du don ne peut dépasser 40 % du revenu global et la valeur du crédit d'impôt ne peut excéder 25 % de l'IR dû.	2 000 JPY
Nouvelle-Zélande	33.33 %	Le montant total du don ne peut excéder 100 % du revenu imposable.	5 NZD
Portugal	25 %	Le crédit ne peut dépasser 15 % de l'IR dû (pas de limite pour les dons aux organismes publics).	
Suède	25 %	Le crédit ne peut excéder 1 500 SEK.	2 000 SEK au total et au moins 200 SEK par don.

Source : questionnaire de l'OCDE sur la fiscalité et la philanthropie ; sites web des ministères des Finances

La France accorde une réduction d'impôt de 66 % pour les dons aux organismes philanthropiques, dans la limite de 20 % du revenu imposable. Lorsque l'organisme a pour objet l'aide aux personnes en difficulté (repas, soins, logement) la réduction est portée à 75 % du montant du don dans la limite de 546 EUR. Pour la fraction du don qui dépasse 546 EUR, la réduction d'impôt est de 66 %, toujours dans la limite de 20 % du revenu imposable. En outre, la France offre la possibilité d'une déduction de l'impôt sur la fortune immobilière (IFI) égale à 75 % du montant du don et plafonnée à 50 000 EUR.

En Nouvelle-Zélande, les donateurs bénéficient d'un crédit d'impôt entièrement remboursable égal à 33.33 % du montant du don. En outre, le montant de don pour lequel un particulier peut bénéficier d'un crédit d'impôt est plafonné à 100 % de son revenu imposable pour l'année où le don a été effectué. Le montant du crédit d'impôt est limité à 33.33 % du revenu imposable du donateur, et le montant minimum du don est de 5 NZD. Le crédit d'impôt est ouvert à tous les particuliers, salariés aussi bien que travailleurs indépendants.

Au Japon, les donateurs peuvent choisir un crédit d'impôt de 40 % en lieu et place de la déduction fiscale pour certains types de dons. Toutefois, le crédit d'impôt n'est appliqué qu'à la partie du don au-delà de 2 000 JPN. En outre, le montant du don ne peut excéder 40 % du revenu global et le montant du crédit ne peut être supérieur à 25 % de l'IRPP.

Plafonnement du crédit d'impôt à une fraction de l'IR dû

En Colombie et au Portugal, le crédit d'impôt est plafonné par rapport à l'impôt dû et au revenu global imposable. En Colombie, le crédit d'impôt est de 25 % de la valeur du don au cours de l'année ou de la période d'imposition, dans la limite de 25 % de l'IR dû par le contribuable pour l'année au cours de laquelle le don a été effectué. L'excédent peut être déduit de l'IR de l'exercice suivant. Par exemple, si un contribuable fait un don de 150 COP, il peut bénéficier d'un crédit d'impôt de 37.5 COP (25 % de 150 COP). Si l'impôt dû par le contribuable est de 80 COP, le montant total du crédit qui peut être imputé dans l'année fiscale au cours de laquelle le don a été effectué est de 20 COP (25 % de 80 COP) ; le solde peut être imputé à l'année fiscale suivante à condition qu'il n'excède pas 25 % du total de l'IR dû. Au Portugal, le crédit d'impôt est fixé à 25 % du don, et plafonné à 15 % de l'impôt à payer – soit dix points de moins qu'en Colombie.

Plafonnement du crédit d'impôt à un montant fixe

En Suède, les donateurs bénéficient d'un crédit d'impôt de 25 % dans la limite de 1 500 SEK, ce qui correspond à un maximum de 6 000 SEK par an de dons admissibles. Pour donner droit au crédit d'impôt, le total des dons doit être d'au moins 2 000 SEK par an, pour des dons individuels d'une valeur minimum de 200 SEK.

Limitation du crédit d'impôt à une combinaison de plafonds

En Belgique, un crédit d'impôt de 45 % est accordé pour les dons faits à des organismes philanthropiques admissibles, à condition que le don s'élève à au moins 40 EUR par donataire (fonds ou organisme d'intérêt général). Le montant total des dons pour lesquels le crédit d'impôt est accordé ne peut dépasser 10 % du revenu net global ou 376 350 EUR par conjoint pour un couple marié.

Au Chili, le montant et le plafonnement des crédits d'impôt dépendent de la cause soutenue par le donataire. Pour les dons à des associations culturelles ou sportives, le crédit d'impôt peut être de 35 % ou de 50 %. Les dons à des œuvres dans le secteur social, public ou éducatif peuvent bénéficier d'un crédit d'impôt de 50 %. La déduction est toutefois limitée à 20 % du revenu imposable ou à 320 UTM (ce qui équivaut à environ 16 000 000 CLP et 18 000 EUR). Concernant les « dons pour la reconstruction », le crédit d'impôt est de 40 %, sans plafond de montant au don.

En Israël, le donateur bénéficie d'un crédit d'impôt égal à 35 % des dons admissibles au cours de l'année fiscale. Le crédit d'impôt ne peut excéder 30 % du revenu imposable ou 9 000 000 NIS.

Plafonnement du montant des dons

En Grèce, les dons sont encouragés par un crédit d'impôt de 20 % à condition que la somme des dons dépasse 100 EUR au cours de l'année fiscale. Le montant total des dons donnant droit au crédit d'impôt ne peut dépasser 5 % du revenu imposable et il n'y a pas de dispositions de report. Pour les particuliers travailleurs indépendants, les dons peuvent être considérés comme des frais professionnels sans limite ni plafond (pour autant qu'ils respectent les règles relatives aux frais professionnels).

Encadré 4.3. Mesures fiscales pour encourager les dons dans le cadre de la pandémie de COVID-19

Chine

- Les dons en nature pour aider à la lutte contre la maladie à coronavirus (COVID-19) sont exonérés de la TVA et des autres taxes à la consommation. En outre, les dons des entreprises et des particuliers versés par l'intermédiaire d'OIG agréés ou d'organismes gouvernementaux peuvent être entièrement déduits aux fins de l'IS et de l'IRPP. Avant cette mesure, les contribuables chinois ne pouvaient déduire de la base de l'IRPP qu'une partie de leur don.

Chili

- Dans le cadre de la réponse à la crise de COVID-19, le gouvernement chilien a publié un décret par lequel les dons visant cette cause entrent dans le champ des avantages fiscaux prévus par la loi d'Urgence nationale (voir l'encadré 4.1).

États-Unis

- Pour 2020, les dons en numéraire sont déductibles de la base de l'IRPP à hauteur de 300 USD, que le contribuable utilise les déductions détaillées ou la déduction forfaitaire (voir l'encadré 4.2).
- L'administration fiscale américaine a également relevé les plafonds des déductions pour les dons caritatifs des particuliers qui choisissent les déductions détaillées, ainsi que pour les entreprises. Concernant les particuliers, le plafond de 50 % du « revenu brut ajusté » est suspendu pour 2020. Pour les entreprises, le plafond de 10 % est porté à 25 % du bénéfice imposable. Cette disposition relève également, de 15 % à 25 %, le plafond des déductions pour les dons de denrées alimentaires.

Italie

- L'administration fiscale a mis en place des déductions fiscales de 30 % pour les dons philanthropiques concernant la crise sanitaire COVID-19.

Belgique

- Les entreprises qui font des dons de matériel et d'équipements médicaux aux hôpitaux sont exemptées de payer la TVA sur ces dons.

Islande

- Les particuliers et les entreprises qui construisent, rénovent ou entretiennent des logements résidentiels ou des résidences de vacances peuvent demander le remboursement de 100 % de la TVA acquittée sur certains travaux effectués par des artisans. Ce taux de remboursement était auparavant de 60 % et couvrait moins de corps de métier (les architectes, par exemple, sont désormais inclus). La disposition est en outre étendue aux OIG tels que les associations caritatives et sportives. Ces mesures resteront en vigueur jusqu'à la fin de 2020.

Source : base de données de l'OCDE sur les réponses fiscales à la crise du coronavirus (http://www.oecd.org/tax/covid-19-tax-policy-and-other-measures.xlsm).

4.2.4. Systèmes d'abondement

Dans le cadre d'un système d'abondement, l'État complète le don à hauteur d'un certain montant afin que l'organisme donataire puisse réclamer l'allégement fiscal. Le Royaume-Uni et l'Irlande ont chacun mis en place un système d'abondement. Au Royaume-Uni, le système s'appelle *Gift Aid* (« aide au don »). L'État suppose que l'impôt de 20 % sur le revenu a déjà été payé par le contribuable donateur (un don de 1 000 GBP aura une valeur de 1 250 GBP). Dès lors, l'organisme donataire peut réclamer le taux d'imposition de base de 20 % auprès de l'administration fiscale – voir le tableau 4.4 pour une illustration du programme Gift Aid. Les donateurs payant un taux supérieur à 20 % peuvent également réclamer la différence entre le taux d'imposition de base auquel l'organisation caritative prétend et le taux supérieur effectivement acquitté.

Du fait de l'autonomie fiscale conférée au Pays de Galles et à l'Écosse par le processus de dévolution, les taux d'imposition ne sont pas les mêmes dans tout le Royaume-Uni. Néanmoins, la subvention au titre du *Gift Aid* pour les organisations caritatives est calculée à l'aide du taux de base national du Royaume-Uni, quel que soit le lieu où l'organisme a son siège. En revanche, l'allégement fiscal demandé par le donateur gallois ou écossais est déterminé par calcul de la différence entre le taux de base du Royaume-Uni et le taux supérieur du Pays de Galles ou de l'Écosse respectivement.

Tableau 4.4. L'exemple du *Gift Aid* au Royaume-Uni

Taux de l'IRPP du donateur	Don	Application du *Gift Aid*	Somme reçue par le donataire	Allégement de l'IRPP
Taux de base (20 %)	1 000 GBP	250 GBP	1 250 GBP	0 GBP
Taux supérieur (40 %)	1 000 GBP	250 GBP	1 250 GBP	250 GBP

Note : (1 000 / 80 GBP) * 100 = 1 250 GBP
Source : site web de l'administration britannique (https://www.gov.uk)

Au Royaume-Uni, les versements à des fonds et à des OIG en contrepartie de biens ou de services ne sont pas considérés comme des dons et ne peuvent pas bénéficier du *Gift Aid* ; l'achat d'un billet pour une manifestation de collecte ou une tombola serait dans ce cas. En revanche, des règles particulières s'appliquent dans le cas d'une vente aux enchères de bienfaisance, où l'idée est que des particuliers acquièrent des biens à des prix très supérieurs à leur valeur marchande dans le but même de soutenir une action caritative. Pour les biens mis aux enchères qui ont un prix de détail et sont en vente libre, la valeur de la contrepartie est considérée, aux fins du *Gift Aid*, comme étant le prix du bien « dans le commerce ». Tout montant acquitté en sus peut être traité comme un don à condition que le donateur (l'acquéreur du bien) ait conscience de la juste valeur marchande du bien (son prix dans le commerce) et du fait que celui-ci peut être acheté librement ailleurs ; ainsi, si, lors d'une vente aux enchères de bienfaisance, un particulier paie sciemment 700 GBP pour un téléviseur vendu 500 GBP dans le commerce, l'excédent de 200 GBP peut constituer un don admissible au *Gift Aid*). Pour des biens qui ne sont pas en vente libre et pour lesquels il n'y a pas de valeur marchande connue (p. ex., des objets appartenant à des célébrités) ou des services qui ne sont pas habituellement proposés (p. ex., du baby-sitting pour une soirée), la valeur est considérée comme étant le prix acquitté par l'acheteur et ils ne peuvent donc pas bénéficier du *Gift Aid*.

L'Irlande dispose également d'un système d'incitation aux dons caritatifs par abondement, le *Charitable Donation Scheme*. Les dons des particuliers à des organismes philanthropiques agréés, dès lors que leur valeur est supérieure à 250 EUR par an et inférieure à 1 000 000 EUR par an, donnent lieu à un allégement fiscal. L'organisme bénéficiaire du don peut demander le remboursement de l'impôt payé sur le don au taux de 31 %, ou de 10 % dans le cas où il existe un lien entre le donateur et l'organisme. Le montant du remboursement à l'organisme ne peut excéder le montant de l'impôt payé par le donateur pour l'année en question. Le donateur ne peut demander aucun remboursement d'impôt au titre de son don lorsqu'il a autorisé l'organisme donataire à bénéficier du remboursement.

En 2014, la Norvège a mis en place un dispositif d'abondement (« programme de renforcement des dons ») en plus du système de déduction déjà disponible. Ce dispositif vise à stimuler le financement de l'art et de la culture par le secteur privé sous la forme de dons en numéraire. Les donataires reçoivent une somme majorée (dite « de renforcement du don »), généralement de 25 % du montant du don. Les demandes pour bénéficier du renforcement des dons doivent être soumises au ministère de la Culture.

4.2.5. Dispositifs de dotation

Dans les pays où il n'existe pas de tradition de dons philanthropiques, un dispositif de dotation (encore appelé « pourcentage philanthropique » ou « pourcentage légal ») peut être utile pour sensibiliser les contribuables, soutenir financièrement des fondations ou fonds et des OIG, et renforcer les liens entre le grand public et les organismes philanthropiques. Les dispositifs de dotation sont apparus, pour l'essentiel, dans l'Europe post-communiste au cours de la période de transition et, en 2016, avaient canalisé quelque 5 milliards EUR en cumul vers les organismes philanthropiques de la région (Strečanský et Török, 2016[3]). Parmi les pays étudiés, la Roumanie, la Slovénie, le Portugal, la Hongrie, l'Italie, la Lituanie et la République slovaque mettent en œuvre un dispositif de dotation pour soutenir les organismes philanthropiques. Le premier pays à mettre en place un tel régime a été la Hongrie en 1997, suivie par le Portugal en 2001, la République slovaque en 2002, la Lituanie en 2003, la Pologne et la Roumanie en 2004, et la Slovénie en 2007 (Bullain, 2004[1]).

Les dispositifs de dotation décentralisent effectivement le processus décisionnel de l'affectation d'un certain pourcentage des recettes de l'IRPP à des causes d'intérêt général en le confiant aux contribuables eux-mêmes. Comme nous l'avons vu plus haut, les dispositifs de dotation ne sont pas une forme de don philanthropique, car ils n'impliquent pas le transfert de fonds privés. En lieu et place d'un transfert direct, les contribuables indiquent aux autorités fiscales à quelles actions ou causes philanthropiques ils souhaitent qu'un pourcentage déterminé de leur impôt sur le revenu soit affecté. Les détails du système varient selon les pays, mais, en général, le contribuable doit choisir l'organisme ou la cause à soutenir dans une liste fournie par l'administration fiscale.

Certains pays (la Hongrie, la Lituanie et la République slovaque) n'ont d'autre mesure d'incitation que ce dispositif de dotation, tandis que d'autres, tels que la Slovénie et le Portugal, mettent parallèlement en œuvre des incitations fiscales directes (déductions ou crédits d'impôt). Il convient de noter que si les dispositifs de dotation peuvent compléter les déductions, les crédits d'impôt ou les systèmes d'abondement, ils ne doivent pas être considérés comme un substitut à ces mesures fiscales d'encouragement aux dons philanthropiques, car ils n'ont aucun coût pour le contribuable qui décide de la dotation. En Hongrie, depuis 1997, les contribuables peuvent allouer 1 % de leur IRPP à un OIG admissible et, depuis 1998, ils peuvent allouer 1 % supplémentaire aux églises. En Lituanie, une personne physique peut allouer jusqu'à 1.2 % de son impôt sur le revenu à des OIG admissibles. En République slovaque, les particuliers peuvent allouer 2 % de leur IRPP à des organismes philanthropiques en l'indiquant dans leur déclaration annuelle de revenus. Si le contribuable a fait du bénévolat pour une association ou un organisme servant une « cause noble » pendant au moins 40 heures au cours de l'année fiscale, le montant qui peut être alloué passe à 3 % de l'IRPP dû. En Roumanie, les particuliers peuvent allouer 2 % ou 3.5 % de leur impôt sur le revenu à des organismes philanthropiques, en remplissant un formulaire, transmis à l'administration fiscale, avec la liste des organismes désignés. La dotation de 2 % peut être allouée à des organismes philanthropiques établis et fonctionnant conformément aux dispositions légales, mais aussi à des organisations religieuses (y compris les paroisses). La dotation de 3.5 % peut être allouée à des OIG et organisations religieuses qui sont également des prestataires de services sociaux. À compter de 2021, la dotation sera plafonnée à un niveau unique de 3.5 % et pourra être allouée à tous les OIG et organisations religieuses qui fonctionnent selon les dispositions légales.

Trois pays – l'Italie, la Slovénie et le Portugal – se distinguent en ayant à la fois un système de déductions et de crédits d'impôt pour encourager fiscalement les dons philanthropiques et un dispositif de dotation. En Slovénie, les contribuables ont la possibilité d'allouer une fraction de 0.1 %, 0.2 %, 0.3 %, 0.4 % ou 0.5 % de leur impôt sur le revenu à des fonds et des OIG admissibles en remplissant un formulaire qu'ils peuvent transmettre en ligne ou par courrier ou déposer en personne à tout moment avant la fin de l'année pour laquelle l'IRPP est établi. En 2018, environ 5 millions EUR ont été alloués, par ce biais, à plus de 5 000 bénéficiaires ; en 2017, la somme totale allouée de cette manière était d'environ 4.6 millions EUR et, en 2011, elle était d'environ 3.8 millions EUR[3].

Au Portugal, les contribuables peuvent allouer 0.5 % de leur impôt sur le revenu à des œuvres religieuses ou caritatives au travers des églises, des communautés religieuses ou des OIG. La dotation se fait dans le cadre de la déclaration de revenus annuelle ou via un portail en ligne avant le mois d'avril. Outre ce dispositif de dotation fiscale via l'IRPP, le Portugal a également mis en place, en 2019, un dispositif similaire fondé sur la TVA (voir l'encadré 4.4 pour une description de ce dispositif).

En Italie, une grande partie du financement au secteur philanthropique passe par le système *cinque per mille*, ou « 5x1000 », un dispositif de dotation qui permet aux contribuables d'allouer 0.5 % de leur IRPP à des organismes publics et privés œuvrant dans les secteurs culturel, éducatif, scientifique et caritatif. Les OIG représentent une part importante des structures habilitées à bénéficier des fonds ainsi acheminés ; en 2018, ils ont reçu 439.8 millions EUR par le biais du « 5x1000 ».

Encadré 4.4. Le dispositif portugais de dotation fiscale par la TVA

Au Portugal, outre la dotation d'un pourcentage de leur impôt sur le revenu, les particuliers peuvent également allouer une partie de la TVA payée sur certains achats aux mêmes organismes déjà désignés pour l'allocation de l'IRPP.

Contrairement à la dotation par l'IRPP, la dotation par la TVA a un coût pour le contribuable et constitue donc une forme de don philanthropique. Concrètement, 15 % de la TVA versée aux garages automobiles, restaurants, services d'hébergement (p. ex., hôtels), coiffeurs, salons de beauté et vétérinaires, et 100 % de la TVA payée pour les cartes de transport sont déductibles fiscalement. Le dispositif de dotation permet aux contribuables de demander le reversement de cette TVA déductible à des organismes philanthropiques admissibles, en renonçant eux-mêmes à l'avantage fiscal.

4.2.6. Legs philanthropiques

Les pays qui prélèvent un impôt sur la succession ou sur la masse successorale prévoient généralement un dispositif d'allégement fiscal préférentiel pour les legs à caractère philanthropique. Dans les pays qui appliquent l'impôt sur les successions, l'assujetti à l'impôt est le fonds ou l'OIG en tant que légataire, qui sera de ce fait le bénéficiaire de l'allégement fiscal. En revanche, dans les pays dotés d'un impôt sur la masse successorale, l'impôt comme l'allégement fiscal sont attachés au patrimoine du défunt.

En Belgique, la région de Bruxelles-Capitale, par exemple, applique un taux régional réduit de 7 % de droits de succession pour les legs de biens mobiliers et immobiliers à certains organismes philanthropiques agréés (par opposition au taux normal de 25 % pour le reste des organismes à but non lucratif).

En France, les legs faits à des OIG reconnus (voir chapitre 3) sont soumis à des droits de mutation au taux des droits de succession s'appliquant aux successions entre frères et sœurs :

- 35 % jusqu'à 24 430 EUR ;

- 45 % au-delà de 24 430 EUR.

Pour les autres OIG qui ne bénéficient pas du statut d'utilité publique, le taux d'imposition est fixé à 60 %. Sont toutefois exonérés de droits de mutation à titre gratuit les dons et legs consentis au profit

- des fonds de dotation qui ont pour objet la réalisation d'activités ayant un caractère philanthropique, éducatif, scientifique, social, humanitaire, sportif, familial, culturel, ou concourant à la mise en valeur du patrimoine artistique, à la défense de l'environnement naturel ou à la diffusion de la culture, de la langue et des connaissances scientifiques françaises ;
- des fonds de dotation dont la gestion est désintéressée et qui reversent les revenus tirés des dons et legs à des organismes du secteur non lucratif.

En Bulgarie, les legs à la Croix-Rouge bulgare, aux associations confessionnelles enregistrées et aux centres communautaires sont exonérés des droits de succession. Les dons et legs aux fonds et aux OIG sont également exonérés de droits de mutation aux Pays-Bas, en Slovénie et en Finlande.

Dans les pays où il existe un impôt sur la masse successorale, la succession bénéficie de l'exonération ou de l'allégement fiscal assimilé. En Afrique du Sud, par exemple, les legs aux OIG sont exonérés de l'impôt sur la masse successorale. Aux États-Unis, les legs philanthropiques sont entièrement déductibles de la base de l'impôt sur la masse successorale.

La Norvège, le Canada et l'Australie n'ont pas de système d'impôts sur la succession ou la masse successorale, mais les dons faits au décès ou durant l'année qui le précède peuvent néanmoins bénéficier de déductions fiscales. Au Canada, le crédit d'impôt pour les dons effectués par un particulier durant l'année de son décès (mais avant la date du décès) peut être demandé soit dans la déclaration finale de revenus de la personne décédée, soit dans la déclaration de l'année précédente. En outre, le plafond du crédit d'impôt pour les dons effectués l'année du décès est porté à 100 % du revenu net de la personne décédée ou du montant admissible des dons effectués l'année du décès (plus la partie inutilisée des montants admissibles des dons effectués dans les cinq années précédant l'année du décès). En Norvège, les dons testamentaires (c'est-à-dire les legs) sont déductibles dans les mêmes conditions que les dons effectués avant le décès. Si les conditions sont remplies, les legs à des organismes philanthropiques sont déduits de la succession lors du calcul de l'impôt sur la masse successorale du donateur décédé. En Australie, un don au décès n'est pas soumis à l'impôt sur les plus-values à partir du moment où l'on considère qu'il aurait été déductible s'il avait été fait du vivant du donateur. Au Japon, les biens donnés par l'héritier à un OIG ne sont pas inclus dans la base imposable de l'actif successoral.

4.2.7. Dons en nature des personnes physiques

Dans les pays qui étendent les incitations fiscales aux dons en nature des particuliers, les règles de plafonnement ou la forme de l'allégement fiscal peuvent différer de celles relatives aux dons en espèces. Tous les pays qui encouragent les dons philanthropiques des particuliers n'incluent pas dans leurs mesures tous les dons en nature. Parmi les pays qui le font (Afrique du Sud, Allemagne, Argentine, Australie, Belgique, Bulgarie, Canada, Chili, Colombie, Estonie, États-Unis, France, Grèce, Inde, Indonésie, Irlande, Italie, Lettonie, Mexique, Pays-Bas, Portugal, Singapour, Slovénie et Suisse), certains ont des règles spécifiques qui diffèrent de celles relatives aux dons en espèces exposées ci-dessus. Les dons en nature sont des libéralités sous forme de biens ou de services, ce qui peut inclure, dans certains cas, les dons de sang et d'organes (voir l'encadré 4.5). Les dons de biens peuvent porter sur des biens immeubles, des droits intellectuels, des titres, des marchandises, des biens culturels ou d'autres biens mobiliers. Les dons de biens et de services consistent généralement en biens et services du même type que ceux fournis par les OIG eux-mêmes aux personnes dans le besoin (p. ex., vêtements, nourriture, médicaments, bénévolat dans un foyer pour sans-abri, etc.) Toutes ces formes de don en nature ne sont pas admissibles dans tous les pays, mais la plupart des pays autorisent et reconnaissent les dons de « biens ». La cession d'un bien peut également faire naître une plus-value dans certains pays.

Encadré 4.5. Quelques pays prévoient des incitations au bénévolat et aux dons de sang et d'organes.

Incitations fiscales aux dons sous forme de services

La conception d'incitations fiscales pour les dons de services n'est pas chose aisée, car les OIG emploient souvent des bénévoles aux côtés de leurs salariés, et il peut être difficile de faire la distinction entre un service rendu à titre de don et un travail bénévole.

L'Allemagne, par exemple, accorde un traitement fiscal préférentiel aux revenus provenant des engagements de service civique ou de volontariat. Les revenus des personnes physiques provenant d'une activité « secondaire » rémunérée par un OIG sont exonérés d'impôt dans la limite de 720 EUR par an. Pour certaines activités secondaires (formation, instruction, garde d'enfants, travail de soutien, activité artistique, soins à temps partiel à une personne âgée, malade ou handicapée), l'exonération fiscale est de 2 400 EUR par an.

Aux États-Unis, les services rendus à titre bénévole ne peuvent pas donner lieu à déduction aux fins du calcul de l'impôt sur le revenu. Les frais encourus à l'occasion d'engagements de bénévolat peuvent toutefois être déductibles. Pour pouvoir bénéficier de l'allégement fiscal, les frais doivent être non remboursés, directement liés à la mission de bénévolat, indissociables des services rendus et distincts des frais personnels, de subsistance ou de familiaux.

Aux Pays-Bas, les bénévoles peuvent déduire jusqu'à 1 500 EUR par an de frais (dans la limite de 150 EUR par mois) sans avoir à les détailler. Les frais au-delà de 1 500 EUR doivent être détaillés et justifiés. En l'absence de justificatifs, tout remboursement perçu pour ces frais est considéré comme un revenu et imposé en conséquence.

En République slovaque, le dispositif de dotation encourage indirectement le bénévolat en permettant aux contribuables qui font du bénévolat de consacrer un point de pourcentage supplémentaire de leur IRPP à un organisme philanthropique de leur choix (voir le point 4.2.3 pour plus d'informations).

Les incitations pour les dons de sang et d'organes sont plus rares

En Irlande, les indemnités reçues par les donneurs vivants de reins destinés à une greffe sont exonérées de l'impôt sur le revenu et ne sont pas prises en compte dans le calcul du taux d'imposition.

Dans certains États des États-Unis, les dons d'organes ouvrent droit à des déductions fiscales. Dans l'État de New York, par exemple, un contribuable qui, de son vivant, donne un ou plusieurs de ses organes aux fins de transplantation peut déduire jusqu'à 10 000 USD de sa base d'imposition pour les frais encourus. Les frais déductibles sont limités aux frais de déplacement et d'hébergement et à la perte de salaire.

En République tchèque, les dons de sang peuvent être déduits de la base d'imposition sur le revenu du donneur et donateur ; la valeur d'un don de sang est calculée à 3 000 CZK. Il en va de même pour le don de moelle osseuse, dont la valeur est estimée à 20 000 CZK.

En Australie, les mêmes règles qui s'appliquent aux dons en numéraire s'appliquent aux dons de titres et de marchandises commerciales. Pour les dons de biens autres que des titres, le don doit avoir une valeur estimée supérieure à 5 000 AUD, sauf s'il est fait dans les 12 mois suivant l'achat. Les actions cotées en Bourse doivent avoir une valeur de moins de 5 000 AUD et avoir été acquises au cours des 12 derniers mois. La cession d'un bien à un organisme philanthropique à titre gratuit peut donner lieu à une plus-value (ou une moins-value), mais celle-ci peut être compensée, en tout ou en partie, par la déduction pour don. En Belgique, les dons sous forme d'œuvres d'art peuvent donner lieu à un crédit d'impôt, à condition qu'ils soient effectués au profit de musées d'État, de centres publics d'action sociale ou de collectivités telles que les régions, les provinces et les communes.

Au Canada, les règles d'estimation et, partant, les plafonds de l'incitation fiscale, dépendent également de la nature des biens donnés. En règle générale, les biens en nature peuvent faire l'objet de dons et le donateur peut demander le crédit d'impôt pour don de bienfaisance sur la totalité de la juste valeur marchande (JVM) du don. Le don de tels biens s'assimilant à une cession, il peut déclencher l'impôt sur les plus-values (« gains en capital »). En général, les particuliers ne peuvent demander un crédit d'impôt qu'à hauteur de 75 % de leur revenu net pour l'année, mais ils peuvent reporter dans leurs déclarations des cinq années suivantes la partie du montant admissible qu'ils ne demandent pas dans l'année du don. Pour les dons de « terres écosensibles » à une collectivité territoriale ou à certains d'intérêt général agréés (mais non à des fondations privées), la limite de 75 % du revenu net passe à 100 %, et la durée du report à dix ans. De même, les « dons de biens culturels attestés » peuvent donner droit à un crédit d'impôt qui n'est pas limité à un pourcentage du revenu net.

En Italie, la valeur monétaire du don est estimée sur la base de la valeur marchande du bien. Si le don a une valeur supérieure à 30 000 EUR, le donateur doit fournir un rapport d'expertise certifiant la valeur du bien donné. Les dons de biens primaires tels que denrées alimentaires, médicaments et produits d'hygiène ne sont pas imposables au titre de l'impôt sur le revenu et sont exonérés de la TVA.

Aux États-Unis, le don de certains « biens assortis d'une plus-value à long terme » sont déductibles, mais, généralement, dans la limite de 30 % du revenu brut ajusté. Les agriculteurs et les éleveurs dont le revenu brut provient à plus de 50 % de l'activité agricole peuvent déduire jusqu'à 100 % du revenu brut ajusté, moins les autres déductions éventuelles pour dons de biens immeubles admissibles, à condition que ces biens restent dévolus à l'agriculture ou à l'élevage. En outre, les déductions pour certains dons sont limitées à la valeur fiscale du bien pour le donateur.

Règles d'estimation de la valeur des dons en nature

Pour que les dons en nature puissent bénéficier de tout allégement fiscal prévu par l'administration, il faut leur attribuer une valeur. Qu'il s'agisse d'une déduction fiscale, d'un crédit d'impôt ou d'un abondement, le montant qui servira de base pour appliquer l'avantage fiscal dans le cas d'un don en nature est déterminé par la valeur estimée du don. Si la valeur du don est sous-estimée, le caractère incitatif de l'allégement fiscal est moindre. À l'inverse, si la valeur du don est surestimée, la valeur de la contrepartie pour le donateur est plus élevée et, dans des cas extrêmes, peut dépasser la valeur réelle du don. L'estimation des dons en nature est donc essentielle pour que les incitations fiscales en faveur des dons philanthropiques fonctionnent efficacement. En règle générale, la juste valeur marchande sert de base au calcul des subventions fiscales, mais les règles concernant le responsable de l'estimation et le mode de détermination de la juste valeur marchande dépendent habituellement de l'importance du don et varient d'un pays à l'autre. Les différentes approches sont examinées ci-dessous.

Qu'elle soit à la charge du donateur, du donataire ou de l'administration fiscale, l'estimation de la valeur monétaire d'un don a un coût. Dans certains cas, il peut s'agir de simplement rechercher le prix d'un article dans le commerce ou la valeur d'un bien sur le marché (p. ex., le cours d'une action) ; pour un bien immeuble, un bien d'occasion ou une œuvre d'art, en revanche, l'estimation prendra plus de temps et mobilisera plus de ressources. C'est pourquoi les pays partent généralement de la valeur probable du bien donné pour déterminer la nécessité ou non d'une estimation plus approfondie. Les petits dons en nature (tels que des vêtements usagés) ne valent pas la peine d'être estimés par un expert et ne seront probablement pas admissibles à un allégement fiscal.

Estimation requise au-delà d'un certain seuil de valeur probable

En Australie, les biens (autres que les actions d'une société cotée en Bourse) évalués à plus de 5 000 AUD doivent être estimés par l'administration fiscale, l'Australian Taxation Office. Le coût de l'estimation est à la charge du donateur, mais il peut être déduit si l'estimation a été réalisée dans le seul but de déterminer la valeur du don.

Au Canada, il incombe à l'OIG de veiller à ce que les dons soient correctement estimés à leur juste valeur marchande (JVM). Si la JVM d'un bien est vraisemblablement inférieure à 1 000 CAD et qu'une personne possédant des connaissances suffisantes de ce bien peut en déterminer la valeur, les services d'un tiers évaluateur ne sont pas nécessaires. Si l'on suppose que la JVM du bien est supérieure à 1 000 CAD, il convient de faire réaliser une estimation indépendante par un tiers qualifié. Dans ce cas, le nom et l'adresse de l'évaluateur externe doivent figurer sur le reçu officiel pour don. Des règles d'estimation particulières s'appliquent aux dons de biens écosensibles et aux dons de biens culturels attestés, pour lesquels la JVM doit être certifiée respectivement par le ministre de l'environnement et la Commission canadienne d'examen des exportations de biens culturels.

Des règles d'estimation en fonction de la nature du bien

En Colombie, les règles d'estimation dépendent de la nature du bien. Les dons en or et autres métaux précieux sont estimés à la valeur commerciale des biens en question. La valeur des véhicules à moteur est celle figurant au barème publié chaque année par le ministère des transports. La valeur des actions, participations et autres parts sociales est établie d'après la valeur fiscale de ces actifs pour le donateur. La valeur des biens immobiliers ou non mobiles est celle inscrite dans la dernière déclaration fiscale du donateur, selon des règles fiscales spéciales.

Au Mexique, la valeur des dons en terrains ou en titres est égale au montant de l'investissement initial (*monto original de inversión*, MOI), corrigé de l'inflation entre la date d'acquisition du bien ou du titre concerné et le mois précédant immédiatement le don. Dans le cas d'immobilisations, la valeur du don est le montant de l'investissement initial actualisé. Pour les autres biens immobiliers, la valeur du don est obtenue par actualisation du prix d'acquisition corrigé de l'inflation entre le mois de l'acquisition et le mois du don. Les dons de marchandises et de stocks ne sont pas déductibles, leur valeur étant déjà incluse dans le coût des ventes aux fins de la déduction fiscale.

En Allemagne, l'estimation de la valeur d'un don de bien foncier à des fins fiscales dépend de l'état (bâti ou non bâti) du bien au moment du don. La valeur des terrains non bâtis est déterminée et publiée par le comité d'experts pour l'évaluation des valeurs foncières compétent pour le secteur géographique. Pour les terrains bâtis, leur estimation se fait au moyen de la méthode de la valeur comparative, de la valeur locative ou de la valeur vénale, selon le cas.

- La méthode de la valeur comparative est généralement utilisée pour évaluer les maisons individuelles et jumelées ainsi que les appartements résidentiels et les pièces non destinées à l'habitation au sein de biens immobiliers plus importants. La valeur du bien immobilier est déterminée par comparaison avec le prix de biens similaires.
- La méthode de la valeur locative est utilisée pour évaluer les biens loués à des fins résidentielles, ainsi que les biens à usage mixte et les biens commerciaux, pour lesquels il est possible de déterminer le montant du loyer qui est d'usage sur le marché local. La valeur du bien correspond à la valeur du terrain calculée de la même manière que pour les terrains non bâtis plus une valeur représentant le rendement de l'immeuble.
- La méthode de la valeur vénale est utilisée dans les cas où ni la méthode de la valeur comparative ni celle de la valeur locative ne peuvent être mises en œuvre. Selon cette méthode, la valeur du bien immobilier est déterminée sur la base des coûts de construction standard pour le bâti et pour

les autres aménagements, plus la valeur du terrain. Si le contribuable fournit des preuves attestant d'une valeur marchande inférieure, c'est cette dernière qui sera retenue.

Aux États-Unis, les dons de biens d'une valeur marchande probable supérieure à 5 000 USD (à l'exception des actions cotées en Bourse) doivent faire l'objet d'une estimation par un professionnel agréé. L'estimation doit être signée par un évaluateur agrée utilisant les normes d'évaluation généralement acceptées et, dans la plupart des cas, l'organisme bénéficiaire doit accuser réception du don. Pour les dons d'œuvres d'art de plus de 20 000 USD et les dons d'une valeur supérieure à 500 000 USD, des exemplaires signés de l'estimation doivent être joints à la déclaration de revenus dans laquelle la déduction est demandée. Les dons d'œuvres d'art à un organisme philanthropique sont soumis à l'examen d'un comité consultatif en matière d'art. En général, la déduction n'est pas autorisée si le donateur conserve un intérêt dans le bien, ou si le don porte sur un « intérêt partiel » dans le bien, à moins qu'il ne s'agisse d'une servitude de conservation. L'estimation de la servitude est fondée sur la perte de valeur due aux restrictions de la servitude, déterminée par un évaluateur agréé.

En France, les titres (actions et obligations, par exemple) sont évalués au dernier cours de Bourse connu (cours de clôture la veille du don) et les biens immobiliers et fonciers (maisons, appartements, forêts, etc.) sont estimés d'après leur valeur vénale.

Aux Pays-Bas, la valeur des dons en actions et obligations cotées est estimée d'après le cours de Bourse des titres en question. Pour les autres biens, la valeur est fondée sur la juste valeur marchande, qui doit être établie avant le don.

Pas d'estimation initiale requise, mais vérifications a posteriori

Dans certains pays, comme le Chili, l'Estonie et l'Irlande, l'estimation formelle des biens donnés n'est pas obligatoire, mais la valeur déclarée par le donateur peut être vérifiée, auquel cas le prix indiqué du bien doit être confirmé. Au Chili, en règle générale, l'estimation des dons en nature doit être effectuée conformément aux dispositions spécifiques de la loi sur les droits de succession et de donation. Des règles particulières peuvent s'appliquer dans certains cas. En Indonésie, la valeur d'un don en nature est déterminée en fonction de la valeur historique, de la valeur comptable ou du prix de vente dans le commerce de biens ou d'articles similaires. Dans le cas de dons en nature tels que la construction d'infrastructures et d'équipements, la valeur est déterminée au moyen du coût de construction réel de l'infrastructure ou de l'équipement.

Allégement de l'impôt sur les plus-values

Les dons de biens qui ont pris de la valeur entre le moment où ils ont été acquis par le donateur et le moment où ils sont donnés peuvent avoir des conséquences fiscales en matière de plus-values dans les pays où il existe une fiscalité sur les plus-values. Si, par exemple, un particulier fait don à un OIG d'un bien qu'il a payé 50 000 EUR mais dont la valeur actuelle est estimée à 100 000 EUR, il y a plus-value. Dans un pays où les dons ne sont pas soumis à l'impôt sur les plus-values, le particulier peut bénéficier des incitations fiscales, mais aussi être exempté de l'impôt sur les plus-values qu'il aurait normalement eu à payer à la vente ou à la cession du bien.

Le Canada prévoit une exonération totale des plus-values pour les dons portant sur certains types de biens (en plus du crédit d'impôt pour dons de bienfaisance applicable). Plus précisément :

- les dons d'actions cotées en Bourse et d'options sur actions peuvent donner droit à un taux d'inclusion de zéro sur toute plus-value réalisée, sous réserve de certaines conditions. En revanche, l'impôt sur les plus-values s'applique aux dons de parts dans des sociétés non cotées, qui n'entrent pas dans le champ de l'exemption de l'impôt sur les plus-values ;

- les dons de terres écosensibles à certains fonds agréés (mais non à des fondations privées) peuvent donner droit à un taux d'inclusion de zéro sur toute plus-value réalisée, sous réserve de certaines conditions ;
- les dons de biens culturels attestés ne sont pas non plus soumis à l'impôt sur les plus-values, sous réserve de certaines conditions.

L'Irlande exonère de l'impôt sur les plus-values la cession d'une œuvre d'art qui a été précédemment prêtée à une galerie ou un musée agréé ou à l'Irish Heritage Trust pour une période de dix ans ou plus (six ans ou plus pour les prêts effectués avant le 2 février 2006) et exposée au public, et dont la valeur au moment du prêt était d'au moins 31 740 EUR. L'exonération de l'impôt sur les plus-values pour les dons d'autres biens et de titres est développée à l'encadré 4.6.

Encadré 4.6. L'allégement de l'impôt sur les plus-values en Irlande

Don de biens matériels

Les donateurs (particuliers et entreprises) d'immobilisations, telles que les biens immobiliers, peuvent bénéficier d'un allégement de l'impôt sur les plus-values. Le don sera considéré comme ayant été fait à la valeur que le bien avait à la date de son acquisition par le donateur. Il s'agit d'une exception à la règle normale selon laquelle la contrepartie de la cession doit être traitée fiscalement comme la valeur marchande à la cession. Le donateur sera donc considéré comme n'ayant réalisé ni gain ni perte lors de la cession et ne sera pas soumis à l'impôt sur les plus-values.

Don de titres

En Irlande, un particulier qui fait don de titres dont la valeur s'est appréciée entre la date de leur acquisition et celle de leur cession par don est redevable de l'impôt sur les plus-values. Le donateur peut demander à être exempté de l'impôt sur les plus-values pour cette cession, mais l'OIG qui a reçu les titres ne pourra alors pas demander d'allégement fiscal au titre de l'IS (décrit dans l'encadré 3.2). Si le donateur ne demande pas l'allégement fiscal au titre des plus-values, l'OIG recevra la juste valeur marchande des titres plus l'exemption de 31 % (ou 10 % s'il existe un lien entre le donateur et l'organisme).

L'OIG n'aura pas d'impôt sur les plus-values à payer en cas de cession ultérieure des titres à condition que le produit de la vente soit affecté à ses missions caritatives. Le donateur peut toutefois (sans préjudice de l'abattement annuel de 1 270 EUR dont il bénéficie à titre particulier) être redevable de l'impôt sur les plus-values au taux de 33 % pour la valeur accumulée entre l'acquisition des titres et leur cession.

Une entreprise qui fait un don de titres à un OIG peut choisir entre deux options, selon celle qui lui est la plus favorable : un allégement de l'impôt sur les sociétés à 12.5 % combiné à une déduction du don en charges, ou un allégement de l'impôt sur les plus-values. Si elle demande l'allégement de l'IS, elle devra payer l'impôt sur les plus-values (pour la cession) ; de son côté, l'OIG ne pourra pas demander de remboursement.

Aux États-Unis, les titres dont la valeur s'est appréciée ne donnent pas lieu à impôt sur les plus-values en cas de don, pour autant que la durée minimale de détention d'un an soit respectée.

En Australie, les dons de biens, y compris de titres, peuvent générer des plus-values ou des moins-values. Ce cas est traité séparément, c'est-à-dire que le contribuable peut demander une déduction pour le don et doit également inscrire une plus-value ou une moins-value, le cas échéant. Cette plus- ou moins-value est traitée normalement, c'est-à-dire qu'elle augmente ou diminue l'obligation fiscale selon le cas. Toutefois, en cas de don à un OIG, le donateur est exonéré du paiement de l'impôt sur les plus-values pour les biens donnés dans le cadre du *Cultural Gifts Program* (dons au secteur culturel) et les biens à usage personnel exemptés ; il pourra également demander une déduction pour la valeur du don. Les dons testamentaires ne sont pas soumis à l'impôt sur les plus-values à partir du moment où l'on considère qu'ils auraient été déductibles s'ils avaient été faits durant la vie du donateur.

En Norvège, un don en nature à un organisme philanthropique n'est pas considéré comme la réalisation d'un investissement (cession de parts, par exemple) à des fins fiscales. Par conséquent, la plus-value potentielle au moment du don ne déclenche pas d'impôt sur les plus-values dans les mains du donateur. Il en va de même en Argentine et en Israël. En Indonésie, les dons en nature sont exonérés de l'impôt sur les plus-values s'ils sont faits à une organisation confessionnelle, une structure éducative ou sociale, y compris une fondation, ou une coopérative. En Colombie, en Estonie, en Lettonie, au Portugal, en Afrique du Sud et en Suisse, les dons de titres ne sont pas exonérés de l'impôt sur les plus-values.

4.3. Dons philanthropiques des personnes morales

Parmi les pays analysés dans ce rapport, tous, à l'exception de la Suède, encouragent les dons philanthropiques des entreprises au profit de fonds et d'OIG admissibles. Comme nous l'expliquons plus haut, l'activité philanthropique des entreprises peut prendre la forme de dons ou de versements de parrainage. Pour que les dons des entreprises à des fonds et des OIG soient considérés comme des dons philanthropiques, ils doivent aussi être conformes aux règles nationales en matière de contreparties. Ainsi, les versements de parrainage, en ce qu'ils se font en échange d'une publicité qui constitue une contrepartie pour le donateur, ne seront considérés comme des dons philanthropiques que si la contrepartie se situe dans les limites réglementaires applicables. Les incitations aux dons des personnes morales agissent à deux niveaux de la fiscalité des entreprises : l'impôt sur les bénéfices des sociétés (IS) et l'impôt sur les plus-values. En l'absence d'une telle incitation, les contribuables personnes morales qui donnent à des organismes philanthropiques le font sur leurs bénéfices après impôt et ne reçoivent aucun avantage fiscal. Dans certains pays, le don serait considéré comme une dépense sans rapport avec l'activité économique et resterait donc inclus dans le bénéfice imposable de l'entreprise.

4.3.1. Incitations fiscales aux dons des personnes morales

La palette des incitations fiscales aux dons des entreprises comprend, comme pour les particuliers, les déductions, les crédits d'impôt et les systèmes d'abondement, ainsi que, dans de rares cas, des dispositifs de dotation. Cependant, la fiscalité des personnes morales offre un moyen supplémentaire d'encourager le soutien aux organismes philanthropiques : la déductibilité des dépenses de parrainage (et, dans certaines circonstances précises, de mécénat) en tant que charges d'exploitation de l'entreprise. Le tableau 4.5 montre que les dons des entreprises sont déductibles dans 29 pays.

Si l'on compare les informations dans ce tableau avec celles du tableau 4.1, on voit que les déductions sont plus couramment utilisées dans les dispositifs incitatifs visant les entreprises que dans ceux visant les particuliers. Par exemple, trois pays qui utilisent le crédit d'impôt pour encourager les dons des particuliers (Belgique, Canada et Nouvelle-Zélande) encouragent plutôt les dons des entreprises par des déductions. Une explication possible est que les pays considèrent les dons des entreprises comme des frais professionnels et autorisent donc simplement le donateur à déduire le don de la même manière que ses autres charges d'exploitation. Un autre facteur qui explique la différence entre les incitations fiscales pour les entreprises et pour les particuliers est que les pays utilisent les crédits d'impôt sur le revenu des personnes physiques pour éviter l'effet régressif des déductions fiscales lorsque les taux sont progressifs. Étant donné que les taux de l'IS sont généralement fixes, les crédits d'impôt ne sont plus nécessaires pour empêcher l'effet régressif (ce n'est pas le cas aux Pays-Bas, comme expliqué ci-dessous).

Six pays encouragent les dons par des crédits d'impôt, trois d'entre eux (Chili, Lettonie et Portugal) offrant également des déductions. Les crédits d'impôt permettent aux entreprises de soustraire une partie de la valeur de leur don de leur impôt dû une fois l'IS calculé. Dans plusieurs pays, les entreprises peuvent choisir de faire usage de la déduction fiscale ou du crédit d'impôt selon la mesure qui leur est la plus favorable.

Tableau 4.5. Incitations fiscales aux dons des entreprises

X représente l'incitation fiscale pour les entreprises ; O représente l'incitation fiscale pour les particuliers (si différente de celle pour les entreprises).

Pays	Déductions fiscales	Crédits d'impôt	Système d'abondement	Dispositif de dotation	Autres
Argentine	X				
Australie	X				
Autriche	X				
Belgique	X	O			
Bulgarie	X				
Canada	X	O			
Chili	X	X			
République tchèque	X				
Estonie	X				
Finlande	X				
Allemagne	X				
Grèce	X				
Hongrie	X			O	
Inde	X				
Indonésie	X				
Irlande	X		O		
Italie	X	O		O	
Japon	X				
Lettonie	X	X			
Lituanie	X			O	
Luxembourg	X				
Malte	X				O
Mexique	X				
Pays-Bas	X				
Nouvelle-Zélande	X	O			
Norvège	X		X		
Portugal	X	X		O	
Roumanie	X			O	
Singapour	X				
Slovénie	X			O	
Afrique du Sud	X				
Suisse	X				
Royaume-Uni	X		O		
États-Unis	X				
Colombie		X			
France		X			
Israël		X			
République slovaque				X	
Suède		O			X[1]

Notes :
1. Aucune incitation fiscale aux dons des entreprises
Source : questionnaire de l'OCDE sur la fiscalité et la philanthropie

La Norvège est le seul pays à avoir un système d'abondement parmi ses incitations aux dons des entreprises et la République slovaque, le seul à offrir un dispositif de dotation. Les avantages des dispositifs de dotation – tels que leur capacité à favoriser une culture du don en sensibilisant le grand public à la philanthropie – concernent principalement les dons des particuliers. Ainsi, la différence entre la fréquence des dispositifs de dotation dans les incitations destinées aux particuliers et dans celles destinées aux entreprises pourrait s'expliquer par le fait que, hormis affecter des fonds publics à des organismes philanthropiques (ce que peuvent aussi faire les subventions), ils n'ont jamais un effet aussi puissant que lorsqu'ils s'adressent aux particuliers.

La conception des incitations fiscales pour les donateurs personnes morales diffère d'un pays à l'autre et dépend de la nature du don. Un don philanthropique peut se faire en numéraire (don en espèces) ou être non monétaire (don en nature). Dans le cas des entreprises, les dons en nature peuvent consister en

- biens immeubles, droits intellectuels, titres, biens culturels ;
- stocks de matières et de marchandises (p. ex., don de fauteuils roulants par un fabricant de matériel médical) ;
- travail (p. ex., contribution à un chantier d'équipement par une entreprise de construction).

Comme les dons en nature des particuliers, les dons non monétaires des entreprises doivent respecter certaines règles en matière d'estimation, qui, sauf exception, sont les mêmes que pour les particuliers, et sont donc décrites au point 4.2.7. ci-dessus.

4.3.2. Plafonnement des incitations fiscales pour les entreprises

Les déductions et crédits d'impôt pour les dons des entreprises sont liés à l'impôt sur les sociétés et peuvent être limités à : une fraction du revenu global ; une fraction du revenu global imposable ; une fraction de la somme du chiffre d'affaires total et des salaires et traitements versés ; une fraction de l'IS à payer, une fraction du don lui-même, une valeur monétaire ; ou une combinaison de ces plafonds. En outre, contrairement aux particuliers, les entreprises peuvent déduire des charges professionnelles, de sorte que le parrainage d'organismes philanthropiques peut être partiellement encouragé au même titre que les dons par les règles normales relatives aux frais professionnels.

Les pays peuvent utiliser une combinaison de plafonds de déductions et de crédits avec différents niveaux de générosité. Dans certains cas (p. ex., en Bulgarie, au Chili, en Hongrie et en Slovénie), ces plafonds dépendent de la cause servie par le fonds ou l'OIG bénéficiaire. D'autres pays peuvent offrir au contribuable un choix de plafonds ou même de types de subvention fiscale (cas de l'Allemagne et de la Lettonie). Plusieurs pays (p. ex., l'Inde, la Belgique et la Lituanie) limitent l'allégement fiscal à une valeur monétaire fixe en plus d'un plafond défini comme une fraction, par exemple, du revenu global ou du revenu imposable.

Incitations fiscales similaires pour les particuliers et les entreprises

Dans 13 des pays étudiés – Argentine, Australie, Autriche, Bulgarie, Colombie, République tchèque, Inde, Indonésie, Luxembourg, Norvège, Singapour, Slovénie et Suisse –, le même traitement ou un traitement similaire s'applique aux dons des particuliers et aux dons des entreprises (voir, de ce fait, les points 4.2.3. et 4.2.5. pour plus de précisions). La différence est que, dans un cas, les déductions ou les crédits d'impôt sont calculés sur le revenu des personnes physiques, tandis que dans l'autre, les allégements fiscaux s'appliquent aux bénéfices des entreprises. Les planchers, les plafonds et le type de subvention fiscale restent les mêmes. En Argentine, les entreprises peuvent déduire les dons dans la limite de 5 % de leur bénéfice annuel. En Australie, les dons sont déductibles de la base de l'IS sans limite supérieure (tant que la déduction n'aboutit pas à un impôt dû négatif) et peuvent être étalés sur cinq années). En Autriche, les dons des entreprises sont déductibles dans la limite de 10 % du bénéfice global. Contrairement aux contribuables personnes physiques, les entreprises bénéficient d'un traitement fiscal préférentiel pour leurs dons en numéraire comme en nature. En Colombie, les entreprises qui donnent à des organismes philanthropiques bénéficient d'un crédit d'impôt de 25 %, limité à 25 % de l'IS dû par l'entreprise. En République tchèque, les entreprises peuvent déduire les dons en espèces et en nature jusqu'à 10 % de la base de l'IS si la valeur du don dépasse 2 000 CZK. Le don est déductible à 100 % s'il a pour bénéficiaire un fonds désigné dans une liste de fonds admissibles (p. ex., le Prime Minister National Relief Fund) et à 50 % pour la plupart des autres organismes philanthropiques. Dans la plupart des cas, la déduction est plafonnée à 10 % du résultat global brut (après toutes les autres exonérations et déductions fiscales admissibles). En Indonésie, les dons sont déductibles de la base de l'IS dans la limite de 5 % du bénéfice imposable. Au Luxembourg, la déduction fiscale ne peut dépasser 1 000 000 EUR ou 20 % du total des bénéfices nets, celui-ci étant constitué par l'excédent des recettes sur les dépenses effectuées en vue d'acquérir, d'assurer et de conserver les recettes. En Norvège, les dons d'entreprise jusqu'à 50 000 NOK sont déductibles. Singapour accorde une déduction fiscale de 250 % sur certains types de dons, tels que les dons en espèces et les dons d'actions et d'œuvres d'art à des organismes philanthropiques admissibles. En Afrique du Sud, les dons peuvent donner droit à une déduction fiscale allant jusqu'à 10 % du bénéfice imposable. En Slovénie, la déduction fiscale pour les dons des entreprises est limitée à 0.5 % du bénéfice imposable. Les déductions pour les dons à des causes telles que l'aide sociale, la science et la religion sont limitées à 0.3 % ; les déductions pour les dons en faveur de la culture ainsi que du secours en cas de catastrophe sont plafonnées à 0.5 % du bénéfice imposable. En Suisse, les dons sont déductibles à hauteur de 20 % du bénéfice imposable de l'entreprise.

En Bulgarie, le plafond de la déduction fiscale varie en fonction de la cause visée et les pourcentages sont les mêmes que pour les donateurs particuliers. Les dons sont déductibles de la base de l'IS (résultat comptable annuel), dans la limite d'un plafond global de 65 % de la base d'imposition. Les plafonds diffèrent en fonction du bénéficiaire comme suit :

- jusqu'à 10 % du résultat comptable de l'exercice pour les montants dépensés en faveur des bénéficiaires suivants :
  - établissements de santé et de soins ;
  - services sociaux pour les soins résidentiels ainsi que services de l'Agence d'assistance sociale et du Fonds de protection sociale relevant du Ministère du travail et de la politique sociale ;
  - foyers d'accueil et de soins pour enfants ;
  - crèches, jardins d'enfants, écoles, collèges, lycées et universités publics ;
  - établissements publics au sens de la Loi comptable ;
  - associations confessionnelles enregistrées dans le pays ;
  - entreprises spécialisées ou les coopératives de personnes handicapées, personnes handicapées ainsi que leurs aides techniques ;
  - victimes de catastrophes ou leurs familles ;
  - Croix-Rouge bulgare ;
  - personnes socialement défavorisées, y compris enfants handicapés ou orphelins ;
  - instituts culturels et centres communautaires ;
  - OIG à l'exception de ceux soutenant la culture ;
  - Fonds bulgare pour la promotion de l'efficacité énergétique et des énergies renouvelables ;
  - groupes thérapeutiques pour le traitement des toxicomanies ;
  - le Fonds des Nations unies pour l'enfance (UNICEF) ;
  - entreprises sociales inscrites au registre des entreprises sociales, pour l'exercice de leurs activités sociales ou la réalisation de leurs objectifs sociaux ;
- jusqu'à 15 % du résultat comptable pour l'aide fournie à titre gratuit dans les conditions et selon la procédure établies par la loi sur le soutien financier à la culture ;

- jusqu'à 50 % du résultat comptable pour le montant des dons en faveur de :
  - la Caisse nationale d'assurance maladie : pour les activités liées au traitement médical des enfants qui sont financées par des transferts du budget du ministère de la santé, et les activités du Centre de procréation assistée.
- Les frais relatifs aux dons d'ordinateurs et de matériel informatique fabriqués dans l'année précédant la date du don et donnés à des écoles et lycées bulgares sont admissibles à des fins fiscales.

En Finlande, en Irlande, au Mexique, aux Pays-Bas, en Allemagne, en France et en Israël, les incitations fiscales aux dons des entreprises sont les mêmes pour les particuliers, mais avec des plafonds qui diffèrent sensiblement. En Finlande, les entreprises peuvent déduire les dons en numéraire aux universités financées par des fonds publics dont le montant est compris entre 850 EUR et 250 000 EUR. Les dons en espèces dans les mêmes limites de montant sont également déductibles s'ils sont effectués dans le but de promouvoir la science, l'art ou le patrimoine culturel finlandais et s'ils sont versés à des associations, des fondations ou d'autres institutions désignées par l'administration fiscale et dont l'objet est de promouvoir l'art, la science ou la conservation du patrimoine culturel finlandais.

En Irlande, une entreprise qui fait un don de plus de 250 EUR à un organisme philanthropique agréé peut demander une déduction au même titre que pour des frais commerciaux ou de gestion déductibles de ses charges, pour l'exercice comptable au cours duquel le don est versé. Pour que le don soit fiscalement déductible, il ne doit pas donner lieu à une contrepartie directe ou indirecte pour le donateur ou pour une personne qui lui est liée, et il ne doit pas être conditionné ou associé à un accord impliquant l'acquisition de biens par l'organisme philanthropique agréé. Les dons d'immobilisations corporelles telles que des biens immobiliers peuvent bénéficier d'un allégement de l'impôt sur les plus-values (pour plus d'informations sur les dons de titres, voir l'encadré 4.2). L'allégement de l'impôt sur les plus-values pour les dons d'œuvres d'art est le même pour les particuliers et pour les entreprises ; il est abordé dans la section 4.2.7.

Au Mexique, les entreprises peuvent déduire les dons à des institutions privées jusqu'à 7 % du bénéfice imposable réalisé au cours de l'exercice précédent. Les dons en faveur de l'État fédéral, des administrations fédérales, des villes ou de leurs organismes décentralisés ne sont déductibles qu'à hauteur de 4 % du bénéfice fiscal. Le montant total des dons ne peut excéder 7 % du bénéfice imposable.

Aux Pays-Bas, les dons des entreprises sont déductibles dans la limite de 50 % du bénéfice fiscal, pour un montant maximum de 100 000 EUR. En outre, la déduction de dons ne doit pas aboutir à une perte et la fraction du don non déduite ne peut pas être reportée sur plusieurs exercices. Les dons aux OIG servant une cause en rapport avec la culture sont abondés et peuvent être déduits à hauteur de 1.5 fois la valeur du don, dans la limite de 2 500 EUR au maximum. Les Pays-Bas ayant un taux d'IS progressif (16.5 % pour les bénéfices jusqu'à 200 000 EUR et 25 % pour les bénéfices au-delà de 200 000 EUR), le montant de la déduction autorisée est plus élevé pour les entreprises qui déclarent un bénéfice supérieur à 200 000 EUR.

En Allemagne, les dons sont déductibles jusqu'à 20 % du résultat imposable (avant la déduction) ou 4 % de la somme du chiffre d'affaires total et des salaires versés (ce qui est très proche de la conception de l'incitation fiscale pour les dons en Lettonie – voir l'encadré 4.7). Des dispositions de report s'appliquent et les dons peuvent être considérés comme des charges d'exploitation. Pour les dons en nature portant sur des biens, l'entreprise peut choisir entre l'approche de la valeur vénale et celle de la valeur comptable (voir la section sur les règles d'estimation de la valeur pour plus de détails sur ces deux approches).

La France accorde aux entreprises une réduction d'impôt pour don égale à 60 % du montant pour la fraction du don inférieure ou égale à 2 millions EUR et à 40 % du montant pour la fraction supérieure à 2 millions EUR. Pour les dons aux organismes d'aide aux personnes en difficulté (repas, soins, logement), la réduction est de 60 % du montant total du don. La réduction d'impôt est plafonnée à 20 000 EUR ou

5 ‰ (5 pour mille) du chiffre d'affaires annuel hors taxe (plafond appliqué à l'ensemble des versements effectués). Lorsque le montant de la réduction d'impôt excède le plafond, le solde non imputé peut être utilisé pour le paiement de l'impôt dû au titre des cinq exercices suivants.

En Israël, les entreprises qui font des dons à des organismes philanthropiques admissibles peuvent bénéficier d'un crédit d'impôt de 30 % ; le montant des dons doit pour cela être compris entre 50 USD et 2.5 millions USD. La déduction ne peut excéder 30 % du revenu brut et la fraction admissible excédentaire ne peut être reportée sur plus d'un exercice. En outre, les dons ne peuvent pas être considérés comme des frais professionnels et l'impôt sur les plus-values s'applique aux dons en nature.

En Italie, les entreprises peuvent déduire les dons philanthropiques de leur revenu imposable de la même manière que les particuliers. Toutefois, elles ne peuvent pas opter pour le crédit d'impôt.

Crédits d'impôt pour les particuliers, déductions fiscales pour les entreprises

La Belgique, le Canada et la Nouvelle-Zélande offrent des crédits d'impôt pour les donateurs personnes physiques et des déductions fiscales pour les donateurs personnes morales. En Belgique, les dons des entreprises à des organismes philanthropiques agréés sont déductibles jusqu'à 5 % du bénéfice imposable ou 500 000 EUR. Au Canada, les dons des entreprises à des organismes de bienfaisance enregistrés donnent droit à une déduction pouvant représenter jusqu'à 75 % du bénéfice imposable de l'entreprise. Ce plafond est majoré de 25 % du montant des plus-values imposables découlant du don de biens en capital ayant pris de la valeur, et de 25 % de la récupération de la déduction pour amortissement provenant de tout don d'immobilisations amortissables. Le plafond de revenu net ne s'applique pas à certains dons de biens culturels ou de terres écosensibles. Le taux d'inclusion des plus-values réalisées est de zéro pour les dons portant sur certaines immobilisations (titres cotés en Bourse, options d'achat d'actions, terres écosensibles, biens culturels attestés). Les dons qui dépassent le plafond applicable peuvent être reportés prospectivement jusqu'à cinq ans, à l'exception des dons de terres écosensibles qui peuvent l'être jusqu'à dix ans. En Nouvelle-Zélande, les entreprises peuvent demander des déductions fiscales pour tous les dons consentis à des fonds et OIG agréées, à condition que la déduction n'excède pas le total de leur bénéfice net annuel et que le montant du don soit d'au moins 5 NZD. Les dons de biens ne sont pas admissibles à la déduction fiscale et les dons excédentaires ne peuvent être répartis sur plusieurs années.

Le Japon offre aux donateurs particuliers le choix entre une déduction et un crédit ; les donateurs personnes morales, en revanche, n'ont que le choix de la déduction fiscale. Le plafond de la déduction pour les dons relevant du régime général se calcule au moyen de la formule suivante : [*(Montant du capital en fin d'exercice × Nombre de mois dans l'exercice / 12 × 2.5 / 1 000) + (bénéfice de l'exercice en cours × 2.5 / 100)] × 1/4*. Pour les dons aux OIG relevant du régime spécial, la formule est la suivante : *[(Montant du capital à la fin de l'exercice x nombre de mois dans l'exercice en cours / 12 x 3.75 / 1 000) + (bénéfice de l'exercice en cours x 6.25 / 100)] x 1/2*. La limite déductible est calculée pour chaque exercice au moment où le don est effectué. Il n'est pas possible de reporter le montant de la limite déductible qui n'est pas utilisé.

Crédits d'impôt combinés à des déductions fiscales

Le Chili, la Lettonie et le Portugal offrent à la fois des crédits d'impôt et des déductions fiscales aux donateurs personnes morales. En Lettonie, les entreprises donatrices ont le choix entre trois options d'allègement fiscal pour leurs dons philanthropiques (voir l'encadré 4.7 pour plus d'informations) – une déduction plafonnée en fonction des bénéfices, une déduction plafonnée en fonction de la masse salariale brute et un crédit d'impôt lié à l'impôt sur le revenu des dividendes. Au Portugal, les dons des entreprises peuvent être déduits de la base d'imposition dans la limite de 8/1000 du chiffre d'affaires total. Selon la cause visée, les dons bénéficient d'un abondement de 120 % à 150 % de leur valeur totale aux fins de la déduction. Par exemple, si une entreprise fait un don de 1 000 EUR à un OIG servant un but éducatif, elle pourra déduire 1 200 EUR de son résultat imposable.

Au Chili, certains dons d'entreprises peuvent bénéficier d'un crédit d'impôt de 50 % et d'une déduction fiscale égale au montant restant. D'autres peuvent bénéficier d'une déduction complète. Les dons aux causes d'urgence nationale et les dons effectués en vertu d'une loi de municipalité sont déductibles de la base d'imposition. Les dons pour la reconstruction peuvent bénéficier d'un crédit d'impôt de 50 % et d'une déduction fiscale égale au montant restant. Les dons en faveur de la culture donnent droit à un crédit d'impôt de 50 % plafonné soit à 2 % de la base d'imposition soit à une somme fixe, selon celui des deux montants qui est le plus faible, le solde étant déductible. Les dons aux organisations caritatives donnent droit à un crédit d'impôt de 50 % plafonné à un montant fixe, le solde étant déductible. Les dons en faveur de la culture donnent droit à un crédit d'impôt de 50 % plafonné soit à 2 % de la base d'imposition soit à une somme fixe, selon celui des deux montants qui est le plus faible, le solde étant déductible. Les dons aux associations sportives donnent droit à un crédit d'impôt de 50 % ou 35 % plafonné à 2 % de la base d'imposition ou à un montant fixe, le solde étant déductible. Les dons aux œuvres éducatives et sportives donnent droit à un crédit d'impôt de 50 %, le solde étant déductible, avec des plafonds qui diffèrent selon le type d'œuvre. En outre, dans la majorité des cas, un plafond général s'applique au montant du don, qui ne doit pas dépasser 5 % du bénéfice imposable de l'exercice (des plafonds spéciaux s'appliquent en cas de déficit fiscal ou de bénéfice ne couvrant pas le montant du don).

Encadré 4.7. Incitations fiscales pour les personnes morales en Lettonie

Les trois options d'allégement

Les entreprises qui ont fait un don admissible à un organisme philanthropique agréé peuvent choisir l'une des trois options d'allégement fiscal suivantes :

- déduction fiscale : déduction du montant du don de la base de l'IS, le montant de la déduction étant limité à 5 % du bénéfice de l'exercice précédent (après calcul de l'impôt) ;
- déduction fiscale : déduction du montant du don de la base de l'IS, le montant de la déduction étant limité à 2 % du total de la masse salariale brute (p. ex., les salaires versés) de l'exercice précédent ;
- crédit d'impôt : réduction de l'IS dû, mais uniquement sur les revenus des dividendes, de 85 % du montant des dons, lorsque la valeur du crédit ne dépasse pas 30 % de l'IS frappant les dividendes.

Les conditions d'admissibilité du don

Les dons des entreprises sont admissibles aux trois options d'allégement fiscal si les conditions ci-dessous sont remplies.

- Le don n'est pas destiné à un bénéficiaire spécifique qui est lié au donateur, à un employé du donateur ou au parent d'un employé du donateur.
- Le don n'entraîne pas, de la part du bénéficiaire, d'activités faites en contrepartie du don (p. ex., publicité, invitations à des manifestations de prestige).
- Le montant total de la dette fiscale du donateur au premier jour de la période d'imposition ne dépasse pas 150 EUR.

Le bénéficiaire du don ne fait pas la promotion de la marque du donateur. Cela pourrait être le cas lorsque le nom du bénéficiaire du don a un lien évident avec la marque du donateur (p. ex., *Société A* fait un don en numéraire à la fondation de *Société A*). Si le bénéficiaire publie la liste de ses donateurs, le nom de chaque donateur ne doit pas occuper plus de 1/20e de la zone de texte.

Dispositifs de dotation pour les particuliers mais pas pour les entreprises

Parmi les six pays qui mettent en œuvre un dispositif de dotation pour les contribuables personnes physiques (Hongrie, Lituanie, Portugal, Roumanie, République slovaque et Slovénie), seule la République slovaque en propose aussi un pour les personnes morales. En République slovaque, les entreprises peuvent affecter 1 % ou 2 % de leur impôt sur les sociétés à un organisme à but non lucratif agréé. Le montant minimum de la dotation est de 8 EUR. En Lituanie, les entreprises sont autorisées à déduire deux fois le montant total des dons (sauf pour les dons en espèces d'un montant unitaire supérieur à 9 750 EUR à des organismes philanthropiques reconnus, au cours d'un même exercice). Le montant total de la déduction ne peut excéder 40 % du bénéfice imposable de l'entreprise au cours de l'année fiscale. En Hongrie, une fraction déterminée des dons des entreprises est déduite du bénéfice avant impôt au titre des charges d'exploitation. Si une entreprise fait un don à un OIG, elle peut déduire 20 % de la valeur totale du don. Si le don est effectué dans le cadre d'un accord à long terme, la déduction peut être de 40 %. En outre, 50 % des dons au Fonds hongrois de sauvetage et de réparation (Magyar Kármentő Alap), au Fonds national de la culture ou au Fonds de compensation agricole sont déductibles.

4.3.3. Dons et parrainage en contrepartie de publicité

Ce rapport fait la distinction entre deux types de versements à des organismes philanthropiques à des fins de promotion : 1) ceux qui consistent en achat de prestations publicitaires à un prix égal à la juste valeur marchande de ces services ; et 2) ceux qui consistent en dons et actions de mécénat en contrepartie d'une publicité dont la juste valeur marchande est inférieure à la valeur du don et qui est conforme aux règles du pays en matière de contreparties. Dans la plupart des pays (p. ex., la Belgique, la Lettonie, le Mexique, les Pays-Bas, la Nouvelle-Zélande, la Norvège, la République slovaque, la Suède et les États-Unis), les versements du premier type sont entièrement déductibles. Dans certains pays, des contrats publicitaires sont généralement exigés pour prouver que l'OIG fait effectivement de la publicité pour l'entreprise. En Belgique, les dépenses de parrainage sont entièrement déductibles et les dons (ou « libéralités ») sont plafonnés à 5 % des bénéfices imposables ou dans la limite de 500 000 EUR au maximum. En France, tous les versements effectués en faveur d'organismes d'intérêt général sans contrepartie sont considérés comme des dons (« mécénat »). Toute opération dans laquelle l'OIG s'engage à assurer la visibilité de la marque ou de ses produits doit faire l'objet d'un contrat de publicité. En Nouvelle-Zélande et en Australie, un versement à un OIG peut être considéré comme une charge, et est déductible selon le régime général pour autant qu'il contribue à la génération de revenu imposable. Ainsi, un versement de parrainage à un OIG peut être déductible en vertu des règles générales relatives aux frais professionnels si le parrainage est susceptible d'augmenter le revenu imposable de l'entreprise. Aux États-Unis, les dons qui sont directement liés à l'activité commerciale ou industrielle du contribuable et qui sont faits dans l'attente raisonnable d'un rendement financier proportionnel au montant versé peuvent être déduits en charges. La déduction en charges n'est pas limitée aux 10 % du revenu brut ajusté auxquels la déduction pour les dons caritatifs est plafonnée.

Bien qu'ils puissent être considérés comme des charges déductibles pour le donateur dans de nombreux pays (à condition qu'ils aient un lien suffisant avec le résultat d'exploitation), ces versements peuvent avoir des implications pour les OIG qui les reçoivent. Les revenus d'activités autres que celles associées à la « cause noble » pour laquelle ils ont obtenu le statut d'organisme d'intérêt général peuvent être considérés comme revenus commerciaux et plafonnés en conséquence. Au Mexique, par exemple, les revenus provenant d'activités publicitaires sont considérés comme des revenus commerciaux et ne peuvent pas dépasser 10 % des revenus de l'OIG si celui-ci veut pouvoir bénéficier de l'avantage fiscal lié aux dons. Le fait de recevoir des versements au titre de parrainage plutôt que des dons peut entraîner pour l'OIG bénéficiaire des obligations qu'il ne sera pas en mesure de satisfaire ou une hausse de l'impôt dû. Les règles fiscales applicables aux OIG sont examinées plus en détail dans un autre chapitre de ce rapport.

Là où les versements de parrainage sont admis comme dons philanthropiques, les entreprises peuvent donner plus que la valeur de la contrepartie en publicité. Ainsi, au Canada, si une entreprise reçoit une reconnaissance spéciale, ou une marque de reconnaissance allant au-delà d'un simple remerciement (p. ex., bandeau publicitaire ou promotion de ses produits) de la part d'un organisme philanthropique auquel elle a fait un don, son don est considéré comme un « parrainage philanthropique », et les règles en matière de contreparties peuvent s'appliquer. Dans certains pays, le versement peut ne donner droit à aucun allégement fiscal (voir, p. ex., les règles strictes de la Lettonie en matière de contreparties, analysées dans l'encadré 4.7). Au Canada, la juste valeur marchande de la contrepartie en publicité est soustraite du montant du don aux fins de la déductibilité fiscale pour l'entreprise donatrice. Lorsque la valeur ne peut être calculée, l'organisme donataire ne peut pas délivrer de reçu officiel de don et l'entreprise donatrice peut alors être autorisée à déduire le versement au titre des frais de publicité (il ne s'agit donc pas nécessairement d'une forme de don philanthropique).

4.4. Risques d'évasion et de fraude fiscales

4.4.1. Abus des incitations fiscales en faveur des dons philanthropiques

Il y a abus des avantages fiscaux octroyés aux organismes philanthropiques lorsque le statut fiscal privilégié d'un fonds ou d'un OIG est utilisé indûment soit par l'organisme lui-même, soit par un contribuable ou un donateur, soit par un tiers, tel qu'un escroc usurpant la raison sociale de l'organisme ou un responsable de déclaration fiscale falsifiant des déclarations pour frauder le fisc (OCDE, 2009[4]). Les abus dont il est question ici ne font pas qu'entraîner des pertes de recettes fiscales ; ils nuisent à l'image et au crédit du secteur philanthropique dans son ensemble. Les risques d'évasion et de fraude fiscales communément associés aux allégements fiscaux pour les dons philanthropiques recouvrent les situations suivantes : organisme philanthropique qui participe volontairement à une fraude fiscale au profit d'un donateur (voir l'exemple décrit dans l'encadré 4.8) ; justificatifs de don et reçus fiscaux falsifiés par l'organisme philanthropique, le responsable de la déclaration fiscale ou le donateur ; paiement de biens ou de services déguisé en don ; dons dont la valeur est surestimée ; don de biens dans lesquels le donateur conserve une participation.

Encadré 4.8. L'affaire du Cup Trust au Royaume-Uni

Contexte

Cup Trust, un trust caritatif ayant pour seul administrateur (*trustee*) une société domiciliée dans les Îles Vierges britanniques, a été enregistré comme organisation caritative (*charity*) par la Charity Commission for England and Wales en 2009. Cup Trust a reçu au total 176 000 000 GBP de « dons » de contribuables, grâce auxquels il a tenté d'obtenir 46 000 000 GBP de *Gift Aid*, et a versé en tout et pour tout 55 000 GBP à des œuvres caritatives.

Le schéma du montage

Le trust caritatif Cup Trust était au centre d'une opération circulaire dont l'objectif était de percevoir la subvention publique du programme Gift Aid et de faire profiter ses donateurs particuliers d'allégements fiscaux. Le diagramme ci-dessous est un schéma simplifié de l'opération frauduleuse, destinée à être exécutée en moins de 24 heures. Cup Trust commence par contracter un emprunt qui lui sert à acheter, auprès d'un autre trust, une obligation d'État d'une valeur de 50 000 GBP. Cup Trust vend ensuite l'obligation à un intermédiaire au prix de 5 GBP, avec une option lui permettant de récupérer le titre dans le cas où il ne recevrait pas dans les 24 heures un don de 50 005 GBP. Un contribuable (particulier) achète alors l'obligation à l'intermédiaire au prix de 5 GBP, la vend à sa valeur de marché de 50 000 GBP au trust initial, et fait un don de 50 005 GBP à Cup Trust, sachant pouvoir bénéficier d'un allégement fiscal pour la totalité de son « don à une organisation caritative ». Enfin, Cup Trust utilise le produit du don pour rembourser le prêt, consenti sans intérêt à condition qu'il soit remboursé dans les 24 heures. Cup Trust demande par ailleurs à bénéficier du *Gift Aid* sur le don reçu – ce qui, en l'occurrence, lui sera refusé.

Opération circulaire réalisée en 24 heures

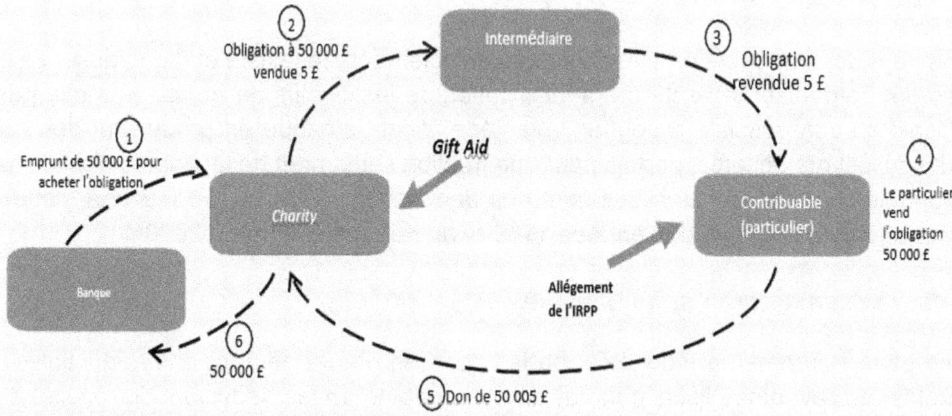

Mesures propres à prévenir ce type d'abus

- L'échange régulier d'informations sur les organismes philanthropiques d'intérêt commun entre l'autorité d'agrément et l'administration fiscale, afin de concentrer des ressources limitées sur les organismes suspects et traquer les stratagèmes d'évasion et de fraude fiscales dans le secteur philanthropique.
- Des contrôles préalables par l'autorité d'agrément pour vérifier l'existence d'un intérêt général manifeste lié à l'objet d'un organisme avant de lui accorder le statut fiscal préférentiel.
- La réglementation des organismes philanthropiques est importante pour maintenir l'accès aux avantages fiscaux. Nécessité d'améliorer la responsabilité et la transparence par le biais d'obligations déclaratives et de mieux utiliser les données des différentes administrations.

Note : le diagramme est un schéma simplifié du stratagème utilisant l'opération circulaire sur une obligation d'État.
Source :https://www.gov.uk/government/publications/the-cup-trust-charity-commission-inquiry-results/the-cup-trust-inquiry-results-formerly-a-registered-charity

Surestimation de la valeur des dons en nature

Des règles d'estimation laxistes et des contrôles insuffisants peuvent ouvrir la porte à des montages fondés sur la surestimation. De tels montages désignent par exemple le cas où un contribuable achète un bien immobilier à bas prix et en fait don à une valeur beaucoup plus élevée (appuyée par une estimation en ce sens), générant ainsi des bénéfices excessifs au moment de demander la déduction fiscale pour don de bienfaisance. Ces stratagèmes utilisent souvent des structures étrangères (OIG étrangers et fiducies extraterritoriales dans des paradis fiscaux) pour masquer, mais aussi légitimer, la transaction. Au Canada, ces montages ont été très utilisés dans les années 2000. En conséquence, le pays a adopté une législation et augmenté les ressources de contrôle pour traiter l'estimation des dons, ce qui semble avoir permis d'endiguer le problème. En Colombie et en Allemagne également, des systèmes dans lesquels la valeur des dons était artificiellement gonflée pour augmenter l'avantage fiscal ont eu cours.

Aux États-Unis, l'estimation des biens donnés est un problème de longue date. Au fil du temps, la législation ou la réglementation ont renforcé les exigences en matière d'estimation et certaines autres contraintes afin de combler les failles qui ouvraient la voie aux abus. L'estimation des dons de véhicules d'occasion, qui a fait l'objet de nombreux abus, en est un exemple. Afin de limiter la surestimation des véhicules d'occasion, la législation a imposé des estimations formelles pour les véhicules d'une valeur supérieure à 500 USD et des formulaires à soumettre aux services fiscaux indiquant l'année, le modèle et le numéro d'identification du véhicule (numéro de châssis) à des fins de vérification.

Trafic de justificatifs de dons et de reçus fiscaux

Dans certains pays, les fraudeurs profitent d'un cadre réglementaire laxiste et d'une absence de contrôles fiscaux ciblés pour organiser la vente ou la falsification de justificatifs de dons. Un moyen de détourner l'incitation fiscale au don consiste à gonfler l'avantage fiscal demandé en produisant des justificatifs de dons à un OIG qui ont été achetés, parfois pour une fraction seulement de leur valeur faciale, par exemple aux professionnels chargés de l'établissement des déclarations fiscales. Au Canada, cette dérive était particulièrement fréquente à la fin des années 1990 et au début des années 2000.

Déduction de dons en nature non déductibles

Dans certains pays – comme en Indonésie, où les dons en nature ne sont pas déductibles –, la fraude consiste à profiter de l'avantage fiscal pour les dons en nature, en les déduisent du résultat d'exploitation (pour les entreprises) ou en les inscrivant dans les frais donnant droit à la réduction d'impôts (pour les particuliers).

Paiements de biens et de services déguisés en dons

Les donateurs particuliers peuvent, de connivence avec l'organisme donataire, déguiser en don le paiement effectué pour un bien ou un service. Des arrangements de ce type sont, par exemple, les organismes de bienfaisance qui reçoivent des dons et utilisent ensuite les fonds pour offrir une bourse à l'enfant d'un donateur ou pour payer les frais de scolarité de l'enfant d'un donateur dans une école privée. Ce problème est signalé par le Canada ainsi que par la Nouvelle-Zélande (voir l'encadré 4.9).

4.4.2. Stratégies anti-abus

S'ils veulent que la dépense fiscale engagée pour encourager les dons philanthropiques ait une efficacité, les pays doivent s'attaquer aux mécanismes d'évasion et de fraude fiscales engendrés par les dispositifs d'incitation et mettre en œuvre une réglementations et une stratégie propres à les interdire. Cependant, un excès de réglementation et d'obligations peut accroître considérablement la charge administrative tant pour les autorités fiscales et réglementaires que pour les organismes philanthropiques et leurs donateurs. Nombre de pays estiment au demeurant que la pratique de contrôles ciblés, le durcissement des amendes et des sanctions juridiques, une meilleure exploitation des données, et des règles fiscales claires sont des mesures efficaces pour prévenir la fraude.

La majorité des stratégies anti-abus consistent toutefois à réglementer et à établir des exigences de transparence et des obligations déclaratives pour les fonds et les OIG, comme nous le verrons au chapitre 5. En effet, un des principes des mesures anti-abus est que les bénéficiaires de dons philanthropiques soient des organismes philanthropiques agréés. Cela permet à l'administration fiscale de concentrer ses ressources sur ces organismes et de faire porter l'exigence de cause noble et d'intérêt général sur les fonds et OIG qui reçoivent les dons. L'agrément qui permet à une structure d'être considérée comme un fonds ou un OIG habilité à recevoir des dons ouvrant droit aux subventions fiscales a également pour but de légitimer les organismes philanthropiques, et, par-là, favoriser la confiance du public et le soutien financier pour le secteur dans son ensemble. Par conséquent, un élément clé de tout régime fiscal d'incitation à la philanthropie est un système solide d'agrément et de réglementation des organismes philanthropiques.

Encadré 4.9. Dispositifs courants d'évasion et de fraude fiscales utilisant les incitations aux dons philanthropiques en Nouvelle-Zélande

Dispositifs d'évasion

- Les bénéficiaires et les donateurs font passer pour dons les paiements effectués pour des biens ou des services (p. ex., frais de scolarité dans une école privée). Dans un tel système, le « donateur » reçoit le bien ou le service et demande un crédit d'impôt au titre de l'IRPP pour 33 % du prix acquitté.
- En Nouvelle-Zélande, l'allégement fiscal pour les donateurs particuliers est limité aux dons en espèces. Ainsi, certains contribuables font des « dons » en espèces à des organismes philanthropiques, étant entendu que l'organisme utilise ces fonds pour acheter un bien appartenant au donateur (transformant en don en espèces, à des fins fiscales, ce qui est effectivement un don en nature).
- Les donateurs versent des « dons » en espèces à une organisation caritative apparentée, étant entendu que ces fonds sont immédiatement prêtés en retour au donateur ou à un affilié pour servir aux activités courantes de son entreprise (le donateur demande un avantage fiscal, alors que l'organisation caritative peut, dans les faits, ne jamais avoir la jouissance des fonds en question).

Dispositifs de fraude

- Falsification de justificatifs de dons ou fabrication de reçus fiscaux.
- Utilisation de l'identité d'un tiers pour déclarer un don.

Références

Bullain, N. (2004), "Explaining Percentage Philanthropy: Legal Nature, Rationales, Impacts", *International Journal of Not-for-Profit Law*, Vol. 6/4, https://www.icnl.org/resources/research/ijnl/explaining-percentage-philanthropy-legal-nature-rationales-impacts. [1]

OECD (2009), *Report on abuse of charities for money-laundering and tax evasion*, http://oecd.org/dataoecd/30/20/42232037.pdf. [4]

Strečanský, B. et M. Török (2016), *Assessment of the Impact of the Percentage Tax Designations: Past, Present, Future*, ERSTE Foundation, http://www.erstestiftung.org/en/publication/percentage-tax-designations/. [3]

Urban-Brookings Tax Policy Center (2018), *How did the Tax Cuts and Jobs Act affect incentives for charitable*, https://www.taxpolicycenter.org/briefing-book. [2]

Notes

[1] Dans le code allemand des impôts, le « montant total des revenus » (*Gesamtbetrag der Einkünfte*) est un montant intermédiaire défini précisément au cours du processus d'estimation. Il s'agit, en gros, du revenu imposable moins les frais professionnels connexes, diminué de certaines allocations spéciales pour les parents isolés et les retraités.

[2] La TCJA a créé un plafond de 60 % pour les dons en numéraire jusqu'en 2026.

[3] Données publiées par le ministère slovène des finances (http://edavki.durs.si)

5 Le traitement fiscal de la philanthropie transfrontalière

Ce chapitre s'intéresse au traitement fiscal des dons philanthropiques transfrontaliers. Il étudie tout d'abord les incitations fiscales aux dons et legs transfrontaliers, avant d'analyser comment s'appliquent, dans ce contexte, les droits de donation et de succession et, le cas échéant, l'impôt sur les plus-values. Il examine ensuite le traitement fiscal des organismes philanthropiques qui opèrent à l'étranger, en examinant si l'allégement fiscal est étendu aux organismes philanthropiques étrangers opérant au niveau national, et le traitement fiscal des OIG nationaux opérant à l'étranger. En dernier lieu, il se penche sur le traitement fiscal des fonds qui octroient des subventions à l'international.

5.1. Introduction

Ce chapitre passe en revue l'approche respective des différents pays en matière de fiscalité concernant la philanthropie transfrontalière.. On parle de philanthropie transfrontalière lorsqu'une personne morale ou physique fait un don à un organisme situé dans un autre pays (« philanthropie directe »), ou encore lorsqu'un organisme philanthropique national mène des actions en dehors du pays ou que, à l'inverse, un organisme ayant son siège social à l'étranger exerce sur le territoire national (« philanthropie indirecte »). Dans ce chapitre, on examine comment sont traités fiscalement les dons transfrontaliers et les opérations transfrontalières des organismes philanthropiques.

Ce chapitre analyse dans quelle mesure les pays offrent des incitations fiscales (déductions, rabais ou abondement) aux dons à des organismes philanthropiques étrangers sous forme de donations entre vifs et de legs testamentaires. On regarde également si d'autres impôts s'appliquent à ces actes philanthropiques, notamment les droits de donation et les droits de succession ainsi que, le cas échéant (lorsque le don implique le transfert de la propriété d'un bien), l'impôt sur les plus-values. En dehors de l'Union européenne (UE) (et, par extension, de l'Espace économique européen (EEE)), dont la position est dictée par la jurisprudence de la Cour de justice de l'Union européenne (CJUE), le soutien fiscal aux dons transfrontaliers est peu répandu dans les pays étudiés. La jurisprudence de la CJUE impose aux États membres d'effectuer une analyse de « comparabilité » pour déterminer si les dons à un organisme philanthropique établi dans un autre État membre ouvrent droit aux avantages fiscaux. Déterminer l'admissibilité peut donc relever d'un examen au cas par cas et, compte tenu des disparités entre les États membres en la matière, ce droit ne va pas de soi. Il semble par ailleurs que tous les membres de l'UE n'aient pas complètement adopté la position définie par les arrêts de la CJUE. Hors de l'UE, on dénombre quelques cas où les incitations fiscales pour les dons transfrontaliers sont limitées. Ces restrictions ont amené certains organismes philanthropiques à imaginer des stratagèmes de « contournement » faisant appel à des organismes établis dans diverses juridictions : les dons sont effectués à des organismes nationaux (qui ont droit à l'allégement fiscal) puis transmis à des organismes situés dans d'autres pays.

Ce chapitre examine également si un allégement fiscal est accordé aux organismes qui ont des activités transfrontalières – organismes philanthropiques étrangers présents dans le pays et organismes philanthropiques nationaux exerçant toutes ou certaines de leurs activités à l'étranger. Hormis la position adoptée par l'UE, peu d'autorités nationales prévoient la possibilité d'un allégement fiscal pour les organismes philanthropiques étrangers. La position dans l'UE est régie par les arrêts de la CJUE qui demandent aux États membres de procéder à une analyse de comparabilité pour déterminer l'admissibilité d'un organisme enregistré dans un autre État membre à un allégement fiscal, et une fois encore, la situation est complexe. Hors des frontières de l'UE, un petit nombre de pays tiers octroient des avantages fiscaux aux organismes philanthropiques étrangers au cas par cas. L'impossibilité pour des organismes étrangers de prétendre à des allégements fiscaux a conduit de nombreux organismes opérant à l'échelle internationale à établir des entités dans d'autres pays afin de bénéficier d'avantages fiscaux. Enfin, de nombreux pays prévoient un traitement de faveur pour les organismes nationaux qui œuvrent à l'étranger, notamment lorsque leurs activités ont trait à l'action humanitaire et à l'aide au développement.

La section 5.2 passe en revue les incitations fiscales en faveur des dons et des legs transfrontaliers, avant d'analyser comment s'y appliquent les droits de donation et de succession, ainsi que l'impôt sur les plus-values dans le cas des dons en nature. La section 5.3 analyse le traitement fiscal des organismes philanthropiques qui ont des activités transfrontalières, en examinant si l'allégement fiscal est étendu aux organismes philanthropiques étrangers opérant dans le pays, et, si oui, sous quelles conditions. Elle aborde ensuite le traitement des OIG nationaux, en particulier ceux qui sont des succursales d'organisations philanthropiques internationales ayant des activités transfrontalières. Enfin, elle se penche sur le traitement fiscal des subventions à l'international pratiquées par des fonds.

5.2. Dons transfrontaliers

Si le don et la philanthropie à l'intérieur des frontières d'un pays bénéficient assez généralement d'un soutien fiscal national, les tentatives pour élargir ce soutien à la dimension internationale restent assez timides. Les difficultés en présence concernent :

- les incitations au don transfrontalier pour les particuliers et les entreprises ;
- les incitations au legs transfrontalier ; et
- les autres implications fiscales des dons ou legs transnationaux – p. ex. exonération des droits de donation ou de succession ou de l'impôt sur les plus-values pour les dons en nature portant sur des biens.

5.2.1. Incitations au don transfrontalier

Cette section donne un aperçu des incitations fiscales aux actes de philanthropie transfrontaliers. Elle porte essentiellement sur les avantages fiscaux que les pays peuvent offrir aux entreprises ou aux particuliers qui donnent à un OIG menant des actions à l'étranger. Dans la majorité des systèmes fiscaux, le régime général n'encourage pas les dons transfrontaliers (voir tableau 5.1), certaines situations spécifiques autorisant néanmoins une forme d'aide, si l'organisme étranger satisfait à un ensemble d'exigences nationales ou internationales. Cette section couvre trois scénarios différents : les dons au sein de l'UE-EEE ; les dons entre pays ayant conclu des conventions fiscales bilatérales ; et les transactions avec des pays ayant d'autres régimes spécifiques.

En dehors de la position de l'Union européenne, étendue à tous les membres de l'Espace économique européen (EEE), la position générale est que les aides fiscales applicables pour les dons aux organismes philanthropiques nationaux ne le sont pas pour les dons aux organismes étrangers. La plupart des États limitent l'allégement fiscal aux dons faits à des organismes qui sont « dans », ou « constitués dans » ou « établis dans » le pays ou qui ont un autre lien avec lui. La nature du lien requis est importante pour déterminer si un allégement fiscal est disponible ; ce point est examiné plus en détail ci-dessous. En général, les règles sont les mêmes, que le donateur soit une personne physique ou une personne morale, bien que la Hongrie n'accorde un allégement fiscal qu'aux personnes morales et la Suède qu'aux personnes physiques.

Trois situations offrent la possibilité d'un allégement fiscal pour les dons à des organismes étrangers. La première est celle qui englobe les États membres de l'UE (et de l'EEE) auxquels s'appliquent les arrêts de la CJUE ; la CJUE a établi un principe général de non-discrimination en matière de dons philanthropiques (voir l'encadré 5.1). La deuxième est celle des pays qui ont conclu des accords bilatéraux autorisant les allégements fiscaux transfrontaliers. La troisième est celle des pays qui reconnaissent les OIG étrangers dans certaines circonstances bien définies et les incluent dans leur liste de donataires donnant droit à l'avantage fiscal.

Le droit de l'Union européenne

Les traités de l'UE prévoient la libre circulation des capitaux entre les États membres ainsi que la liberté d'établissement. Le droit européen interdit donc toute discrimination à l'égard des des dons à des OIG situés dans un autre État membre. Cela ne signifie pas qu'un don à un OIG étranger bénéficiera automatiquement du même traitement qu'un don à un OIG national, seulement que la nationalité d'un OIG n'est pas suffisante pour justifier une différence de traitement. Dans l'arrêt *Persche* (affaire 318/07 *Hein Persche c/ Finanzamt Ludenscheid*, 14 octobre 2008), la CJUE a statué que le droit communautaire n'exigeait pas des États membres qu'ils reconnaissent automatiquement le statut d'organisme d'intérêt général octroyé par un autre État pour accorder un allégement fiscal à des dons. Toutefois, lorsqu'un contribuable sollicite dans un État membre (dans cette affaire, l'Allemagne) la déductibilité fiscale de dons faits à un organisme établi et reconnu d'intérêt général dans un autre État membre (ici, le Portugal), les autorités du premier État membre ne sauraient refuser à cet organisme le droit à l'égalité de traitement pour la seule raison qu'il n'est pas établi sur leur territoire. Dans cette affaire, M. Persche, résident allemand, a demandé, dans sa déclaration de revenu, la déduction d'un don en nature de linge de lit et de bain ainsi que de déambulateurs et d'autres articles qu'il a fait à un OIG portugais exploitant une maison de retraite et un foyer d'enfants. La CJUE n'est pas allée jusqu'à exiger des États membres qu'ils accordent une reconnaissance mutuelle aux organismes philanthropiques ; ce qui leur est demandé, c'est d'accorder des avantages fiscaux équivalents lorsque le caractère comparable des OIG nationaux et étrangers peut être établi ; en l'espèce, l'Allemagne n'a pas cherché à établir cette comparabilité pour l'OIG portugais. Aux termes de cette jurisprudence et d'autres arrêts de la CJUE, il incombe au contribuable de réunir des informations prouvant que l'OIG donataire serait admissible à l'allégement fiscal dans l'État membre en question s'il n'était établi dans un autre État membre ; et, si le contribuable peut fournir ces preuves, les autorités fiscales doivent les accepter comme suffisantes.

Tableau 5.1. Incitations fiscales pour les dons à l'étranger

Pays	Incitations prévues pour les dons à l'étranger
Argentine	Non
Australie	Non
Autriche	Oui, si UE-EEE* ou pays où la coopération administrative existe
Belgique	Oui, si UE-EEE
Bulgarie	Oui, si UE-EEE
Canada	Non, sauf au titre d'une convention de double imposition
Chili	Non
Colombie	Non
République tchèque	Oui, si UE-EEE
Estonie	Oui, si UE-EEE
Finlande	Oui, si UE-EEE + organisme enregistré
France	Oui, si UE-EEE
Allemagne	Oui, si UE-EEE + un lien avec l'Allemagne
Grèce	Oui, si UE-EEE
Hongrie	Oui, si UE-EEE (donateurs : entreprises uniquement)
Inde	Non
Indonésie	Non
Irlande	Oui, si UE-EEE + organisme enregistré
Israël	Non, sauf au titre d'une convention de double imposition
Italie	Oui, si UE-EEE
Japon	Non
Lettonie	Oui, si UE-EEE + convention de double imposition
Lituanie	Oui, si UE-EEE
Luxembourg	Oui, si UE-EEE
Malte	Oui, si UE-EEE + organisme enregistré
Mexique	Non, sauf au titre d'une convention de double imposition
Pays-Bas	Oui, si organisme enregistré
Nouvelle-Zélande	Non, sauf cas particulier
Norvège	Oui, si UE-EEE
Portugal	Non (non conforme aux décisions de la CJUE)
Roumanie	Non (non conforme aux décisions de la CJUE)
Singapour	Non
République slovaque	Non (pas d'allégement pour les dons intérieurs)
Slovénie	Oui, si UE-EEE
Afrique du Sud	Non
Suède	Oui, si UE-EEE + organisme enregistré
Suisse	Non**
Royaume-Uni	Oui, si UE-EEE***
États-Unis	Non, sauf au titre d'une convention de double imposition

Notes : * « UE » désigne les pays membres de l'Union européenne, à savoir l'Allemagne, l'Autriche, la Belgique, la Bulgarie, Chypre, la Croatie, le Danemark, l'Espagne, l'Estonie, la Finlande, la France, la Grèce, la Hongrie, l'Irlande, l'Italie, la Lettonie, la Lituanie, le Luxembourg, Malte, les Pays-Bas, la Pologne, le Portugal, la République tchèque, la Roumanie, la Slovaquie, la Slovénie et la Suède. « EEE » désigne l'Espace économique européen, à savoir, les pays de l'UE, plus l'Islande, le Liechtenstein et la Norvège, qui participent de ce fait au marché intérieur de l'UE.

** En règle générale, n'étant pas membre de l'UE, la Suisse n'est pas soumise aux décisions de la CJUE. La Suisse pourrait se prévaloir de l'arrêt de la CJUE relatif aux dons entrants, sur la base du principe de liberté de circulation des capitaux posé par le TFUE, qui interdit les restrictions à la circulation des capitaux non seulement entre les États membres, mais aussi « entre les États membres et les pays tiers ». Oberson note que, pour la question de savoir si le même traitement peut s'appliquer dans l'autre sens, c'est-à-dire un don depuis la Suisse vers un organisme établi dans un État membre de l'UE, la réponse est moins tranchée (Oberson, 2015[1]).

*** Cela pourrait changer en conséquence du Brexit.

Source : questionnaire de l'OCDE sur la fiscalité et la philanthropie

Encadré 5.1. La philanthropie transfrontalière dans le cadre réglementaire de l'Union européenne

L'apparition d'un principe de non-discrimination

Pendant longtemps, les États membres de l'UE n'accordaient pas de privilèges fiscaux aux OIG étrangers. En effet, la règle générale était que les incitations fiscales étaient limitées aux OIG nationaux et à leurs donateurs. Toutefois, ce cadre réglementaire a été remanié par une série d'arrêts de la Cour européenne de justice (CJUE).

Entre 2005 et 2011, ces arrêts ont établi un principe général de non-discrimination en ce qui concerne le droit fiscal dans le domaine des activités d'intérêt général, instaurant les règles ci-dessous pour les États membres.

Conception du principe de non-discrimination

Les États membres sont libres d'accorder ou non des avantages fiscaux aux OIG et à leurs donateurs (1). De même, les États membres sont en principe libres de déterminer les conditions et exigences pertinentes. Parmi les conditions admissibles, les États membres peuvent théoriquement limiter le cercle des bénéficiaires des activités d'un OIG à leurs citoyens nationaux ou aux personnes vivant sur le territoire national (2). Ils n'ont pas non plus l'obligation d'accorder automatiquement le statut d'OIG à un organisme reconnu comme OIG dans un autre pays (3)

Toutefois, les limites des pouvoirs réglementaires des États membres sont fixées par les libertés fondamentales inscrites dans le Traité sur le fonctionnement de l'UE. En effet, les États membres ne peuvent pas exclure de l'admissibilité aux avantages fiscaux un OIG ayant son siège dans un autre État de l'UE et ses donateurs s'ils répondent à toutes les exigences applicables aux OIG nationaux (4). En outre, un État membre ne peut exiger d'un OIG qu'il mène ses activités philanthropiques uniquement sur son territoire pour bénéficier d'un traitement fiscal préférentiel (sauf s'il existe des raisons objectives impérieuses à cela). Par exemple, les États membres ne peuvent pas restreindre les avantages fiscaux pour don aux seuls dons à des universités ou à des laboratoires nationaux (5).

Les États membres doivent procéder à une analyse de comparabilité pour déterminer si un OIG ayant son siège dans un autre État de l'UE répond aux exigences de la législation fiscale nationale. Cette analyse doit être effectuée par les autorités et les tribunaux de l'État membre concerné (6). Les États membres peuvent demander à un OIG ayant son siège dans un autre État de l'UE de fournir tout document utile afin d'établir la comparabilité (7).

Notes : (1) CJUE, arrêt du 27.1.2009 – Affaire C-318/07 (*Hein Persche c/ Finanzamt Lüdenscheid*). (2) CJUE, *Stauffer*, paragraphes 37f., 57, *Missionswerk*, paragraphe 30. (3) CJUE, *Stauffer*, paragraphe 39 ; *Persche*, paragraphe 48. (4) CJUE, *Persche*, paragraphe 46 ; *Missionswerk*, paragraphes 30-31. (5) CJUE, *Laboratoires Fournier*, paragraphe 23 ; *Commission c/ Autriche*, paragraphes 35-38. (6) CJUE, *Persche*, paragraphe 49 ; *Missionswerk*, paragraphes 33-34. (7) CJUE, *Persche*, paragraphes 53-58.

Presque tous les États membres ont modifié leur législation et leurs procédures pour reconnaître l'admissibilité des dons faits à des organismes comparables ou similaires dans d'autres États membres. Certains évaluent la comparabilité au cas par cas, ce qui est souvent une procédure longue et coûteuse pour les contribuables, y compris du fait de l'obligation de produire des traductions des documents utiles, le cas échéant. Cette approche exige généralement que les donateurs particuliers obtiennent une approbation, souvent d'une administration régionale, dans chaque cas ; aucun dossier n'est conservé et aucun précédent n'est établi. C'est le cas en Belgique, en Bulgarie, en République tchèque, en Estonie, en Allemagne, en Hongrie, en Lettonie, en Lituanie et en République slovaque – même si, en Belgique, il est possible d'obtenir de l'autorité centrale une décision établissant que l'organisme étranger est comparable. D'autres États membres exigent que l'organisme philanthropique fasse la preuve de sa comparabilité et (ou) qu'il soit enregistré à la fois dans l'État en question et dans l'État d'origine. Cette approche, adoptée par l'Autriche, la Finlande, l'Irlande, Malte, les Pays-Bas, la Norvège et la Suède, présente l'avantage qu'une fois l'organisme enregistré dans le pays, les autres donateurs peuvent se prévaloir de cet enregistrement pour bénéficier de l'allégement fiscal. Cependant, la difficulté d'établir la comparabilité a pour conséquence que très peu d'organismes parviennent à se faire enregistrer.

Déterminer si un don à un organisme étranger est comparable à un don à un organisme national à des fins fiscales est problématique en raison de la diversité des approches dans les États membres. Les différences qui peuvent importer concernent la forme du don (la Finlande et le Portugal n'accordent un allégement fiscal que pour les dons en espèces) et le statut du donateur (la Hongrie, comme nous l'avons vu, n'accorde l'allégement qu'aux donateurs personnes morales, tandis que la Suède ne l'accorde qu'aux personnes physiques). D'autres différences peuvent porter sur l'admissibilité de l'organisme : s'agit-il d'un OIG ou d'un fonds et quel est son objet ? (l'Autriche, l'Allemagne, la Finlande, Malte et la Roumanie ont une liste plus restreinte d'objets admissibles) ; comment les fonds sont-ils décaissés, y compris pour les frais généraux ? (l'Autriche, la Belgique, l'Estonie, la Lettonie et la Lituanie limitent les dépenses pour « frais généraux » de différentes manières). On constate aussi des différences sur des critères tels que la rémunération des administrateurs (la plupart des pays interdisent les versements aux membres du conseil d'administration, mais pas la Suède), le fait que l'organisme mène ou non des activités à l'étranger (l'Allemagne impose des restrictions) et le délai de décaissement des fonds (le Portugal et la Suède imposent des délais précis ; d'autres pays exigent que les fonds soient utilisés dans un « délai raisonnable »).

Certains États membres imposent des exigences supplémentaires aux organismes étrangers. Par exemple, la Lettonie n'accorde un allégement que pour les organismes résidant dans des États membres avec lesquels elle a conclu une convention de double imposition. La législation fiscale allemande exige aussi que les activités des organismes philanthropiques aient pour objet ou pour effet, soit d'aider des personnes physiques qui ont leur résidence permanente en Allemagne, soit d'être bénéfiques à la réputation de l'Allemagne.

Les Pays-Bas sont le pays le plus ouvert parmi les répondants ; il n'y est pas fait pas de distinction entre les organismes nationaux et étrangers, qu'ils soient de l'UE-EEE ou d'ailleurs. Si l'organisme satisfait aux exigences de la législation fiscale, il a le droit d'être enregistré et ses donateurs peuvent demander des déductions. Ces organismes doivent être comparables et satisfaire à d'autres exigences telles que des critères d'intégrité, pour prouver « l'aptitude et la compétence » des personnes qu'ils emploient.

Enfin, il convient de noter que certains États membres (Portugal, Roumanie et République slovaque) ne se conforment pas aux arrêts de la CJUE.

Accords bilatéraux

La deuxième situation dans laquelle un don peut donner droit à un allégement fiscal lorsqu'il est fait à un OIG étranger est celle où il existe entre les deux pays un accord bilatéral prévoyant qu'un tel allégement est possible. Les États-Unis, par exemple, ont des accords de ce type avec le Canada, le Mexique et Israël. Une disposition similaire figure dans les conventions conclues entre les Pays-Bas et la Barbade et entre le Mexique et la Barbade.

La Convention entre le Canada et les États-Unis d'Amérique (1980) prévoit des déductions transfrontalières limitées dans certaines circonstances. L'article XXI autorise les donateurs américains à déduire les dons faits à des « organismes de bienfaisance enregistrés » canadiens, sous réserve des limites de pourcentage fixées par les États-Unis, *mais la déduction ne peut être imputée que sur les revenus de source canadienne*. De même, la convention permet aux donateurs américains de déduire de leur revenu de source américaine les dons faits à des grandes écoles et universités canadiennes fréquentées par le donateur ou un membre de sa famille (là encore, sous réserve des limites de pourcentage américaines). La convention prévoit également un crédit d'impôt réciproque pour les dons consentis par des résidents canadiens à des organismes exemptés d'impôt aux États-Unis qui pourraient être considérés comme des « organismes de bienfaisance enregistrés » en vertu du droit canadien s'ils étaient constitués au Canada, *mais la déduction ne peut être demandée que sur les revenus de source américaine* (sous réserve des limites de pourcentage canadiennes). Les dons faits à de grands écoles ou universités américaines fréquentées par le donateur ou un parent peuvent être déduits des revenus de source canadienne (là encore, sous réserve des limites de pourcentage canadiennes).

Une autre question est de savoir si, réciproquement, les États-Unis traiteront un organisme de bienfaisance canadien comme une fondation privée (*private foundation*) ou comme une organisation caritative publique (*public charity*) en vertu de leur droit – ces deux structures bénéficiant de pourcentages de déductibilité différents, à savoir, 30 % du revenu brut ajusté du donateur pour la première et 50 % pour la seconde. Un protocole à la convention fiscale entre le Canada et les États-Unis reconnaît que le droit canadien régissant le statut des « organisations exonérées » est substantiellement équivalent au droit américain régissant les organisations caritatives. En vertu de ce protocole, le statut d'organisation caritative publique d'un organisme de bienfaisance canadien est désormais reconnu par les États-Unis, sans qu'il soit besoin d'une décision particulière de l'administration fiscale ou que l'organisme canadien n'ait à fournir des informations financières, et inversement.

La convention fiscale entre les États-Unis et le Mexique (1992) contient également des dispositions autorisant la déduction des dons de bienfaisance transfrontaliers. L'article XXII de la convention permet aux donateurs américains de déduire de leur impôt sur le revenu les contributions versées à des organisations caritatives mexicaines. Les déductions ne sont autorisées *que pour les revenus de source mexicaine* et sont soumises aux limites de pourcentage fixées par l'autorité fiscale des États-Unis. Les donateurs mexicains n'ont droit à des déductions réciproques *que sur les revenus de source américaine* (sous réserve de limites de pourcentage mexicaines) pour les contributions à des organisations caritatives (*charities*) américaines. La responsabilité de la détermination du statut d'organisation caritative publique (*public charity*) incombe à l'autorité compétente de l'État contractant où l'organisme a son siège. Bien que la déduction soit limitée à des sources de revenus spécifiées, le statut d'organisation caritative de l'organisme étranger est reconnu.

L'article 15-A de la convention fiscale entre les États-Unis et Israël (1995) permet aux donateurs américains de déduire *de leurs revenus de source israélienne* les dons faits à des organisations caritatives israéliennes, pour autant que celles-ci soient assimilables à des organismes qui bénéficieraient d'une exonération fiscale en vertu du droit des États-Unis s'ils étaient établis aux États-Unis (critère de comparabilité). La déduction est plafonnée à 25 % du *revenu brut ajusté de source israélienne* pour les donateurs particuliers et à 25 % du *revenu imposable de source israélienne* pour les donateurs personnes morales. Réciproquement, les donateurs israéliens ont droit à une déduction sur leurs *revenus de source américaine* pour les dons faits à des organisations caritatives établies aux États-Unis qui bénéficieraient d'une exonération fiscale en vertu du droit israélien si elles étaient établies en Israël. La déduction est limitée à 25 % du revenu imposable de source américaine.

On trouve d'autres exemples d'allégement fiscal réciproque au titre d'un accord bilatéral dans la convention fiscale entre les Pays-Bas et la Barbade (2006) et dans la convention fiscale entre le Mexique et la Barbade (2008). L'article 22 de la convention entre les Pays-Bas et la Barbade prévoit qu'un don versé par un résident de l'État A à une organisation caritative de l'État B est déductible dans l'État A lorsque l'administration fiscale de ce dernier accepte que l'organisation soit considérée comme une organisation caritative sur son territoire (c'est-à-dire qu'elle remplit le critère de comparabilité). La convention entre le Mexique et la Barbade prévoit qu'un résident de l'État A peut demander une déduction pour un don fait à un organisme qui est une organisation caritative admissible dans l'État B. L'administration fiscale de l'État A peut consulter son homologue de l'État B pour vérifier que l'organisme est reconnu dans l'État B (c'est-à-dire qu'il y a reconnaissance mutuelle).

L'inclusion d'une disposition sur les dons de bienfaisance semble faire partie de la politique de la Barbade en matière de conventions fiscales. En effet, des dispositions concernant les dons aux organisations caritatives figurent à l'article 21 de la convention fiscale entre la Barbade et les Seychelles (2007), à l'article 22 de la convention fiscale entre la Barbade et Maurice (2004) et à l'article 23 de la convention fiscale entre la Barbade et le Ghana (2008).

Reconnaissance spécifique

Deux pays – le Canada et la Nouvelle-Zélande – disposent d'une procédure pour accorder l'allégement fiscal en cas de don à un OIG étranger agréé, dans des circonstances précises. Le Canada offre un crédit d'impôt pour les dons faits par des particuliers à des « donataires reconnus » – généralement, des organismes de bienfaisance enregistrés, c'est-à-dire constitués et établis au Canada. Toutefois, un organisme étranger peut devenir un donataire reconnu s'il est :

- une université établie en dehors du Canada dont le corps étudiant comprend habituellement des étudiants canadiens et qui a demandé au ministre le statut d'organisme enregistré, ou
- un organisme de bienfaisance étranger qui a demandé au ministre le statut d'organisme de bienfaisance enregistré. Le ministre, en consultation avec le ministre des finances, peut enregistrer en tant que donataire reconnu « un organisme de bienfaisance situé à l'étranger qui a reçu un don de Sa Majesté du chef du Canada » ; l'enregistrement est valable pour une période de 24 mois qui comprend la date de réception du don de Sa Majesté du chef du Canada. Sont admissibles les organismes de bienfaisance étrangers qui remplissent une de ces trois conditions :

  i) l'organisme exerce des activités de secours en réponse à une catastrophe ;

  ii) l'organisme fournit une aide humanitaire d'urgence ;

  iii) l'organisme exerce des activités dans l'intérêt national du Canada.

  Les organismes de bienfaisance étrangers enregistrés en tant que donataires reconnus sont actuellement au nombre de quatre.

La Nouvelle-Zélande dispose également d'une procédure légale permettant à un OIG étranger de devenir donataire agréé. L'organisme soumet au ministre, par l'intermédiaire de l'IRD (l'administration fiscale néo-zélandaise), une demande d'approbation et d'inscription à la liste de l'annexe 32 de la *loi de 2007 sur l'impôt sur le revenu*. Le critère d'agrément est que les fonds reçu doivent être affectés à au moins l'un de ces objectifs :

- soulager les maux engendrés par la pauvreté, la faim, la maladie, les conflits armés ou les catastrophes naturelles ;
- soutenir l'économie de pays en développement désignés par les Nations unies ; ou
- élever le niveau d'éducation d'un pays en développement désigné par les Nations unies.

Ne sont pas admissibles à l'agrément les organisations caritatives spécifiquement constituées pour promouvoir ou diffuser une idéologie religieuse, sectaire ou politique. La liste des donataires agréés compte actuellement environ 120 organismes philanthropiques.

Le fait qu'un pays n'accorde pas l'agrément à un OIG étranger n'empêche pas cet organisme de créer une structure ou une succursale dans le pays en question. Lorsqu'un organisme est établi dans un pays mais exerce tout ou partie de ses activités dans un autre pays, il faudra se demander si un organisme national est autorisée à entreprendre des activités à l'étranger. Cette question est examinée au point 5.3.2.

Enfin, il convient de noter que dans les pays comme la République slovaque qui n'accordent pas d'allégement fiscal pour les dons aux OIG nationaux, l'allégement n'existe pas non plus pour les dons transfrontaliers.

5.2.2. *Incitations au legs testamentaire transfrontalier*

Cette section résume le traitement fiscal des legs testamentaires en faveur d'OIG étrangers (legs transfrontaliers). Même si tous les pays n'ont pas fourni d'informations sur ce point, il ressort du tableau 5.2 que la plupart des pays qui accordent des avantages fiscaux pour les legs testamentaires aux OIG établis sur leur territoire national en accordent aussi pour les legs à des OIG étrangers. Il s'agit principalement de pays membres de l'UE, et les réponses indiquent que les mêmes exigences de comparabilité s'appliquent dans le cas des dons et dans le cas des legs transfrontaliers.

Tableau 5.2. Incitations fiscales pour les legs transfrontaliers

Pays	Le pays encourage les legs philanthropiques intérieurs et transfrontaliers
Australie	Non (mais allégement de l'impôt sur les plus-values possible)
Autriche	Oui
Belgique	Oui
Bulgarie	Oui, si UE-EEE
Canada	Oui (limité)
France	Oui, si UE-EEE
Japon	Oui
Pays-Bas	Oui
Norvège	Oui
Slovénie	Oui
Royaume-Uni	Oui (limité)
États-Unis	Oui

Source : questionnaire de l'OCDE sur la fiscalité et la philanthropie

Le Canada indique que, dans un petit nombre de circonstances, un legs à un OIG étranger pourra donner lieu au même avantage fiscal qu'un legs à un OIG national. Ces circonstances sont celles où le legs a pour bénéficiaire une université étrangère ou un organisme de bienfaisance étranger qui est enregistré (voir ci-dessus) et celles où la convention fiscale entre le Canada et les États-Unis d'Amérique prévoit un allégement fiscal comparable.

Dans le questionnaire, il était aussi demandé d'indiquer si des règles différentes s'appliquaient aux legs ayant un fonds, plutôt qu'un OIG, pour bénéficiaire. Aucune différence n'a été indiquée.

5.2.3. *Droits de donation, droits de succession et impôt sur les plus-values*

Cette section donne un aperçu des autres impôts que les pays peuvent prélever sur les actes de philanthropie transfrontalière. Les impôts concernés sont les droits de donation, les droits de succession et les impôts sur les plus-values. Bien que les approches diffèrent d'un pays à l'autre, la majorité des pays ne prélèvent pas d'impôts sur les actes philanthropiques transfrontaliers en question (voir le tableau 5.3). Pour les pays qui en prélèvent, quelques exemples sont développés à titre d'illustration.

Une majorité de pays (22) parmi les répondants ne prélèvent ni droits de donation, ni droits de succession sur les actes de donation et de legs transfrontaliers. Certains soumettent éventuellement l'acte à l'impôt sur les plus-values (5) ou au droit de timbre (1) au titre de la cession qui en résulte.

Aux États-Unis, l'exonération des droits de donation et des droits de succession prévue aux articles 2522(a) et 2055(a), respectivement, du code des impôts (IRC) peut s'appliquer aux donations et legs à des OIG étrangers.

Tableau 5.3. Fiscalité des donations et legs transfrontaliers

Pays	Droits de donation	Droits de succession	Exemption	Autres impôts
Argentine	Non	Non		
Australie	Non	Non		La cession d'actifs peut être soumise à l'impôt sur les plus-values.
Autriche	Non	Non		
Belgique	Non	Oui	Peut être exempté y compris dans l'UE-EEE	
Bulgarie	Oui	Oui	Peut être exempté y compris dans l'UE-EEE	
Canada	Non	Non		La cession de titres peut être soumise à l'impôt sur les plus-values.
Chili	Oui	Oui		
Colombie	Non	Non		La cession de titres peut être soumise à l'impôt sur les plus-values.
République tchèque	Non	Non		
Estonie	Non	Non		
Finlande	Oui	Oui	Peut être exempté y compris dans l'UE-EEE	
France	Oui	Oui	Peut être exempté y compris dans l'UE-EEE	
Allemagne	Oui	Oui	Peut être exempté y compris dans l'UE-EEE	
Grèce	Oui	Oui	Taux plus bas pour les OIG, y compris dans l'UE-EEE	
Hongrie	Oui	Oui		
Indonésie	Non	Non		
Irlande	Non	Oui	Peut être exempté y compris dans l'UE-EEE	
Israël	Non	Non		La cession de titres peut être soumise à l'impôt sur les plus-values.
Italie	Oui	Oui	Peut être exempté y compris dans l'UE-EEE	
Japon	Non	Non		
Lettonie	Non	Non		
Lituanie	Non	Non		
Malte	Non	Non		Éventuellement droit de timbre
Mexique	Non	Non		
Pays-Bas	Oui	Oui	Peut être exempté si l'organisme est enregistré	
Nouvelle-Zélande	Non	Non		
Norvège	Non	Non		
Portugal	Non	Non		
Roumanie	Non	Non		
Singapour	Non	Non		
République slovaque	Non	Non		La cession de titres peut être soumise à l'impôt sur les plus-values.
Slovénie	Oui	Oui	Peut être exempté y compris dans l'UE-EEE	
Afrique du Sud	Oui	Oui		
Suède	Non	Non		
Suisse	Oui	Oui		
Royaume-Uni	Non	Oui	Peut être exempté y compris dans l'UE-EEE	
États-Unis	Oui	Oui	Exemptions disponibles	

Source : questionnaire de l'OCDE sur la fiscalité et la philanthropie

Dans l'Union européenne, les pays qui lèvent de tels droits ont généralement répondu qu'une exemption pouvait être accordée dans le cas de bénéficiaires établis dans un autre État membre, sans doute sur la base de la comparabilité. C'est ce que tend à confirmer l'arrêt de la CJUE du 10 février 2011 dans l'affaire *Missionswerk Werner Heukelbach eV c/ État belge*, Affaire C-25/10 (l'« arrêt *Missionswerk* »). L'OIG Missionswerk était une association religieuse ayant son siège en Allemagne. Le Missionswerk avait été désigné comme légataire universel par Mme R, ressortissante belge ayant résidé toute sa vie en Belgique et décédée en Belgique en 2004. L'administration belge compétente pour la perception des droits d'enregistrement et de succession a réclamé au Missionswerk des droits de succession au taux marginal de 80 %. Le Missionswerk a demandé à bénéficier du taux réduit de droits de succession de 7 % applicable aux associations sans but lucratif en Belgique et sollicité le remboursement de la différence entre le montant des droits résultant de l'application du taux marginal et celui résultant de l'application du taux réduit. Mais la demande a été rejetée au motif que la législation limitait l'avantage principalement aux associations ayant leur siège d'opération en Belgique et ne l'étendait aux OIG établis dans un autre pays de l'UE que dans les cas où le testateur avait lui-même vécu ou travaillé dans cet autre pays, et qu'il n'était pas suffisamment prouvé, dans ce cas, que la défunte avait soit résidé soit travaillé en Allemagne. La CJUE a jugé que les legs relevaient du domaine couvert par le principe de libre circulation des capitaux et qu'une restriction des incitations fiscales ne serait autorisée que dans le cas où l'OIG allemand ne serait pas comparable à un OIG belge. L'arrêt *Missionswerk* signifie que les autorités fiscales des États membres sont au moins obligées de procéder à une analyse de comparabilité – les difficultés pratiques de la réalisation de cette analyse, notamment le fait que certains États évaluent la comparabilité au cas par cas, ont été évoquées plus haut.

Trois pays – la Suisse, la Grèce et l'Afrique du Sud – ont une fiscalité sur les donations ou sur les successions qui peut s'appliquer aux donations ou legs en faveur d'OIG étrangers. En Suisse, dans la plupart des cantons, les dons et legs faits par des résidents suisses à des OIG étrangers sont soumis à des droits de donation et de succession, sauf si le canton a signé avec le pays d'établissement de l'organisme étranger un accord appelé « déclaration de réciprocité ». La quasi-totalité des cantons suisses ont signé des déclarations de réciprocité avec la France ; un certain nombre l'ont fait avec l'Allemagne et quelques-uns avec les États-Unis et Israël. La Grèce impose à un taux inférieur les donations et legs aux organismes philanthropiques, ce qui inclut les organismes étrangers ayant leur siège dans un pays de l'UE-EEE. En Afrique du Sud, le legs est imposé dans les mains du bénéficiaire ; dans ces conditions, l'administration fiscale sud-africaine ne peut a priori pas récupérer de droits de succession auprès d'un légataire étranger.

Dans les pays qui n'imposent pas de droits de donation ou de succession, une donation ou un legs assimilable à une cession de biens peut être frappé de l'impôt sur les plus-values. C'est le cas en Australie, au Canada, en Colombie, en Israël et en République slovaque. Enfin, la cession peut être frappée d'un droit de timbre dans un pays : Malte.

5.3. Traitement transfrontalier des fonds et OIG

Cette section examine le traitement fiscal des organismes philanthropiques qui ont des activités transfrontalières. Cela inclut le traitement fiscal des organismes philanthropiques étrangers qui exercent des activités dans un autre pays. Cela couvre également les OIG nationaux qui exercent des activités dans d'autres pays et les fonds qui transfèrent des actifs ou, plus communément, qui accordent des subventions aux OIG ou à d'autres structures dans d'autres pays. Bien que la plupart des pays n'accordent pas d'avantages fiscaux aux organismes philanthropiques étrangers, nombre de pays autorisent les organismes nationaux bénéficiant d'avantages fiscaux sur leur territoire à mener des actions à l'étranger dans diverses situations.

5.3.1. Traitement fiscal des OIG étrangers

Cette section analyse le traitement fiscal des OIG étrangers qui exercent des activités sur le territoire national d'un pays. Un organisme qui a obtenu le statut d'OIG dans un pays peut exercer des activités dans un autre pays, ce qui soulève de nombreuses questions concernant la fiscalité des revenus de sources intérieures. Les questions examinée ici portent sur l'extension du statut d'OIG accordé à l'étranger, le critère retenu par les autorités nationales pour accorder un avantage fiscal aux revenus perçus sur leur territoire par l'organisme étranger, et l'imposition de ces revenus dans les cas où l'organisme étranger ne satisfait pas à ce critère.

Tableau 5.4. Traitement fiscal préférentiel de l'OIG étranger

Pays	Le pays accorde le traitement fiscal préférentiel à l'OIG étranger
Argentine	Non
Australie	Généralement, non, mais peut obtenir l'agrément
Autriche	Oui, si dans l'UE-EEE* ou pays où la coopération administrative existe
Belgique	Oui, si dans l'UE-EEE, mais seulement pour 1 ou 2 autres motifs
Bulgarie	Oui
Canada	Les organismes caritatifs étrangers ne sont pas exemptés, mais les organismes à but non lucratif (OBNL) étrangers peuvent l'être
Chili	Non
Colombie	Non
République tchèque	Oui, si dans l'UE-EEE
Estonie	Non
Finlande	Oui, si dans l'UE-EEE
France	Oui, si dans l'UE-EEE
Allemagne	Oui, si dans l'UE-EEE
Grèce	Oui, si dans l'UE-EEE
Hongrie	Oui, si dans l'UE-EEE
Inde	Non
Indonésie	Certains OIG étrangers peuvent être reconnus
Irlande	Oui, si dans l'UE-EEE, mais doit être enregistré
Israël	Non
Italie	Oui, dans l'UE-EEE
Japon	Non
Lettonie	Non
Lituanie	Oui, si dans l'UE-EEE
Luxembourg	Oui, si dans l'UE-EEE
Malte	Oui, si dans l'UE-EEE, mais doit être enregistré
Mexique	Non
Pays-Bas	Oui, doit être enregistré
Nouvelle-Zélande	Généralement, non, mais peut obtenir l'agrément
Norvège	Oui, si dans l'UE-EEE
Portugal	Non
Roumanie	Non
Singapour	Non
République slovaque	Non
Slovénie	Oui, si dans l'UE-EEE
Afrique du Sud	Non
Suède	Oui, si dans l'UE-EEE
Suisse	Non
Royaume-Uni	Oui, si dans l'UE-EEE
États-Unis	Non

Source : questionnaire de l'OCDE sur la fiscalité et la philanthropie

Quinze pays européens déclarent qu'ils traiteront les organismes philanthropiques comparables ayant leur siège dans un pays de l'UE-EEE de la même manière que les organismes philanthropiques nationaux. L'obligation d'accorder un traitement comparable découle de l'arrêt de la CJUE du 14 septembre 2006 dans l'affaire *Centro di Musicologia Walter Stauffer contre Finanzamt München für Körperschaften*, affaire C-386/04 (l'arrêt « *Centro di Musicologia Walter Stauffer* »). Dans cette affaire, un organisme philanthropique italien accordait des bourses destinées à permettre à des jeunes Suisses, de préférence originaires de Berne, de séjourner en Italie pour la durée de leur enseignement musical. L'organisme était propriétaire d'un immeuble en Allemagne dont il tirait des revenus locatifs. En vertu de la législation fiscale allemande, ce type de revenu était exonéré de l'IS pour les organismes philanthropiques nationaux ; les organismes philanthropiques étrangers ne pouvaient toutefois pas bénéficier de l'exonération. La CJUE a statué que le droit communautaire n'exigeait pas des États membres qu'ils reconnaissent automatiquement le statut d'organisme d'intérêt général octroyé par un autre État. Cependant, lorsqu'un organisme reconnu d'intérêt général dans un État membre (ici, l'Italie) remplit les conditions imposées à cette fin par la législation d'un autre État membre (ici, l'Allemagne), les autorités de cet État membre ne sauraient refuser à cet organisme le droit à l'égalité de traitement pour la seule raison qu'il n'est pas établi sur leur territoire. L'application du critère de comparabilité aux dons et legs transfrontaliers a déjà été indiquée. Les organismes philanthropiques qui perçoivent des revenus sur le territoire d'un autre État membre devront satisfaire aux conditions de comparabilité requises par les autorités fiscales de cet État membre, processus qui peut se révéler complexe et coûteux. Trois États membres, l'Irlande, Malte et les Pays-Bas, exigent l'enregistrement de l'OIG étranger concerné. Le plus généreux est le Royaume des Pays-Bas, qui permet aux organismes de n'importe quel pays de s'enregistrer dès lors qu'ils remplissent les conditions d'éligibilité prévues par la législation. La Belgique laisse l'OIG étranger déterminer s'il est exempté de l'impôt des sociétés. Deux critères peuvent fonder l'exemption de l'IS pour un organisme d'intérêt général. Le premier est que l'organisme « ne se livre pas à une exploitation ou à des opérations de caractère lucratif » – l'exemption sur cette base est accordée aux OIG tant nationaux qu'étrangers. Le second (qui permettrait une exemption plus large) est que l'organisme poursuive des activités relevant directement des secteurs cités de manière limitative dans l'article 181 du code de l'impôt sur le revenu 1992 (p. ex., dispenser ou soutenir l'enseignement). Cette base d'exemption ne concerne que les OIG nationaux.

Un nombre important de pays (16), y compris certains membres de l'UE, ont indiqué qu'ils n'accordaient pas d'avantages fiscaux aux OIG étrangers.

Les autres pays ont quelques dispositions limitées pour la reconnaissance des OIG étrangers. L'Indonésie, par exemple, prévoit une procédure par laquelle certains OIG étrangers peuvent obtenir une autorisation du gouvernement central (voir l'encadré 5.2). Le Canada permet de considérer comme « organisation sans but lucratif » un OIG étranger qui remplit les conditions prévues par la législation, à savoir que ses activités n'ont pas besoin d'être à des fins exclusivement caritatives et peuvent avoir pour objet le bien-être social, des améliorations locales, l'organisation de loisirs ou de divertissements, ou toute fin autre que lucrative. Reconnu comme organisation sans but lucratif, il sera généralement exonéré de l'impôt sur le revenu ; mais, contrairement à un organisme de bienfaisance enregistré, il ne sera pas autorisé à délivrer des reçus officiels de dons qui permettraient aux donateurs de bénéficier des aides fiscales. En Australie, un petit nombre d'OIG étrangers sont légalement exemptés de l'impôt sur le revenu (sans être reconnus comme donataires admissibles aux fins de la déductibilité des dons (« *deductible gift recipients* »). L'administration fiscale néo-zélandaise a la possibilité de reconnaître des OIG étrangers en tant qu'organisations caritatives à des fins fiscales (*tax charities*), ce qui les rend éligibles au statut de donataire agréé (voir le point 5.2.1) et, partant, aux exonérations fiscales y associées. L'organisme étranger doit, pour cela, remplir un certain nombre de conditions : avoir un lien solide avec la Nouvelle-Zélande, satisfaire aux exigences du statut d'organisation caritative agréée, moins celle de la résidence, et prouver qu'il bénéficie du statut fiscal privilégié accordé aux organismes philanthropiques dans son pays d'origine. L'agrément et l'inscription à la liste de l'annexe 32 de la loi de 2007 sur l'impôt sur le revenu signifient que l'organisme étranger ne sera pas soumis à l'impôt sur le revenu pour ses revenus non commerciaux (revenus de placements). Il sera en revanche soumis à l'IR pour tout revenu industriel ou commercial en Nouvelle-Zélande si toutes ses actions caritatives sont menées à l'étranger. Comme indiqué ci-dessus, environ 120 organisations caritatives étrangères sont actuellement agréées en Nouvelle-Zélande.

L'Afrique du Sud indique que les OIG étrangers peuvent établir des « succursales » sur son territoire, tandis que les États-Unis autorisent la création de structures étroitement liées à des OIG étrangers, telles que les « sociétés des Amis de » – ces structures sont examinées au point 5.3.2.

Dans la mesure où un OIG étranger ne remplit pas les critères pour bénéficier de l'exemption fiscale, il est probable qu'il sera assujetti à l'impôt comme une entreprise. Face à ces restrictions, beaucoup d'organismes philanthropiques optent pour la création de structures distinctes dans chaque pays où ils sont amenés à opérer, afin de bénéficier des avantages fiscaux applicables aux structures nationales (voir le point 5.3.2).

Encadré 5.2. Les OIG étrangers en Indonésie

L'Indonésie autorise les organismes philanthropiques étrangers à exercer des activités sur son territoire à la condition que ses ministères compétents aient vérifié le statut d'OIG accordé à l'organisme dans son pays d'origine. Les OIG étrangers doivent obtenir du gouvernement deux types d'autorisation : une autorisation sur le principe et une autorisation d'activité.

Critères pour l'obtention de l'autorisation sur le principe

- Le pays qui accorde le statut d'OIG a des relations diplomatiques avec l'Indonésie.
- L'activité de l'OIG obéit aux principes de non-lucrativité et d'intérêt général.

Critères pour l'obtention de l'autorisation d'activité

- L'OIG dispose déjà de l'autorisation sur le principe délivrée par le gouvernement central.
- L'organisme a signé un accord-cadre ou un protocole d'accord avec le ministère compétent ou l'autorité locale concernée en fonction du domaine d'activité.
- L'OIG soumet un programme de travail pour l'année à l'autorité locale (provinciale) concernée.

Source : Règlement du Gouvernement n° 93, année 2010

5.3.2. Traitement fiscal des OIG menant des actions à l'étranger

Cette section donne un aperçu des règles fiscales applicables aux OIG nationaux qui exercent des activités à l'étranger. En règle générale, le traitement fiscal préférentiel qui est octroyé aux OIG l'est au titre de leurs activités sur le territoire national et les OIG risquent donc de perdre ce statut fiscal privilégié dans le cadre de leurs actions menées à l'étranger. Néanmoins, la plupart des pays qui ont répondu à l'enquête autorisent leurs OIG nationaux à exercer des activités à l'étranger. Le plus souvent, cette autorisation est subordonnée au respect par l'organisme des exigences d'intérêt général imposées par la législation nationale pour l'exercice sur le territoire national. Cela revient à imposer aux OIG une lourde charge de documentation pour prouver qu'ils respectent les exigences nationales. Certains pays autorisent la levée de ces exigences dans des circonstances précises, par exemple, lorsque la cause invoquée par l'OIG pour opérer à l'étranger est une catastrophe naturelle ou une crise humanitaire.

Toute la question est de savoir ce que les dispositions fiscales contiennent à propos des activités exercées à l'étranger. D'autres exigences ou restrictions peuvent en outre s'ajouter, concernant les flux financiers ou les activités transfrontalières. Par exemple, la plupart des pays ont des règles pour prévenir les flux financiers illicites et le blanchiment de capitaux, alignées, notamment, sur les recommandations du GAFI en matière de transfert de fonds vers des pays à haut risque[1]. Bon nombre de pays ont en outre des règles concernant l'ingérence étrangère, qui encadrent strictement les dons aux partis politiques, par exemple (Canada, États-Unis), voire, les dons aux organismes philanthropiques (Hongrie, Inde, Israël). Des normes peuvent aussi réglementer la collecte de fonds, tant au niveau national qu'à l'international, et restreindre la capacité des organismes philanthropiques à opérer à l'étranger. Par exemple, à Singapour, toute collecte publique de fonds nécessite une autorisation préalable, et n'est approuvée que si le produit net de la collecte doit être affecté pour au moins 80 % à des actions sur le territoire national (et les dons ne seront pas déductibles fiscalement). Il est possible de déroger à cette règle pour des dons privés ou répondant à un appel aux dons pour des secours immédiats en cas de catastrophe. Ces restrictions non fiscales peuvent limiter la capacité des donateurs ou des organismes philanthropiques à transférer des fonds ou à entreprendre des activités dans d'autres pays.

Tableau 5.5. OIG nationaux autorisés à exercer des activités à l'étranger

Pays	Le pays autorise ses OIG à exercer des activités à l'étranger
Argentine	Oui
Australie	Oui+
Autriche	Oui
Belgique	Oui
Bulgarie	Oui
Canada	Oui+
Chili	Oui
Colombie	Oui
Estonie	Oui
Finlande	Oui
France	Oui
Allemagne	Oui+
Grèce	Oui
Hongrie	Oui
Inde	Oui+
Indonésie	Oui+
Irlande	Oui
Israël	Oui
Italie	Oui+
Lettonie	Non
Lituanie	Oui
Luxembourg	Oui+
Malte	Oui
Mexique	Non
Pays-Bas	Oui
Nouvelle-Zélande	Oui+
Norvège	Oui
Portugal	Oui
Roumanie	Non
Singapour	Oui+
République slovaque	Oui+
Slovénie	Oui
Afrique du Sud	Oui
Suède	Oui
Suisse	Oui+
Royaume-Uni	Oui
États-Unis	Oui

Source : questionnaire de l'OCDE sur la fiscalité et la philanthropie

Note : « Oui+ » indique l'existence de conditions supplémentaires à satisfaire ou d'autres restrictions. Celles-ci sont examinées ci-dessous.

La plupart des pays accordent une aide fiscale aux OIG nationaux pour leur permettre de mener des activités dans d'autres pays (Tableau 5.5). La plupart également indiquent que les conditions d'agrément sont les mêmes pour les OIG qui exercent leurs activités à l'étranger que pour ceux qui opèrent au niveau national. Certains pays font part de l'existence de restrictions quant à l'objet de l'activité, ou encore, d'obligations déclaratives supplémentaires pour les OIG menant des actions à l'étranger. Il est également important d'examiner comment les organismes philanthropiques peuvent permettre aux donateurs de soutenir des activités à l'étranger (« philanthropie indirecte »).

Autres conditions portant sur l'objet de l'activité exercée à l'étranger

Les pays qui autorisent les OIG nationaux à exercer des activités hors de leur territoire exigent généralement que les activités en question concordent avec le critère national de « cause noble ». Ainsi, 17 pays indiquent que les mêmes critères s'appliquent à l'objet de l'activité, que l'organisme opère sur le territoire national ou à l'étranger. Dans certains autres pays, l'objet de l'activité doit être lié à l'aide au développement ou à l'aide à la suite de catastrophes. Par exemple, en République slovaque, un don pour une aide humanitaire matérielle déployée à l'étranger est une dépense fiscale déductible pour le donateur s'il est fait par l'intermédiaire du ministère de l'Intérieur (article 19(2)(u) de la loi sur l'impôt sur le revenu n° 595/2003 modifiée). Un tel don sera probablement exonéré d'impôt pour le contribuable slovaque. En Australie, une organisation caritative enregistrée peut créer un « fonds de secours pour pays en développement » si le ministre des Affaires étrangères a déclaré le pays en question « pays en développement » et a approuvé l'organisation caritative. De même, une disposition spéciale prévoit que le ministre peut reconnaître un état de « catastrophe », y compris dans un pays autre qu'un pays en développement, si la catastrophe survient brusquement, fait de nombreuses victimes et touche un grand nombre de personnes, ou provoque de graves dommages matériels et écologiques. Le droit fiscal indien autorise l'exonération, sous réserve d'approbations spéciales, des revenus perçus par un trust caritatif sur des biens détenus dans un but caritatif « tendant à promouvoir le bien-être international auquel l'Inde s'intéresse » et qui sont affectés à ce but ailleurs qu'en Inde.

Dans certains pays, des mesures spéciales peuvent être prises pour les dons à l'aide en cas de catastrophe naturelle ou de crise humanitaire. Ainsi, l'Agence du revenu du Canada (ARC) relate qu'il est fréquent que, lors d'une catastrophe naturelle telle qu'un tremblement de terre ou une grave inondation, des organismes veuillent immédiatement apporter de l'aide et des secours aux victimes, et qu'elle reçoit beaucoup de demandes d'agrément d'organismes en ce sens. L'ARC accorde généralement la priorité à ces demandes. En Allemagne, le gouvernement peut publier un décret sur les catastrophes (*Katastrophenerlass*) afin de faciliter les dons à l'aide internationale après une catastrophe. Un tel décret permet à des organismes bénéficiant d'avantages fiscaux de collecter des dons pour une cause qui n'est pas prévue dans leurs statuts. En Indonésie, l'administration autorise un allégement fiscal pour les dons en cas de catastrophe naturelle, bien qu'elle ne précise pas si la catastrophe doit s'être produite en Indonésie ou peut être survenue dans un autre pays (règlement du Gouvernement n° 93 – année 2010). En Nouvelle-Zélande, une organisation caritative enregistrée a l'obligation d'affecter 75 % de ses fonds à des activités dans le pays ; les 25 % restants peuvent tout à fait aller à des actions caritatives hors du territoire national. Si le montant est inférieur à 75 % pour une année donnée, l'OIG peut utiliser comme base le montant total cumulé de l'année en cours et des deux exercices précédents pour déterminer s'il a droit au crédit d'impôt ou à la déduction fiscale. Cela permet de lisser la base d'imposition et de faire face à un pic soudain de dons et d'activité au cours d'une année, par exemple à la suite d'une catastrophe naturelle exceptionnelle (*Interpretation statement IS 18/05 of the Income Tax Act 2007*). À noter que la limite de 75 % ne s'applique pas aux organisations caritatives étrangères qui sont inscrites à la liste de l'annexe 32 de la loi de 2007 sur l'impôt sur le revenu (voir le point 5.3.1).

Autres exigences

Un autre groupe de pays – Australie, Canada, Nouvelle-Zélande et Suisse – exigent de l'OIG national qu'il remplisse le critère de la cause noble spécifiée, mais aussi qu'il satisfasse à des obligations déclaratives supplémentaires (documentation, justification de l'activité, preuve du contrôle de l'activité à l'étranger, etc.) Ainsi, à des fins fiscales, un OIG australien ne sera autorisé à mener des actions à l'étranger, que ce soit seul ou en partenariat avec une structure locale, que s'il peut démontrer que l'objet de ces actions est de soutenir des activités d'aide au développement ou d'aide humanitaire dans les pays en développement (au titre du dispositif Overseas Aid Gift Deduction), qu'il a les moyens d'organiser et de mener à bien des actions d'aide à l'étranger et qu'ils prend toutes les précautions contre les risques dans deux domaines particuliers que sont la protection des enfants et le terrorisme. Certains autres organismes philanthropiques peuvent être admissibles à l'exonération d'impôt sur le revenu alors qu'ils exercent des activités à l'étranger, à condition qu'ils aient une présence physique en Australie et « poursuivent leurs objectifs et engagent leurs dépenses principalement en Australie » ; rien n'oblige, en revanche, à ce que les bénéficiaires des activités soient situés en Australie. Au Canada, l'exonération est conditionnée au fait que l'OIG mène ses actions lui-même ; toutefois, l'organisme peut passer des marchés avec des fournisseurs locaux ou nommer un agent local, tant qu'il conserve la direction et le contrôle des intermédiaires auxquels il fait appel. La Suisse indique comme condition la présentation d'une documentation appropriée.

Le Luxembourg considère qu'un OIG peut opérer dans un autre pays, pour autant que ses activités ne se déroulent pas exclusivement à l'étranger et que ses principales activités soient réalisées sur le territoire luxembourgeois. Cette notion d'activités exercées à l'étranger est étendue dans le cas des ONG luxembourgeoises, dont l'agrément est accordé par le ministère des Affaires étrangères et européennes (MAEE).

En Italie, il faut que les activités « étrangères » de l'OIG soient liées à l'aide humanitaire. De même, les fonds et subventions accordés à l'étranger par l'OIG doivent être affectés à des fins exclusivement humanitaires. Dans ce cas, l'OIG est tenu à des obligations comptables supplémentaires relatives à la fiabilité de la structure ou de l'institution bénéficiaire étrangère et à la manière dont les fonds seront utilisés.

Quelques pays, tels que Singapour et la Roumanie, déclarent ne pas accorder d'allégement fiscal à leurs OIG qui mènent des activités hors de leur territoire, excepté pour quelques organisations caritatives internationales telles que la Croix-Rouge, World Vision ou Oxfam.

La philanthropie indirecte

Sachant que, si, d'un côté, les pays ne voient généralement pas d'inconvénient à ce que leurs OIG nationaux exercent des activités à l'étranger, de l'autre, ils sont rarement enclins à accorder des avantages fiscaux à des organismes philanthropiques étrangers, les donateurs désireux de soutenir des causes hors de leur pays doivent trouver une structure nationale appropriée pour verser leurs dons. Du point de vue des organismes philanthropiques, il existe essentiellement deux modèles permettant de collecter des fonds dans un pays et de les déployer ou de mener des activités dans un autre pays :

- le modèle de l'antenne nationale et
- le modèle de l'OIG référent.

Modèle de l'antenne nationale

Un organisme qui cherche à obtenir un statut d'avantage fiscal dans un pays, par exemple, pour y collecter des fonds, alors qu'il exerce des activités dans un autre pays, peut créer une antenne locale dans le pays visé, sous la forme d'un OIG national. L'organisme devra, bien entendu, se conformer aux exigences fiscales et aux autres lois du pays en question. L'antenne nationale pourra soit répliquer l'organisation mère et être du type « OIG international », soit être un OIG doté de ses propres finalités.

Le premier type est motivé par l'impossibilité pour les dons à des OIG étrangers d'ouvrir droit aux avantages fiscaux pour le donateur ou pour le donataire, qui conduit nombre d'organisations internationales, en particulier parmi les grandes ONG internationales (les « ONGI »), à créer des antennes nationales dans plusieurs pays – à l'instar de la Croix-Rouge, de CARE, d'Amnesty International, de Greenpeace, de World Vision, d'Oxfam ou de Médecins sans frontières. Par exemple, il existe 192 sociétés nationales de la Croix-Rouge qui effectuent le travail du Mouvement international de la Croix-Rouge. L'élément crucial est que les fonds doivent être utilisés dans un pays étranger par l'OIG national, au lieu qu'ils soient donnés à un organisme étranger et utilisés par lui.

Le second type est un OIG transfrontalière associé à un objectif précis – par exemple, éducatif ou artistique – qui intéresse autre pays ; puisqu'il n'est pas possible aux donateurs d'obtenir un allégement fiscal pour les dons transfrontaliers, l'organisme philanthropique créera une structure distincte dans le pays de résidence des donateurs potentiels. Par exemple, un certain nombre de structures aux États-Unis soutiennent des musées étrangers – comme le Tate, le Musée du Prado ou le Rijksmuseum. De même, des établissements d'enseignement tels que l'université d'Oxford au Royaume-Uni sont soutenus par des structures établies un peu partout dans le monde, notamment aux États-Unis, au Canada, en Suisse, en Allemagne et en Australie. Dans certains pays, la structure peut être considérée comme une « succursale » ou une « filiale » de l'organisme étranger, mais elle sera traitée comme un organisme national distinct à des fins fiscales. Certaines structures adopteront simplement un nom qui décrit leur objet, par exemple, « The Oxford Australia Scholarship Fund », qui décerne des bourses à des étudiants australiens pour aller poursuivre leurs études à Oxford, Angleterre. Les États-Unis ont une tradition de philanthropie à l'égard d'OIG étrangers à caractère culturel qui passe par des structures de type « société des Amis de » (*American Friends of...*), une forme qui a essaimé de par le monde – l'université d'Oxford, par exemple, possède désormais des « Amis » en Suisse (Swiss Friends of Oxford) et en Allemagne (German Friends of Oxford). L'Afrique du Sud permet qu'un allégement fiscal au titre des dons à un OIG soit accordé dans le cas d'une structure étrangère constituée, formée ou établie dans un pays autre que l'Afrique du Sud et exemptée de l'impôt sur le revenu dans cet autre pays. L'élément critique dans chacun de ces cas est qu'un organisme national (et donc soumis au contrôle de la réglementation) générera les fonds qui seront transmis à l'organisme étranger conformément aux objectifs énoncés.

Le modèle de l'OIG référent

Une approche de plus en plus courante est le recours à une structure partenaire, ou « référente », pour transmettre des fonds à un OIG étranger. Le système d'incitation fiscale peut permettre à un contribuable de faire un don à un OIG ou un fonds de son pays qui est lui-même autorisé à octroyer des subventions à des OIG étrangers. Cette autorisation sera probablement soumise au respect de diverses exigences (voir le point 5.3.2) et à la condition que l'OIG ou le fonds exerce un certain contrôle sur la façon dont l'argent est utilisé. Parmi les exemples de telles structures référentes, on peut citer la Charities Aid Foundation (CAF), GlobalGiving, le réseau Transnational Giving Europe (TGE) ou encore la Fondation Roi Baudouin.

Lorsqu'une structure référente locale est utilisée pour diriger les fonds des donateurs vers un OIG étranger désigné, le don bénéficiera d'un allégement fiscal dans le pays d'origine et les fonds seront utilisés à l'étranger selon les souhaits du donateur. Dans certains cas, l'OIG référent permet aux donateurs de disposer d'un compte pour verser leurs dons et les affecter à des bénéficiaires ou des causes désignés, et de garder ainsi un certain contrôle sur l'utilisation des fonds (système du « donor-advised account » ou « donor-advised fund » aux États-Unis). L'organisme ou le fonds national sert de relais en se chargeant de transmettre le montant spécifié au bénéficiaire étranger désigné. À ce titre, il se rémunère par une commission (qui, de son côté, sera probablement traitée comme revenu commercial). Par exemple, TGE facture des frais équivalents à 5 % du don jusqu'à 100 000 EUR et 1 % au-delà, plafonnés à 15 000 EUR.

Certains pays limitent les possibilités, pour les organismes philanthropiques, de servir ainsi de relais. Par exemple, au Canada, un organisme de bienfaisance doit mener « ses propres activités de bienfaisance » ; un OIG dont le but serait de collecter des fonds pour un autre organisme ne pourrait donc pas être enregistré comme organisme de bienfaisance. Un organisme de bienfaisance canadien peut verser des fonds à d'autres organismes, mais ceux-ci doivent être « des donataires reconnus ». Toutefois, un OIG canadien peut passer des accords avec des OIG étrangers, à condition qu'il s'assure que les fonds transférés par ce canal sont bien employés à des fins philanthropiques ou de bienfaisance. Il doit pour ce faire prendre des « mesures raisonnables » afin de maintenir la direction et le contrôle de l'affectation des fonds.

Dans certains pays, le choix du bénéficiaire ultime (organisme ou projet) par le donateur peut avoir une incidence sur l'allégement fiscal. Au Royaume-Uni, par exemple, l'exonération fiscale en cas de dons versés à l'étranger par une *charity* n'est accordée que si cette dernière prend des mesures raisonnables pour s'assurer que les fonds transférés non seulement sont destinés à un usage qui serait considéré comme une finalité caritative selon la législation britannique, mais aussi sont effectivement utilisés à cette fin. Le simple fait de transférer des fonds à une autre *charity* n'est pas suffisant. Aux États-Unis, un contribuable ne peut pas déduire son don à un organisme philanthropique admissible si ce don avait pour finalité d'être transmis à un organisme étranger. Le donateur peut toutefois être autorisé à exprimer une préférence – par opposition à des instructions – quant à l'affectation des fonds. Aux États-Unis, l'OIG agréé doit approuver le programme ou projet bénéficiaire comme conforme à ses propres finalités donnant lieu à exonération, et il doit garder un contrôle sur l'utilisation des fonds. La simple transmission des fonds ne suffit pas. Cependant, lorsque l'organisme étranger est une antenne administrative de l'OIG agréé aux États-Unis, une déduction fiscale est autorisée.

5.3.3. Subventions à l'international

Cette section donne un aperçu des règles concernant l'octroi de subventions internationales. En effet, les dons et aides procure consentis à des OIG étrangers par un fonds peuvent avoir des implications fiscales. Si certains pays soutiennent cette forme de générosité transfrontalière, d'autres peuvent retirer l'avantage fiscal aux fonds qui octroient des subventions à des OIG étrangers.

Les pays qui indiquent ne pas supprimer le statut fiscal avantageux des fonds qui accordent des subventions à des OIG étrangers sont l'Autriche, la Belgique, la Bulgarie[2], l'Allemagne, l'Irlande, Malte, les Pays-Bas, la Suède et les États-Unis.

Les fonds qui octroient des subventions internationales existent dans beaucoup de pays, mais c'est aux États-Unis que résident les plus importants d'entre eux, auxquels se rattache une part substantielle des subventions accordées dans le monde. Selon une étude menée entre 2011 et 2015 par le Council on Foundations et le Foundation Center (« *The State of Global Giving by US Foundations* », 2018), les fondations privées américaines octroient environ 10 milliards USD par an à des organismes qui traitent de problématiques sociales ou environnementales hors des États-Unis, en particulier en Afrique, en Asie du Sud et dans d'autres régions du monde à faible revenu. Depuis le début des années 2000, la part des subventions internationales dans le total des dons et aides accordés par les fondations et fonds établis aux États-Unis est passée d'environ 14 % à environ 30 % – sur un total qui a lui-même connu une croissance spectaculaire. La moitié de cette philanthropie internationale est le fait de la Fondation Bill-et-Melinda-Gates ; le reste provient d'autres grandes fondations, qu'elles soient indépendantes, « territoriales » (*community foundations*), d'entreprise ou « opératrices ». Selon le rapport, les dix premières fondations par le volume des fonds accordés se classent ainsi :

1. Fondation Bill-et-Melinda-Gates
2. Fondation Susan Thompson Buffett
3. Fondation Ford

4. Foundation to Promote Open Society
5. Fondation William and Flora Hewlett
6. Walton Family Foundation
7. Fondation Rockefeller
8. Fondation David et Lucile Packard
9. Open Society Institute
10. Silicon Valley Community Foundation

Les fonds ainsi distribués vont à différents types de bénéficiaires – États, ONG internationales (ONGI) ou ONG nationales (souvent appelées « partenaires locaux »). L'étude susmentionnée établit qu'environ 88 % de toutes les subventions internationales sont octroyées à des ONGI ou par leur intermédiaire.

L'Internal Revenue Service impose certaines restrictions à l'octroi de subventions internationales par les fondations privées (c'est-à-dire les fondations exonérées en vertu du code fédéral des impôts), qui doivent vérifier et confirmer que le produit des subventions sera utilisé par le bénéficiaire étranger à des fins caritatives appropriées. Les fondations privées peuvent démontrer qu'elles respectent ces exigences par l'une des deux méthodes suivantes : la « responsabilité en matière de dépenses », qui requiert un certain niveau de contrôle de la part du donateur, ou la « détermination de l'équivalence », qui demande que le donateur s'assure que l'organisme étranger qu'il souhaite soutenir est essentiellement l'équivalent d'une organisation caritative (*public charity*) au sens de l'article 501(c) (3) du code des impôts.

Les *public charities* peuvent également octroyer des subventions internationales et ne sont généralement pas soumises, en la matière, aux mêmes restrictions que les fondations privées. Elles doivent toutefois s'assurer que le bénéficiaire étranger mène des activités qui sont conformes à leurs propres finalités donnant lieu à exonération. Pour cela, elles doivent systématiquement conclure un accord de subvention exigeant des rapports d'avancement et la restitution des fonds au cas où ceux-ci seraient utilisés à des fins autres que celles attendues.

L'Australie est l'un des pays qui peuvent retirer l'avantage fiscal aux fonds octroyant des subventions à des OIG étrangers ; ainsi, une fondation (qu'elle soit de type *private ancillary fund* ou *public ancillary fund*) ne peut accorder ses subventions qu'à des OIG situés en Australie – même si elle peut mener d'autres activités hors du pays (voir le point 5.3.2).

De même, au Canada, les fondations de bienfaisance bénéficiant du statut fiscal préférentiel sont uniquement autorisées à verser des fonds à certains donataires reconnus – le plus souvent situés sur le territoire canadien. Les fondations qui donnent des biens ou des subventions à des OIG dans d'autres pays peuvent voir leur enregistrement révoqué ou suspendu, ou se voir imposer une sanction pécuniaire. Toutefois, les fondations peuvent exercer leurs activités par le biais d'intermédiaires. Cela signifie qu'elles peuvent transférer des fonds à des OIG dans d'autres pays, à condition qu'elles conservent la direction et le contrôle de leurs ressources suffisamment pour que les activités en question puissent être considérées comme les leurs.

En Nouvelle-Zélande, comme c'est le cas pour les organisations caritatives (voir le point 5.3.2), un fonds perdra son statut de donataire (les donateurs ne pourront donc pas bénéficier d'avantages fiscaux) si les ressources ne sont pas utilisées « entièrement ou principalement à des fins caritatives, bénévoles, philanthropiques ou culturelles sur le territoire néo-zélandais ». Concrètement, 25 % des ressources au maximum peuvent être affectées à des fins en dehors de la Nouvelle-Zélande. Ces restrictions ne s'appliquent pas aux organisations caritatives étrangères qui sont inscrites à la liste de l'annexe 32 de la loi de 2007 sur l'impôt sur le revenu (voir le point 5.3.1).

Enfin, la Colombie, Israël et le Mexique indiquent que les fonds qui accordent des subventions à l'étranger peuvent perdre le bénéfice de l'avantage fiscal.

Notes

[1] Les recommandations du GAFI concernant les organismes à but non lucratif sont examinées au chapitre 2.

[2] La législation bulgare en matière d'impôt sur le revenu n'impose aucune restriction à l'octroi de subventions à des OIG dans d'autres pays.

6 Conclusions et mesures envisageables

Ce chapitre fait la synthèse des principaux enseignements du rapport et examine leurs implications en matière de politique fiscale. Il souligne que les pays doivent veiller à ce que la conception des incitations fiscales en faveur des dons à caractère philanthropique soit cohérente avec les objectifs de politique publique sous-jacents. Il suggère également que les pays reconsidèrent l'intérêt d'accorder des exonérations fiscales aux organismes philanthropiques au titre de leurs revenus commerciaux, au moins dans la mesure où ces revenus ne sont pas liés à la cause défendue par l'organisme concerné. De façon plus générale, il présente la marge de manœuvre dont disposent les pays pour réduire la complexité tout en améliorant le suivi des avantages fiscaux en faveur des organismes et des dons philanthropiques. Enfin, compte tenu de la dimension de plus en plus mondiale de nombreux enjeux de politique publique, comme les préoccupations environnementales et les questions de santé publique (comme la pandémie de COVID-19), il suggère que les pays s'interrogent sur les restrictions généralement appliquées aux incitations fiscales à la philanthropie transfrontalière.

6.1. Introduction

Dans la plupart des pays, la philanthropie revêt un rôle important en concourant, par l'apport de financements privés, à diverses activités d'intérêt général. Elle se distingue en cela des initiatives du secteur public (action publique au service de l'intérêt général) et de celles à but lucratif (action privée au service d'intérêts privés). La quasi-totalité des pays de l'OCDE réservent, sous une forme ou une autre, un traitement fiscal préférentiel à la philanthropie. Les organismes à vocation philanthropique se voient accorder directement des allégements fiscaux au titre de leurs activités tandis que leurs bienfaiteurs, qu'il s'agisse d'entreprises ou de particuliers, bénéficient généralement de mesures d'incitation fiscale qui permettent d'abaisser le coût de leurs dons.

Ce rapport a dressé un état des lieux détaillé de la fiscalité des organismes et des dons à caractère philanthropique dans 40 pays membres de l'OCDE et plusieurs pays participants. Il a examiné dans un premier temps les différents arguments pour et contre le traitement fiscal préférentiel des organismes philanthropiques et des dons à la philanthropie. Ses auteurs ont ensuite passé en revue divers régimes fiscaux appliqués à la philanthropie d'abord à l'échelle nationale, puis dans un contexte transfrontalier. Ce dernier chapitre fait la synthèse de cette analyse et examine ses implications en matière de politique fiscale.

Il s'articule de la façon suivante : les points 6.2 à 6.5 résument les principaux enseignements des chapitres précédents. Le point 6.6 en tire les conclusions et envisage plusieurs options en matière de politique publique.

6.2. Arguments en faveur d'un traitement fiscal préférentiel de la philanthropie

Le chapitre 2 a passé en revue les différents arguments pour et contre l'octroi d'avantages fiscaux aux organismes et aux dons philanthropiques. Les auteurs ont souligné qu'aucun principe généralement admis ne justifiait à lui seul l'application d'un traitement fiscal préférentiel aux organismes philanthropiques. La théorie économique légitime dans une certaine mesure le traitement fiscal préférentiel de la philanthropie (en faveur tant des organismes que des dons) lorsque l'offre d'un bien public est insuffisante ou que l'activité de l'organisme philanthropique comporte des externalités positives. L'argument de l'offre insuffisante d'un bien public s'appuie sur la concomitance de trois « défaillances », à savoir du marché, de l'État, et de la philanthropie, dans le sens où ces acteurs ne sont pas en mesure de fournir les biens publics à un niveau suffisant pour optimiser le bien-être social.

Dans sa théorie des aides, la doctrine juridique propose une variante de l'argument du bien public selon laquelle la mise en place d'un statut fiscal préférentiel (tant pour les organismes que pour les donateurs, donc) se justifie par le soutien apporté à l'offre de biens publics qui devrait, sans cet appui, être assurée par l'État. Autre argument invoqué, celui de la « détermination de l'assiette », qui fait valoir que l'excédent dégagé par un organisme philanthropique est par nature différent d'un bénéfice et n'entre donc pas dans l'assiette de l'impôt sur les bénéfices. Enfin, certains allèguent que les dons philanthropiques, ainsi que les institutions qu'ils soutiennent, méritent d'être encouragés parce qu'ils contribuent au renforcement de la société civile et à la décentralisation des processus décisionnels, deux marqueurs fondamentaux des nations démocratiques.

Plusieurs arguments plaident en revanche contre un traitement fiscal préférentiel des organismes et/ou des dons à caractère philanthropique, à commencer par celui du coût. Parce qu'ils amputent les recettes publiques, les allégements fiscaux en faveur de la philanthropie ont pour effet d'accroître la charge fiscale pesant sur les autres contribuables (ou à réduire les dépenses publiques consacrées à d'autres priorités gouvernementales). Un autre argument consiste à dire que les contribuables sont souvent relativement peu sensibles aux incitations fiscales en faveur des dons philanthropiques, ce qui laisse penser que celles-ci ne sont peut-être pas « rémunératrices » au sens où l'augmentation des dons qui en résulte n'égale pas la perte de recettes subie. Certaines données empiriques sur l'élasticité des dons semblent valider cet argument. Néanmoins, il convient de souligner qu'une incitation fiscale peut être peu rémunératrice tout en améliorant le bien-être social si la contrepartie, pour la société, de l'activité financée par les dons est suffisamment conséquente. À cet égard, des subventions publiques pourraient être plus efficaces, mais leur effet d'éviction potentiel sur les dons privés peut continuer, dans certains cas, à justifier le recours aux incitations fiscales. L'approche qui consiste à exonérer d'impôt les revenus commerciaux des organismes philanthropiques comporte quant à elle le risque de leur conférer un avantage compétitif déloyal vis-à-vis des entreprises à but lucratif.

Les incitations fiscales en faveur des dons soulèvent en outre deux préoccupations interdépendantes tenant à leur caractère potentiellement régressif et antidémocratique. Leur caractère régressif peut résulter du fait que les contribuables à haut revenu bénéficient d'incitations fiscales plus importantes que ceux à faible revenu. Ce constat vaut tout autant si l'on considère cet avantage en valeur absolue qu'en valeur relative ; une déduction fiscale se traduira en effet par un avantage plus grand pour les contribuables à haut revenu s'ils sont assujettis à des taux d'imposition marginaux plus élevés que pour les contribuables à faible revenu. L'argument démocratique repose sur la crainte que, parce qu'une incitation fiscale a pour effet de redéployer des recettes fiscales au bénéfice de l'organisme philanthropique favorisé, les contribuables à haut revenu puissent exercer une influence disproportionnée sur l'affectation de ces recettes. C'est une éventualité particulièrement inquiétante lorsque les priorités des donateurs ne coïncident pas avec celles de la société en général. Un renforcement du contrôle de l'État sur les types d'organismes pouvant bénéficier de dons subventionnés peut limiter ce risque dans une certaine mesure.

Nonobstant ces différents arguments, la plupart des pays ont effectivement recours à des incitations fiscales pour encourager les dons tous en exonérant le plus souvent les organismes philanthropiques de certains impôts. Les points ci-dessous résument les solutions retenues par les pays.

6.3. Fiscalité et organismes philanthropiques

Dans la quasi-totalité des pays examinés dans ce rapport, les organismes bénéficiant du statut d'organisme philanthropique (fonds et OIG) peuvent à la fois percevoir des dons subventionnés de la part de particuliers et d'entreprises et se voir accorder directement des avantages fiscaux au titre de leurs activités. Le rapport constate que, pour accéder au statut d'OIG ouvrant droit au traitement de faveur, les organismes doivent répondre à trois critères : le but non lucratif, la défense d'une noble cause, et l'intérêt général.

Sans pour autant leur interdire de dégager un excédent, le critère du but non lucratif est généralement assorti d'une obligation de non-distribution, cet excédent ne pouvant être distribué sous forme de dividendes ou de bénéfices qui ne serviraient pas la cause défendue. Mais la question de savoir si le versement d'une rémunération aux employés enfreint la notion de non-distribution peut parfois se poser. En général, cette obligation ne fait pas obstacle à une rétribution « raisonnable » en contrepartie de la fourniture de services (ou de biens). Certains pays prévoient des restrictions sur ce point, tandis que d'autres sont moins exigeants.

Pour ce qui est du second critère, la protection sociale, l'éducation, la recherche scientifique et la santé sont considérées comme des causes nobles dans la plupart des pays. Enfin, s'agissant du critère de l'intérêt général, les pays stipulent généralement que les avantages doivent être ouverts à tous, qu'ils peuvent être réservés à des groupes de personnes présentant certaines caractéristiques, ou que les caractéristiques choisies pour déterminer les bénéficiaires doivent être liées à la cause défendue par l'organisme.

Par ailleurs, pour être en mesure de vérifier qu'ils respectent ces critères, les pays ont tendance à imposer aux organismes un certain nombre d'obligations administratives. Dans la grande majorité des pays couverts par ce rapport, les organismes philanthropiques doivent ainsi suivre une procédure de demande spécifique pour être éligibles à un traitement fiscal préférentiel. Afin de déterminer l'organe de contrôle administratif et de surveillance, les pays adoptent généralement l'une des trois solutions suivantes : la première est de confier les prérogatives de surveillance (et d'accréditation) du secteur philanthropique à l'administration fiscale. Dans la seconde, elles sont dévolues à l'administration fiscale et à une autorité compétente, qui peut prendre la forme d'une commission indépendante. Enfin, la dernière attribue l'ensemble des missions d'accréditation et de surveillance à un autre service que l'administration fiscale.

S'agissant du traitement fiscal préférentiel éventuellement appliqué aux revenus des organismes philanthropiques, le rapport fait état de deux approches : la première consiste à exonérer tous les revenus (ou certains revenus spécifiques), la seconde à intégrer dans l'assiette toutes les catégories de revenus imposables, mais en autorisant les organismes à réduire cette assiette en réinvestissant (immédiatement ou ultérieurement) ces revenus dans l'objectif de servir la cause qu'ils défendent. Les pays adeptes de la première solution excluent généralement de la base d'imposition les revenus non commerciaux (dons ou subventions reçus). La façon dont sont traités les activités commerciales et les revenus provenant de ces activités diffère selon les pays. Ceux qui exemptent totalement les organismes philanthropiques d'impôt sur les revenus limitent les activités qu'ils peuvent mener, tandis que les pays qui souhaitent que les organismes philanthropiques paient un impôt sur une partie de leurs revenus établissent généralement une distinction entre les revenus commerciaux liés à la cause et les revenus commerciaux non liés.

Le rapport indique également que les pays qui accordent aux organismes philanthropiques un traitement de faveur en matière de TVA ont tendance à les dispenser de collecter cette taxe sur une partie (ou la totalité) des biens ou services fournis. Toutefois, cette dispense pouvant créer pour ces organismes une charge fiscale sur les intrants, certains pays ont mis en place des mécanismes leur permettant de récupérer une partie de la taxe acquittée sur ces intrants.

Les organismes philanthropiques sont parfois propriétaires de biens immobiliers qu'ils utilisent pour réaliser leurs objectifs sociaux, ou comme source de revenus. Le rapport relève que, dans certains pays, les organismes qui utilisent ces biens aux fins de la cause qu'ils défendent, par exemple en y installant leurs bureaux ou en y menant des activités philanthropiques, peuvent être exemptés des impôts fonciers.

Le rapport identifie ensuite plusieurs types d'abus du traitement fiscal préférentiel réservé aux organismes philanthropiques. Il peut s'agir de détournement de fonds destinés à des fins publiques pour servir des intérêts privés ; d'usurpation de la qualité d'OIG par un organisme à but lucratif pour bénéficier d'avantages fiscaux ; d'investissements par un organisme philanthropique dans des sociétés détenues ou contrôlées par des employés ou des dirigeants de l'organisme ; de salariat déguisé en bénévolat ; ou d'organismes qui ne sont pas inscrits à la TVA mais qui exercent des activités imposables.

6.4. Fiscalité et dons philanthropiques

Dans la plupart des pays étudiés, les contribuables personnes physiques qui donnent, de leur vivant, à un fonds ou à un OIG reconnu reçoivent une forme d'avantage fiscal. Dans la grande majorité des pays étudiés, les dons en espèces faits par les particuliers sont déductibles fiscalement. D'autres optent pour un système de crédits d'impôt et, dans certains cas, pour un dispositif d'abondement ou de dotation. L'abondement consiste, pour l'État, à compléter les dons à un certain taux afin que l'organisme bénéficiaire puisse réclamer l'allégement fiscal. Tandis que dans les pays qui ont opté pour un dispositif de dotation, les contribuables peuvent désigner directement, depuis leur déclaration fiscale, un fonds ou un OIG comme donataire d'un pourcentage ou d'un montant déterminé de leur impôt sur le revenu. Bien que les dispositifs de dotation ne soient pas des incitations fiscales à proprement parler, ils sont couverts par ce rapport car ils ont pour objet de soutenir la philanthropie et sont gérés par le biais de la fiscalité. Contrairement aux donateurs personnes physiques, les entreprises peuvent en outre bénéficier de déductions d'impôt (soumises aux règles générales des dépenses professionnelles) lorsqu'elles parrainent des organismes philanthropiques. Le rapport en conclut que les déductions sont plus souvent utilisées pour soutenir les donateurs lorsque ces derniers sont des entreprises que lorsqu'il s'agit de particuliers.

Dans les pays sans réelle tradition du don philanthropique, un dispositif de dotation peut être utile pour sensibiliser les contribuables, soutenir financièrement des fonds et des OIG, et renforcer les liens entre le grand public et les organismes philanthropiques. Le rapport constate enfin que les dispositifs de dotation sont principalement mis en œuvre dans les pays d'Europe de l'Est, ce qui suggère une tendance régionale.

Les méthodes adoptées pour limiter le coût financier des incitations varient. Les pays qui proposent des déductions fiscales peuvent plafonner la fraction du don qui est déductible, limiter le montant de la déduction à une fraction du revenu total ou imposable ou à un montant fixe, ou panacher ces techniques. Les pays qui ont recours à des crédits d'impôt peuvent plafonner leur montant à une fraction du revenu total ou imposable, le limiter à une fraction de l'impôt sur le revenu exigible, appliquer plusieurs plafonds cumulatifs, ou plafonner le montant du don qui ouvre droit au crédit d'impôt. Afin de limiter le coût des systèmes d'abondement, les pays concernés fixent le taux de l'allégement fiscal auquel peut prétendre l'organisme philanthropique bénéficiaire.

Le rapport indique également que les pays qui prélèvent un impôt sur la succession ou sur la masse successorale prévoient généralement un dispositif d'allégement fiscal préférentiel pour les legs à caractère philanthropique. Dans les pays dotés d'un impôt sur la succession, celui-ci est dû par le fonds ou l'OIG recevant le legs ; c'est donc lui qui bénéficiera de l'allégement fiscal. En revanche, dans les pays qui imposent la masse successorale, l'impôt comme l'allégement fiscal sont attachés au patrimoine du défunt.

La majorité des pays qui offrent des incitations aux dons en espèces des particuliers encouragent également les dons non monétaires. Certains choisissent cependant de limiter leurs incitations fiscales aux seuls dons en espèces, d'autres de restreindre rigoureusement l'importance et le type des dons non monétaires éligibles. Pour ce qui est des pays qui prévoient des incitations pour ce type de dons, le rapport relève différentes approches quant à la conception des règles d'estimation de leur valeur : certains exigent une estimation uniquement si la valeur du don dépasse un certain seuil, d'autres appliquent des règles d'estimation différentes suivant le type d'actifs, d'autres encore n'imposent pas d'estimation et contrôlent la valeur du don lors d'audits.

Dans la plupart des pays, le parrainage d'organismes philanthropiques par des entreprises (paiements en contrepartie d'une publicité) est considéré comme une dépense professionnelle dès lors qu'un lien suffisant peut être établi avec les revenus d'activité. Néanmoins, le rapport constate que, dans plusieurs pays, ces paiements peuvent être assimilés à des revenus commerciaux pour les organismes philanthropiques qui les perçoivent, avec les conséquences fiscales que cela implique.

Les risques d'évasion et de fraude fiscales communément associés aux allégements fiscaux pour les dons philanthropiques recouvrent des situations variées : la falsification de reçus de dons par l'organisme philanthropique, par un professionnel de l'établissement des déclarations fiscales, ou par le donateur ; les achats de biens et de services déguisés en dons ; les surévaluations de dons ; et les dons d'actifs dans lesquels le donateur conserve une participation. Sachant que l'un des premiers remparts utilisés contre la fraude est l'accréditation des organismes pouvant bénéficier de dons philanthropiques, la majorité des mesures identifiées dans ce rapport consistent à imposer aux fonds et aux OIG des obligations déclaratives et des règles de transparence. L'administration fiscale peut ainsi concentrer ses moyens sur ces organismes et a tendance à transférer la charge de la preuve du respect des critères de la noble cause et de l'intérêt général aux organismes destinataires des dons.

6.5. Fiscalité et philanthropie transfrontalière

Ce rapport s'est penché sur le traitement fiscal de la philanthropie transfrontalière, qui peut revêtir plusieurs formes. Il peut s'agir de philanthropie directe, quand une personne (physique ou morale) fait un don à un organisme situé dans une autre juridiction. Ou bien de philanthropie indirecte, lorsqu'un organisme philanthropique national mène des activités dans une autre juridiction, ou qu'un organisme étranger opère sur le territoire national.

Le rapport révèle que, en dehors de l'Union européenne (UE), les pays accordent peu d'aides fiscales au titre des dons transfrontaliers. Au sein de l'UE, les États membres sont soumis à la jurisprudence de la Cour de justice de l'Union européenne (CJUE) qui leur impose d'effectuer une analyse de « comparabilité » pour déterminer si les dons à un organisme philanthropique établi dans un autre État membre ouvrent droit aux avantages fiscaux. L'éligibilité doit donc généralement être étudiée au cas par cas, et les disparités entre les États membres en matière d'avantages fiscaux sont source de complexité et d'incertitude considérables. Le rapport constate que certains États membres de l'UE n'ont pas encore tiré toutes les conséquences des arrêts de la CJUE. En dehors de l'UE, quelques rares traités bilatéraux (notamment entre les États-Unis et le Canada, ou entre les États-Unis et le Mexique) prévoient des avantages fiscaux pour les dons à un organisme établi dans l'autre pays partie au traité. Enfin, un petit nombre de pays (à l'instar du Canada) prévoient également des avantages fiscaux pour les dons en faveur de certains OIG étrangers reconnus. Les restrictions dont est assorti le soutien fiscal aux dons transfrontaliers ont amené certains organismes philanthropiques à imaginer des stratagèmes de « contournement » faisant appel à des organismes établis dans diverses juridictions : les dons sont effectués à des organismes nationaux (qui ont droit à l'allégement fiscal) puis transmis à des organismes situés dans d'autres pays.

La plupart des pays n'accordent pas d'allégements fiscaux aux organismes philanthropiques étrangers qui opèrent sur leur territoire. À cet égard, la position au sein de l'UE est une fois de plus dictée par la jurisprudence de la CJUE, qui exige des États membres une analyse de « comparabilité » pour décider de l'éligibilité aux allégements fiscaux d'un organisme établi dans un autre État membre. Hors des frontières de l'UE, un petit nombre de pays octroient des avantages fiscaux aux organismes philanthropiques étrangers au cas par cas (c'est le cas de l'Australie, du Canada et de l'Indonésie). L'impossibilité pour des organismes étrangers de prétendre à des allégements fiscaux a conduit de nombreux organismes opérant à l'échelle internationale à établir des entités dans d'autres pays afin de bénéficier d'avantages fiscaux.

Enfin, de nombreux pays prévoient un traitement de faveur pour les organismes nationaux qui œuvrent à l'étranger, notamment lorsque leurs activités ont trait à l'action humanitaire et à l'aide au développement. L'octroi des avantages est généralement subordonné au respect par l'organisme des critères de noble cause définis par la législation nationale, qui sont souvent similaires à ceux qui sont imposés aux OIG opérant sur le territoire national.

6.6. Options pour les pouvoirs publics

Si, comme nous l'avons vu, l'on trouve à la fois des arguments pour et contre les incitations fiscales en faveur de la philanthropie, en pratique, la plupart des pays les estiment justifiées. Cette section s'appuie sur l'analyse effectuée dans les précédents chapitres pour mettre en lumière un certain nombre de problématiques clés auxquelles sont confrontés les pays lorsqu'ils conçoivent les règles fiscales applicables à la philanthropie.

Premièrement, il importe que les pays veillent à ce que la conception des incitations fiscales en faveur des dons à caractère philanthropique soit cohérente avec les objectifs de politique publique sous-jacents. Deuxièmement, de nombreux pays ont la possibilité de revoir la manière dont sont conçus les allégements fiscaux en faveur des organismes philanthropiques. De façon plus générale, les pays devraient également s'employer à réduire la complexité tout en améliorant la surveillance des régimes fiscaux en faveur des organismes et des dons philanthropiques. Enfin, ils pourraient avoir intérêt à réévaluer les restrictions qui pèsent généralement sur les activités philanthropiques transfrontalières. Ces questions sont abordées plus en détail ci-dessous.

6.6.1. Assurer que la conception des incitations fiscales à l'appui des dons philanthropiques concourt aux objectifs des politiques publiques

Concevoir des incitations fiscales en faveur des dons à caractère philanthropique n'est pas chose aisée compte tenu de la nécessité de concilier divers objectifs de politique publique. Bien que le but ultime d'une incitation fiscale soit d'optimiser le bien-être social, déterminer comment y parvenir est difficile et implique de poser différents jugements de valeur. De manière générale, il faut trouver un juste équilibre entre encourager les dons, limiter le coût budgétaire et gérer les conséquences de l'incitation fiscale sur le plan redistributif et démocratique (en tenant compte de l'influence exercée sur l'affectation des recettes fiscales). Les choix de conception auront un impact sur ces objectifs.

Choix des critères d'éligibilité

La plupart des pays prévoient des incitations fiscales pour un large éventail de causes. Le choix des critères d'éligibilité offre aux responsables publics la possibilité de cibler les avantages fiscaux. Des conditions d'éligibilité plus restrictives garantiront un ciblage plus étroit sur les activités qui cadrent avec les priorités des pouvoirs publics, mais elles risquent de réduire le montant total des dons. À l'inverse, des conditions d'éligibilité plus généreuses auront pour conséquence que les préoccupations philanthropiques d'un éventail plus large de contribuables bénéficient d'un traitement préférentiel, ce qui pourrait augmenter le niveau global des dons.

Les pays qui souhaitent tout particulièrement restreindre leur soutien aux seuls domaines jugés prioritaires par les pouvoirs publics peuvent envisager de resserrer les critères d'éligibilité. Par exemple, en la réservant aux activités qui viennent directement en aide aux personnes souffrant de la pauvreté, de maladies ou de handicaps. Limiter les incitations fiscales à un éventail étroit d'activités est probablement un moyen plus efficace de cibler l'aide que de plafonner leur montant (voir ci-après).

Déductions ou crédits d'impôt

Comme mentionné précédemment, la forme d'incitation fiscale la plus répandue dans les pays examinés dans le rapport est la déduction d'impôt. Toutefois, dans les pays dotés d'un régime progressif d'imposition du revenu des personnes physiques, une déduction avantagera de façon disproportionnée les contribuables à haut revenu, puisque le montant de la déduction augmente en fonction du taux marginal d'imposition du donateur. Cette situation peut susciter des préoccupations au regard des objectifs plus larges de progressivité et de redistribution poursuivis par les systèmes progressifs de l'impôt sur le revenu en vigueur dans la plupart des pays. En outre, elle peut renforcer l'influence que les riches contribuables exercent sur l'affectation des ressources publiques (sachant que les ménages les plus aisés ne favorisent pas nécessairement le même type d'activités philanthropiques que les ménages modestes), et contredire ainsi certains principes démocratiques. En retour, ce système peut exacerber les préoccupations tenant à la redistribution si les contribuables à haut revenu bénéficient non seulement d'avantages fiscaux plus importants mais également d'une contrepartie accrue au titre des types d'activités financées. Cela étant, accorder des avantages fiscaux plus généreusement aux contribuables aisés est susceptible d'accroître le montant total des dons, car ils en sont les plus grands pourvoyeurs tout en étant également plus sensibles aux incitations fiscales.

À l'inverse, les pays qui se soucient plus particulièrement des conséquences en matière de redistribution seront peut-être plus enclins à faire le choix d'un crédit d'impôt, qui assurera à tous les contribuables un avantage fiscal de même valeur relative, indépendamment de leur niveau de revenus. Accorder un crédit d'un montant inférieur à la déduction offerte aux contribuables les plus fortement imposés risque de freiner leur générosité. À l'inverse, s'aligner sur le taux supérieur peut entraîner un surcoût budgétaire. C'est sur ces points que les États doivent procéder à des arbitrages. Tout du moins, les pays qui accordent des déductions devraient réexaminer leur pertinence et, s'ils décident de les maintenir, assumer le choix de favoriser ainsi les contribuables à revenus plus élevés.

Plafonnements fixes ou en pourcentage

Limiter le montant des incitations fiscales est une pratique courante au regard de la volonté des pays de contenir le coût budgétaire de leurs incitations fiscales en faveur de dons. Certains pays les limitent à un montant fixe tandis que d'autres adoptent un plafond exprimé en pourcentage du revenu du donateur ou de l'impôt dont il est redevable ; d'autres encore combinent les deux systèmes.

Mais ces plafonnements ont un impact sur le caractère incitatif de l'avantage fiscal et sur ses effets distributifs. Avec un montant fixe, les contribuables qui dépassent le plafond ne seront pas davantage incités à céder une partie de leur gain marginal, ce qui peut réduire le montant des dons. L'ampleur de la restriction dépendra du niveau du plafonnement décidé. Le choix d'un plafond peut produire de meilleurs résultats sur le plan de la redistribution en garantissant que l'avantage global maximal potentiellement accordé aux ménages pauvres et aux ménages riches sera identique. En outre, il limitera l'influence exercée par les contribuables fortunés sur l'affectation des ressources publiques. Néanmoins, un plafond fixe relativement élevé pourra avoir un effet restrictif pour les contribuables à revenus élevés mais pas pour les contribuables plus modestes ; et il aura toujours pour conséquence, en pratique, d'octroyer un avantage plus important aux plus fortunés.

En revanche, un plafond exprimé en pourcentage accordera le même avantage proportionnel maximal potentiellement accordé aux ménages pauvres et aux ménages riches. Les ménages aisés bénéficieront toujours d'un avantage plus élevé en valeur absolue, mais pas en valeur relative (et ce plafond proportionnel pourra avoir un effet plus restrictif pour les ménages modestes qu'un plafond fixe et élevé). Cette stratégie pourrait, pour un coût budgétaire donné, entraîner une plus grande augmentation des dons que le choix d'un plafond fixe, en raison de la plus forte sensibilité des contribuables à haut revenu. Par conséquent, si un pays vise à maximiser le montant total des dons pour un coût budgétaire donné, il doit s'orienter vers un plafond exprimé en pourcentage plutôt qu'un montant fixe. Si au contraire il privilégie des objectifs de redistribution, il devra envisager un montant fixe. Une troisième option permettant de concilier ces différentes ambitions serait d'associer un plafond exprimé en pourcentage et un montant fixe généreux. Une telle approche pourrait être particulièrement pertinente pour les pays qui s'inquiètent de l'influence disproportionnée exercée par les contribuables à hauts revenus sur l'affectation des recettes fiscales.

Dispositifs de dotation

Un petit nombre de pays appliquent des dispositifs de dotation qui permettent aux contribuables d'attribuer directement à un organisme philanthropique, depuis leur déclaration fiscale, un pourcentage déterminé ou un montant fixe de leur impôt sur le revenu. Ces dispositifs peuvent accroître la visibilité du secteur philanthropique et ont vocation à instiller une culture du don dans les pays où elle n'existe pas. Cependant, ils ne constituent pas une incitation fiscale à faire des dons et il est peu probable, de ce fait, qu'ils aient un impact notable sur le montant des dons effectués. La préférence devrait donc généralement être donnée au recours à des incitations fiscales visant à accroître le montant des dons.

6.6.2. Traitement fiscal préférentiel des organismes philanthropiques

Comme indiqué précédemment, les pays qui accordent des allégements fiscaux aux organismes philanthropiques ont en commun d'exonérer tout ou partie des revenus de ces organismes. Un certain nombre d'entre eux dispensent en outre les organismes philanthropiques de l'obligation de recouvrer la TVA sur certaines de leurs prestations, voire sur toutes. Cette section analyse les difficultés susceptibles de découler de ces allégements et propose des solutions qui permettraient aux pouvoirs publics de réduire la complexité et les distorsions tout en améliorant la discipline fiscale.

Revenus commerciaux des entités philanthropiques

Les organismes philanthropiques peuvent générer des revenus commerciaux et non commerciaux, mais la distinction n'est pas toujours claire et varie d'un pays à l'autre. En général, les revenus non commerciaux désignent les revenus provenant des dons à caractère philanthropique (abordés au chapitre 4) et des subventions publiques ou, dans le cas des OIG, des dons des fonds de soutien. Alors que les revenus commerciaux recouvrent, dans l'ensemble, les revenus générés par la fourniture de biens ou de services en contrepartie d'une certaine forme de rémunération.

Un organisme philanthropique libre de s'engager dans des activités commerciales sans aucune restriction et dont la totalité des revenus générés par ces activités seraient exonérés d'impôt pourrait nuire à la neutralité concurrentielle et être à l'origine de pertes de recettes. Pour éviter ces écueils, le rapport recense un certain nombre de solutions à disposition des pouvoirs publics. Une approche courante consiste à exonérer uniquement les revenus issus d'activités commerciales qui sont liées à la noble cause poursuivie par l'organisme philanthropique. Toutefois, la définition des revenus générés par des activités commerciales liées et non liées varie considérablement d'un pays à l'autre, et cette approche est souvent source d'une grande complexité.

Il existe d'autres approches moins complexes mais qui n'offrent pas la certitude qu'une fraction des revenus commerciaux non liés ne bénéficiera pas du traitement fiscal préférentiel. L'une d'elles consiste à n'exonérer les revenus commerciaux que s'ils sont réinvestis en temps voulu dans la cause défendue par l'organisme. Afin d'instaurer davantage de souplesse du côté des organismes, une telle politique pourrait prévoir des exceptions ou des tolérances pour permettre la constitution de réserves limitées nécessaires à la poursuite ou au développement des activités de l'organisme directement liées à la cause défendue. Une autre approche pourrait être de limiter le champ des activités commerciales en fixant un seuil au-delà duquel les revenus provenant d'activités commerciales sont imposés.

Les risques de distorsion de la concurrence associés à l'exonération des revenus commerciaux des organismes philanthropiques soulèvent des questions importantes qui requièrent l'attention des pouvoirs publics. Sur ce point, les pays devraient reconsidérer l'intérêt d'accorder des exonérations fiscales au titre de ces revenus commerciaux, tout au moins dans la mesure où ces revenus sont sans rapport avec la cause défendue par l'organisme. Il y a alors lieu de tenir compte des difficultés supplémentaires liées à la nécessité d'opérer une distinction entre les revenus imposables (c'est-à-dire sans lien avec la mission de l'organisme) et les revenus exonérés, et de mettre en balance les coûts de conformité et la charge administrative supplémentaires avec la recherche de la neutralité concurrentielle.

Taxe sur la valeur ajoutée

Exonérer de TVA les organismes philanthropiques ou leurs activités peut aussi entraîner des préoccupations de neutralité concurrentielle entre les organismes à but lucratif et ces entités. En outre, les dispositifs visant à rembourser une fraction de la taxe acquittée sur les intrants sont généralement très complexes. Aussi, les pays qui accordent actuellement une exonération devraient envisager d'assujettir pleinement à la TVA les organismes philanthropiques. Comme c'est habituellement le cas pour les entreprises à but lucratif, un seuil d'assujettissement devrait être appliqué afin d'exclure les petits organismes qui, sinon, supporteraient probablement des coûts de conformité disproportionnés au regard des recettes de TVA collectées.

6.6.3. *Réduire la complexité*

Une autre difficulté que pose la conception des incitations fiscales en faveur de la philanthropie est de trouver un juste équilibre entre l'adaptation des politiques au large éventail d'activités philanthropiques et la nécessité de limiter la complexité du système fiscal. Le rapport recense trois principaux domaines dans lesquels un certain nombre de pays auraient intérêt à simplifier les règles fiscales : les critères d'éligibilité aux différents types d'incitations fiscales, les règles fiscales applicables aux dons non monétaires, et les dons sur salaire.

Des règles fiscales trop complexes risquent d'augmenter les coûts de conformité et l'incertitude, qui peuvent à leur tour favoriser la fraude fiscale, fortuite ou délibérée. En outre, des règles fiscales complexes et les coûts de conformité qu'elles génèrent peuvent pénaliser excessivement les donateurs modestes et les petits organismes philanthropiques. En effet, en valeur relative, ces coûts seront souvent inférieurs pour les donateurs aisés et les grands organismes, qui sont également davantage susceptibles de pouvoir s'offrir les conseils d'un spécialiste de la fiscalité. Aussi conviendrait-il de limiter la complexité dans la mesure du possible afin que les incitations fiscales en faveur de la philanthropie soient plus efficaces et moins régressives, ainsi que pour améliorer la discipline fiscale globale.

Critères d'éligibilité pour différents types d'incitations fiscales

Le rapport constate que, dans la quasi-totalité des pays, les organismes dont le statut philanthropique est reconnu se voient accorder directement des allégements fiscaux au titre de leurs activités tandis que leurs bienfaiteurs, qu'il s'agisse d'entreprises ou de particuliers, bénéficient généralement d'incitations fiscales aux dons. Pour être éligible au traitement fiscal préférentiel, les organismes doivent répondre à trois critères : le but non lucratif, la défense d'une noble cause, et l'intérêt général. Dans un souci de simplicité, les pays devraient envisager d'appliquer les mêmes critères d'éligibilité aux deux catégories d'incitations.

Dons non monétaires

Un don à caractère philanthropique peut être en espèces ou non monétaire (en nature). Les dons non monétaires peuvent porter sur : des biens immobiliers et des droits de propriété intellectuelle ; des actions ou des parts sociales dans une société ; des stocks de marchandises ; des actifs culturels ; d'autres biens mobiliers ; des services (bénévolat ou volontariat) ; voire des dons de sang et d'organes. Pour appliquer une incitation fiscale à des dons non monétaires, il faut pouvoir leur attribuer une valeur. Les règles et les modalités d'évaluation peuvent augmenter les coûts de conformité et les frais administratifs pour les donateurs, pour l'État ainsi que, dans certains cas, pour l'organisme bénéficiaire. Le montant de l'incitation fiscale accordée dépendant de la valeur du don non monétaire, les donateurs peuvent être tentés de gonfler artificiellement la valeur de leur don. Les règles d'évaluation des dons en nature sont donc destinées à limiter les abus. De plus, la valeur des actifs peut considérablement fluctuer. Étant donné le caractère subjectif de la valeur de ces actifs, il est nécessaire d'instaurer des procédures permettant de les évaluer de la façon la plus objective possible. Par ailleurs, l'intervention d'un professionnel peut être nécessaire (estimation d'une œuvre d'art, par exemple), ce qui augmente les coûts de conformité supportés par la personne tenue de déterminer la valeur du don.

Au regard de la difficulté posée par l'évaluation des dons et des coûts de conformité associés, il peut être judicieux de fixer une valeur en-deçà de laquelle un don non monétaire n'ouvrirait pas droit au traitement fiscal préférentiel. Les pays pourraient également envisager de réexaminer les catégories de dons éligibles aux incitations fiscales. Pour déterminer le type de dons non monétaires à encourager, il serait opportun de comparer l'avantage généré par ce don (qui n'est pas monétaire, contrairement aux espèces) au coût supplémentaire induit par le processus d'évaluation et le risque de fraude.

D'un autre côté, il peut être compliqué de déterminer le type de dons non monétaires qui pourraient être remplacés plus efficacement par un don en espèces, étant donné que les besoins futurs sont par définition empreints d'incertitude. Par exemple, la crise sanitaire liée à la pandémie de COVID-19 a mis en lumière la façon dont une pénurie non anticipée, en l'occurrence d'équipements de protection individuels (EPI), pouvait créer une demande de dons non monétaires, à savoir de masques et autres EPI. Des besoins similaires peuvent se faire jour à l'occasion de catastrophes naturelles, où la fourniture d'urgence de biens et équipements peut être plus utile que des dons en espèces.

Don sur salaire

Un certain nombre de pays ont mis en place des mécanismes de dons sur salaire qui permettent aux salariés d'autoriser leur employeur à prélever sur leur fiche de paie des dons à des organismes philanthropiques agréés tout en bénéficiant de l'incitation fiscale correspondante (déduction ou crédit d'impôt), dans le cadre d'un système de retenue d'impôt à la source. Dans les faits, ces mécanismes opèrent un transfert des coûts de conformité associés aux dons des salariés aux employeurs, probablement mieux à même de supporter cette charge administrative. Dans certaines circonstances, ils peuvent renforcer l'efficacité, sur le plan administratif, des incitations fiscales en faveur de dons.

6.6.4. Améliorer la surveillance

Il est important d'améliorer la surveillance du secteur philanthropique pour préserver la confiance du public et faire en sorte que les allégements fiscaux ne soient pas détournés par des mécanismes de fraude et d'évasion fiscales. Cette section donne un aperçu des options permettant aux pouvoirs publics de préserver la confiance du public, d'améliorer la conformité, de limiter les failles et à terme, d'améliorer la surveillance du secteur philanthropique et de ses activités.

Registre public d'organismes philanthropiques reconnus

Renforcer la confiance du public dans le secteur philanthropique est une priorité essentielle pour l'État comme pour le secteur lui-même. La philanthropie reposant en partie sur des dons privés, la confiance du public est un paramètre essentiel du financement du secteur. La philanthropie bénéficiant en outre d'un soutien fiscal considérable, cette confiance est également importante au regard de la justification et du maintien des concessions fiscales utilisées pour subventionner les activités philanthropiques. Pour améliorer la transparence et la responsabilisation des organismes bénéficiant d'allégements fiscaux et de dons subventionnés tout en amenant à davantage de certitude quant à ces organismes, certains pays optent pour la mise en place d'un registre public des organismes philanthropiques. Les pays qui ne l'ont pas encore fait devraient y réfléchir.

Cette solution peut contribuer à déjouer les stratagèmes d'entités qui se feraient passer pour des organismes philanthropiques dans le but de percevoir des dons. L'existence d'un registre public permet aux donateurs de vérifier les informations. En outre, elle incite le public à se montrer vigilant, ce qui peut accroître la conformité et améliorer la détection des fraudes.

Obligations déclaratives annuelles

Les organismes de surveillance, qu'il s'agisse de l'administration fiscale, d'un autre service de l'État ou d'une commission indépendante, sont confrontés à la difficulté de réunir les informations nécessaires pour déterminer si les entités philanthropiques respectent la réglementation en vigueur et les critères à remplir pour bénéficier d'un statut fiscal préférentiel. À cette fin, le rapport relève que la majorité des pays soumettent les organismes à une procédure de demande. Néanmoins, ce système permet seulement de vérifier que les organismes respectent la réglementation et les critères applicables à la date de la demande (qui, généralement, intervient au début de leur activité).

La surveillance pourrait être améliorée en imposant aux fonds et aux OIG une obligation déclarative annuelle. En effet, les organismes de surveillance peuvent utiliser les rapports annuels pour effectuer un suivi des organismes philanthropiques une fois le statut fiscal préférentiel accordé. Les pays seraient en outre en mesure d'identifier les erreurs et les problèmes de conformité de manière plus précoce, ce qui peut également présenter un intérêt pour les organismes eux-mêmes. De plus, les rapports annuels contribuent à renforcer la confiance du public, surtout si une partie des informations qu'ils contiennent sont accessibles à tous. Les obligations déclaratives annuelles générant des coûts de conformité supplémentaires, les pays peuvent envisager d'instaurer un seuil de chiffre d'affaires en-deçà duquel elles ne s'appliqueraient pas.

Stratégie de surveillance conjointe

L'éventail des activités dans lesquelles les organismes philanthropiques peuvent s'engager est souvent très large, et il peut être difficile pour l'administration fiscale d'évaluer et de surveiller efficacement les organismes actifs dans des domaines dont elle n'est pas spécialiste. En outre, la difficulté éventuelle pour l'administration fiscale de justifier l'affectation de ressources importantes à la surveillance d'un secteur philanthropique qui échappe en grande partie à l'impôt peut entraîner un certain manque de contrôle. Pour pallier ces inconvénients dans des domaines qui nécessitent des compétences particulières et alléger la charge de travail de l'administration fiscale, les pays devraient réfléchir à adopter une stratégie de surveillance conjointe. Avec une telle stratégie, l'administration fiscale et un ministère compétent ou une commission réunissant des experts d'un domaine en rapport avec la noble cause assureraient conjointement la surveillance de l'organisme philanthropique et de ses activités.

Mécanismes d'évasion et de fraude fiscales

Les abus portant sur les incitations en faveur de la philanthropie peuvent priver les États de recettes essentielles et saper la confiance du public dans ses gouvernants et le secteur philanthropique. Pour réduire les risques de fraude fiscale, les pays devraient envisager un certain nombre d'options :

- Gérer une base de données des activités douteuses pour permettre de dégager des tendances et renforcer les compétences concernant les fraudes aux avantages fiscaux octroyés au secteur philanthropique. La collecte de données sur les activités suspectes peut également aider les organismes de surveillance à mener des audits plus ciblés, et donc accroître leur efficacité.
- Confronter les bonnes pratiques et partager l'information avec les administrations fiscales et les autorités répressives peut améliorer l'efficacité de la surveillance, les contrevenants du secteur philanthropique étant peut-être déjà dans le collimateur d'autres autorités répressives. Plus particulièrement, l'échange d'informations entre les autorités répressives peut contribuer à s'assurer que les organismes impliqués dans des activités illégales ou inappropriées n'exploitent pas les avantages fiscaux octroyés au secteur philanthropique pour financer ces activités.
- Instaurer des plafonds pour les dépenses liées à l'organisation de collectes de fonds peut être efficace pour éviter que les organismes consacrent trop de ressources à ce type d'événements.
- De même, la mise en œuvre de règles pour limiter certaines dépenses de fonctionnement des OIG qui présentent un risque accru d'utilisation aux fins des intérêts personnels des personnes associées à l'organisme (véhicules, immobilier résidentiel, etc.) peut faire obstacle aux stratagèmes de certains dirigeants, employés, administrateurs ou généreux bienfaiteurs qui chercheraient à utiliser les actifs d'un organisme exempté d'impôt pour leur intérêt personnel.
- Plafonner la rémunération du personnel, des responsables et des membres du conseil d'administration des organismes philanthropiques peut aider à garantir que les revenus exonérés et les dons perçus par les organismes philanthropiques ne servent pas les intérêts personnels de personnes associées à l'organisme. Le caractère excessif des rémunérations peut par ailleurs présager d'un stratagème visant à contourner l'obligation de non-distribution attachée au statut d'OIG. Par conséquent, limiter la rémunération des personnes impliquées dans l'organisme peut être un moyen efficace de garantir le respect du critère de non-distribution.

- Recenser les OIG et fonds non-résidents habilités à recevoir des dons subventionnés peut contribuer à assurer que les obligations imposées par les pays aux organismes résidents éligibles à ces dons sont également satisfaites à l'étranger. Ce recensement des OIG non-résidents est d'ailleurs une stratégie utilisée par plusieurs pays pour lutter contre les mécanismes de financement du terrorisme impliquant des organismes philanthropiques.
- Mettre en œuvre des procédures claires et transparentes permettant aux autorités de traiter rapidement les cas de fraude.

Règles applicables aux dons d'entreprises et de particuliers

Comme nous l'avons vu au chapitre 4, les entreprises qui souhaitent soutenir un organisme philanthropique peuvent faire des dons ou des paiements dans le cadre de parrainages. Le parrainage de fonds et d'OIG génère un avantage pour l'entreprise sous la forme d'une publicité. Le rapport met en lumière que, dans de nombreux pays, les paiements à visée publicitaire ou effectués dans le cadre d'un parrainage (dès lors qu'un lien suffisant peut être établi avec les revenus d'activité) sont déductibles en qualité de dépense professionnelle et échappent aux limites de déductibilité applicables aux dons d'entreprise. Cela peut inciter les gestionnaires ou propriétaires d'entreprises à soutenir des causes en recourant au parrainage plutôt qu'à des dons individuels, de manière à contourner les limites imposées par un certain nombre de pays en matière d'incitations fiscales aux dons philanthropiques. Aussi, les pays devraient harmoniser les règles applicables aux dons d'entreprises et de particuliers afin de lutter contre les distorsions et les zones grises. Ils pourraient par exemple appliquer des plafonds identiques aux incitations fiscales en faveur des dons d'entreprises et de particuliers.

Pour ce faire, les règles fiscales doivent établir une distinction claire entre les dons et le parrainage. Cela peut notamment se faire en exigeant l'établissement d'un contrat de parrainage qui définirait clairement la publicité dont l'entreprise bénéficiera. Les responsables publics pourraient ainsi octroyer des déductions proportionnelles à la valeur de marché de la publicité dont jouit l'entreprise en contrepartie du paiement. La fraction du paiement qui dépasse la juste valeur de marché pourrait alors être considérée comme un don et soumise aux plafonds correspondants.

Une distinction claire entre les dons et les parrainages peut également avoir des conséquences fiscales importantes pour l'entité bénéficiaire. Les pays qui imposent les revenus commerciaux des organismes philanthropiques peuvent assimiler la publicité à une activité commerciale et imposer en conséquence les paiements issus de parrainages (alors que les revenus issus de dons sont généralement exonérés).

Collecte de données et rapports sur les dépenses fiscales

Améliorer la surveillance des incitations fiscales en faveur de la philanthropie passe par l'évaluation du coût de ces incitations. À cette fin, les pays devraient collecter des données, procéder à des estimations et publier les dépenses fiscales engagées pour subventionner la philanthropie. La disponibilité de données sur les dépenses fiscales pourrait également permettre aux pays de mener des études visant à mesurer l'efficacité de leurs différentes incitations.

6.6.5. Réexaminer les restrictions actuellement applicables aux dons internationaux

Les préoccupations touchant aux avantages (ou à l'absence d'avantages) que retire le pays de l'octroi d'un traitement fiscal préférentiel ainsi qu'au manque de surveillance potentiel ont conduit à n'accorder qu'un soutien fiscal très limité à la philanthropie transfrontalière. Pourtant, la dimension mondiale de nombreux enjeux de politique publique souligne l'importance pour les pays d'adopter une perspective internationale plutôt que nationale. Les réponses à des enjeux tels que la pauvreté, les guerres et les conflits, les questions environnementales, la recherche médicale et les problèmes de santé publique tels que les pandémies pourraient passer par une coopération internationale entre pays et institutions. Divers pays considèrent aujourd'hui que la philanthropie internationale pourrait jouer un rôle dans certaines circonstances, notamment dans le domaine de l'aide au développement ou dans les situations de conflit.

Dans ce contexte, les pays auraient intérêt à s'interroger sur l'éventuelle nécessité d'appliquer un traitement fiscal équivalent à la philanthropie nationale et internationale. Ils pourraient par exemple s'assurer que les organismes philanthropiques nationaux qui interviennent à l'étranger pour répondre à certains besoins sanitaires, environnementaux et d'aide au développement, ou qui procurent un soutien humanitaire direct dans les situations de conflit, bénéficient d'un traitement fiscal équivalent à ceux opérant uniquement sur leur territoire.

Afin de lever les inquiétudes en matière de surveillance et de risque de fraude, les pays pourraient imposer des obligations équivalentes à celles en vigueur sur leur territoire, ou exiger des vérifications supplémentaires avant d'accorder un traitement fiscal avantageux. Compte tenu de la difficulté à surveiller les organismes philanthropiques œuvrant à l'étranger et à garantir qu'ils respectent les réglementations en vigueur, il pourrait être judicieux d'instaurer des contrôles et des mécanismes supplémentaires pour s'assurer que le soutien fiscal apporté est bien affecté aux causes nobles défendues par les organismes, et que ces derniers s'acquittent de toutes les obligations applicables aux organismes opérant sur le territoire national.

Enfin, au sein de l'Union Européenne, les pays pourraient étudier la possibilité d'incorporer expressément dans leur législation la jurisprudence de la Cour de justice de l'Union Européenne (CJUE) sur le principe de non-discrimination et ses implications pour les organismes philanthropiques. Une telle transposition pourrait réduire non seulement les incertitudes pour les organismes philanthropiques et les donateurs, mais également les coûts administratifs et de conformité associés à l'analyse de comparabilité au cas par cas actuellement imposée par les décisions de la CJUE.

www.ingramcontent.com/pod-product-compliance
Lightning Source LLC
LaVergne TN
LVHW080656011026
849160LV00014B/1453